# 明史

清　張廷玉等撰

第一二册

卷一一三至卷一二九（傳）

中華書局

# 明史卷一百十三

## 列傳第一

### 后妃

明太祖鑒前代女禍，立綱陳紀，首嚴內教。洪武元年命儒臣修女誡，諭翰林學士朱升曰：「治天下者，正家爲先。正家之道，始於謹夫婦。后妃雖母儀天下，然不可俾預政事。至於嬪嬙之屬，不過備職事，侍巾櫛；恩寵或過，則驕恣犯分，上下失序。歷代宮闈，政由內出，鮮不爲禍。惟明主能察於未然，下此多爲所惑。卿等其纂女誡及古賢妃事可爲法者，使後世子孫知所持守。」升等乃編錄上之。

五年六月命禮臣議宮官女職之制。禮臣上言：「周制，後宮設內官以贊內治。漢設內官一十四等，凡數百人。唐設六局二十四司，官凡一百九十人，女史五十餘人，皆選良家女充之。」帝以所設過多，命重加裁定。於是折衷曩制，立六局一司。局曰尚宮、尚儀、尚服、尙食、尙寢、尙功，司曰宮正，秩皆正六品。每局領四司，其屬二十有四，而尙宮總行六局之事。戒令責罰，則宮正掌之。官七十五人，女史十八人，視唐減百四十餘人，凡以服勞宮寢、祗勤典守而已。諸妃位號亦惟取賢、淑、莊、敬、惠、順、康、寧爲稱，閨房雍肅，旨寓深遠。又命工部制紅牌，鐫戒諭后妃之詞，懸於宮中。牌用鐵，字飾以金。復著令典，自后妃以下至嬪御女史，巨細衣食之費，金銀幣帛、器用百物之供，皆自尙宮取旨，牒內使監覆奏，移部臣取給焉。若尙宮不及奏，內使監不覆奏，而輒領於部者，論死。或以私書出外，罪亦如之。宮嬪以下有疾，醫者不得入宮，以證取藥。何其愼也。是以終明之代，宮壼肅清，論者謂其家法之善，超軼漢、唐。

爰自孝慈以迄愍后，考厥族里，次其世代，雖所遇不齊，顯晦異致，而凡居正號者並列於篇。其妃嬪有事實者，亦附見焉。

## 后妃一

太祖孝慈高皇后　孫貴妃　李淑妃　郭寧妃

惠帝馬皇后

成祖仁孝徐皇后　王貴妃　權賢妃

仁宗誠孝張皇后

宣宗恭讓胡皇后　孝恭孫皇后　吳賢妃　郭嬪

英宗孝莊錢皇后　孝肅周太后

景帝汪廢后　肅孝杭皇后

憲宗吳廢后　孝貞王皇后　孝穆紀太后　孝惠邵太后　萬貴妃

太祖孝慈高皇后馬氏，宿州人。父馬公，母鄭媼，早卒。馬公素善郭子興，遂以后託子興。馬公卒，子興育之如己女。子興奇太祖，以后歸焉。

后仁慈有智鑒，好書史。太祖有劄記，輒命后掌之，倉卒未嘗忘。子興嘗信讒，疑太祖。后善事其妻，嫌隙得釋。太祖既克太平，后率將士妻妾渡江。及居江寧，吳、漢接境，戰無虛日，親緝甲士衣鞋佐軍。陳友諒寇龍灣，太祖率師禦之，后盡發宮中金帛犒士。嘗語太祖，定天下以不殺人爲本。太祖善之。

洪武元年正月，太祖卽帝位，册爲皇后。初，后從帝軍中，值歲大歉，帝又爲郭氏所疑，嘗乏食。后竊炊餅，懷以進，肉爲焦。居常貯糗糒脯脩供帝，無所乏絕，而己不宿飽。及貴，帝比之「蕪蔞豆粥」、「滹沱麥飯」，每對羣臣述后賢，同於唐長孫皇后。退以語后。后曰：「妾聞夫婦相保易，君臣相保難。陛下不忘妾同貧賤，願無忘羣臣同艱難。且妾何敢比長孫皇后也。」

后勤於內治，暇則講求古訓。告六宮，以宋多賢后，命女史錄其家法，朝夕省覽。或言宋過仁厚，后曰：「過仁厚，不愈於刻薄乎。」一日，問女史：「黃老何敎也，而竇太后好之？」女史曰：「清淨無爲爲本。若絕仁棄義，民復孝慈，是其敎矣。」后曰：「孝慈卽仁義也，詎有絕仁義而爲孝慈者哉。」后嘗誦小學，求帝表章焉。

帝前殿決事，或震怒，后伺帝還宮，輒隨事微諫。雖帝性嚴，然爲緩刑戮者數矣。參軍郭景祥守和州，人言其子持矟欲殺父，帝將誅之。后曰：「景祥止一子，人言或不實，殺之恐絕其後。」帝廉之，果枉。李文忠守嚴州，楊憲誣其不法，帝欲召還。后曰：「嚴，敵境也，輕易將不宜。且文忠素賢，憲言詎可信。」帝遂已。文忠後卒有功。學士宋濂坐孫愼罪，逮至，論死，后諫曰：「民家爲子弟延師，尙以禮全終始，況天子乎？且濂家居，必不知情。」帝不聽。會后侍帝食，不御酒肉。帝問故。對曰：「妾爲宋先生作福事也。」帝惻然，投箸起。明日赦濂，安置茂州。吳興富民沈秀者，助築都城三之一，又請犒軍。帝怒曰：「匹夫犒天子軍，亂民也，宜誅。」后諫曰：「妾聞法者，誅不法也，非以誅不祥。民富敵國，民自不祥。不祥之民，天將災之，陛下何誅焉。」乃釋秀，戍雲南。帝嘗令重囚築城。后曰：「贖罪罰役，國家至恩。但疲囚加役，恐仍不免死亡。」帝乃悉赦之。帝嘗怒責宮人，后亦佯怒，令執付宮正司議罪。帝曰：「何爲？」后曰：「帝王不以喜怒加刑賞。當陛下怒時，恐有畸重。付宮正，則酌其平矣。卽陛下論人罪亦詔有司耳。」

一日，問帝：「今天下民安乎？」帝曰：「此非爾所宜問也。」后曰：「陛下天下父，妾辱天下母，子之安否，何可不問。」遇歲旱，輒率宮人蔬食，助祈禱；歲凶，則設麥飯野羹。帝或告以振卹。后曰：「振卹不如蓄積之先備也。」奏事官朝散，會食廷中，后命中官取飲食親嘗之。味弗甘，遂啓帝曰：「人主自奉欲薄，養賢宜厚。」帝爲飭光祿官。帝幸太學還，后問生徒幾何，帝曰：「數千。」后曰：「人才衆矣。諸生有廩食，妻子將何所仰給？」於是立紅板倉，積糧賜其家。太學生家糧自后始。諸將克元都，俘寶玉至。后曰：「元有是而不能守，意者帝王自有寶歟。」帝曰：「朕知后謂得賢爲寶耳。」后拜謝曰：「誠如陛下言。妾與陛下起貧賤，至今日。恒恐驕縱生於奢侈，危亡起於細微，故願得賢人共理天下。」又曰：「法屢更必弊，法弊則奸生；民數擾必困，民困則亂生。」帝嘆曰：「至言也。」命女史書之册。其規正，類如此。

帝每御膳，后皆躬自省視。平居服大練浣濯之衣，雖敝不忍易。聞元世祖后煮故弓弦事，亦命取練織爲衾裯，以賜高年煢獨。餘帛纇絲，緝成衣裳，賜諸王妃公主，使知蠶桑艱難。妃嬪宮人被寵有子者，厚待之。命婦入朝，待之如家人禮。帝欲訪后族人官之，后謝曰：「爵祿私外家，非法。」力辭而止。然言及父母早卒，輒悲哀流涕。帝封馬公徐王，鄭媼爲王夫人，修墓置廟焉。

洪武十五年八月寢疾。羣臣請禱祀，求良醫。后謂帝曰：「死生，命也，禱祀何益。且醫何能活人。使服藥不效，得毋以妾故而罪諸醫乎。」疾亟，帝問所欲言。曰：「願陛下求賢納諫，愼終如始，子孫皆賢，臣民得所而已。」是月丙戌崩，年五十一。帝慟哭，遂不復立后。是年九月庚午葬孝陵，諡曰孝慈皇后。宮人思之，作歌曰：「我后聖慈，化行家邦。撫我育我，懷德難忘。懷德難忘，於萬斯年。毖彼下泉，悠悠蒼天。」永樂元年上尊諡曰孝慈昭憲至仁文德承天順聖高皇后。嘉靖十七年加上尊諡曰孝慈貞化哲順仁徽成天育聖至德高皇后。

成穆貴妃孫氏，陳州人。元末兵亂，妃父母俱亡，從仲兄蕃避兵揚州。青軍陷城，元帥馬世熊得之，育爲義女。年十八，太祖納焉。及卽位，册封貴妃，位衆妃上。洪武七年九月薨，年三十有二。帝以妃無子，命周王橚行慈母服三年，東宮、諸王皆期。敕儒臣作孝慈錄。庶子爲生母服三年，衆子爲庶母期，自妃始。葬褚岡。賜兄瑛田租三百石，歲供祀。後附葬孝陵。

淑妃李氏，壽州人。父傑，洪武初，以廣武衞指揮北征，卒於陣。十七年九月，孝慈皇后服除，册封淑妃，攝六宮事。未幾，薨。

寧妃郭氏，濠人郭山甫女。山甫善相人。太祖微時過其家，山甫相之，大驚曰：「公相貴不可言。」因謂諸子興、英曰：「吾相汝曹皆可封侯者以此。」亟遣從渡江，並遣妃侍太祖。後封寧妃。李淑妃薨，妃攝六宮事。山甫累贈營國公，興、英皆以功封侯，自有傳。

惠帝皇后馬氏，光祿少卿全女也。洪武二十八年册爲皇太孫妃。建文元年二月册爲皇后。四年六月，城陷，崩於火。

成祖仁孝皇后徐氏，中山王達長女也。幼貞靜，好讀書，稱女諸生。太祖聞后賢淑，召達謂曰：「朕與卿，布衣交也。古君臣相契者，率爲婚姻。卿有令女，其以朕子棣配焉。」達頓首謝。

洪武九年册爲燕王妃。高皇后深愛之。從王之藩，居孝慈高皇后喪三年，蔬食如禮。高皇后遺言可誦者，后一一舉之不遺。

靖難兵起，王襲大寧，李景隆乘間進圍北平。時仁宗以世子居守，凡部分備禦，多稟命於后。景隆攻城急，城中兵少，后激勸將校士民妻，皆授甲登陴拒守，城卒以全。

王卽帝位，册爲皇后。言：「南北每年戰鬭，兵民疲敝，宜與休息。」又言：「當世賢才皆高皇帝所遺，陛下不宜以新舊間。」又言：「帝堯施仁自親始。」帝輒嘉納焉。初，后弟增壽常以國情輸之燕，爲惠帝所誅，至是欲贈爵，后力言不可。帝不聽，竟封定國公，命其子景昌襲，乃以告后。后曰：「非妾志也。」終弗謝。嘗言漢、趙二王性不順，官僚宜擇廷臣兼署之。〔一〕一日，問：「陛下誰與圖治者？」帝曰：「六卿理政務，翰林職論思。」后因請悉召見其命婦，賜冠服鈔幣。諭曰：「婦之事夫，奚止饋食衣服而已，必有助焉。朋友之言，有從有違，夫婦之言，婉順易入。吾旦夕侍上，惟以生民爲念，汝曹勉之。」嘗採女憲、女誡作內訓二十篇，又類編古人嘉言善行，作勸善書，頒行天下。

永樂五年七月，疾革，惟勸帝愛惜百姓，廣求賢才，恩禮宗室，毋驕畜外家。又告皇太子：曩者北平將校妻爲我荷戈城守，恨未獲隨皇帝北巡，一賚卹之也。是月乙卯崩，年四十有六。帝悲慟，爲薦大齋於靈谷、天禧二寺，聽羣臣致祭，光祿爲具物。十月甲午，〔三〕謚曰仁孝皇后。七年營壽陵於昌平之天壽山，又四年而陵成，以后葬焉，卽長陵也。帝亦不復立后。仁宗卽位，上尊謚曰仁孝慈懿誠明莊獻配天齊聖文皇后，祔太廟。

昭獻貴妃王氏，蘇州人。永樂七年封貴妃。妃有賢德，事仁孝皇后恭謹，爲帝所重。帝晚年多急怒。妃曲爲調護，自太子諸王公主以下皆倚賴焉。十八年七月薨，禮視太祖成穆孫貴妃。

恭獻賢妃權氏，朝鮮人。永樂時，朝鮮貢女充掖庭，妃與焉。姿質穠粹，善吹玉簫。帝愛憐之。七年封賢妃，命其父永均爲光祿卿。明年十月侍帝北征。凱還，薨於臨城，葬嶧縣。

仁宗誠孝皇后張氏，永城人。父麒以女貴，追封彭城伯，具外戚傳。洪武二十八年封燕世子妃。〔三〕永樂二年封皇太子妃。仁宗立，册爲皇后。宣宗卽位，尊爲皇太后。英宗卽位，尊爲太皇太后。

后始爲太子妃，操婦道至謹，雅得成祖及仁孝皇后歡。太子數爲漢、趙二王所間，體肥碩不能騎射。成祖恚，至減太子宮膳，瀕易者屢矣，卒以后故得不廢。及立爲后，中外政事莫不周知。

宣德初，軍國大議多禀聽裁決。是時海內寧泰，帝入奉起居，出奉遊宴，四方貢獻，雖微物必先上皇太后。兩宮慈孝聞天下。三年，太后遊西苑，皇后皇妃侍，帝親掖輿登萬歲山，奉觴上壽，獻詩頌德。又明年謁長、獻二陵，帝親櫜鞬騎導。至河橋，下馬扶輦。畿民夾道拜觀，陵旁老稚皆山呼拜迎。太后顧曰：「百姓戴君，以能安之耳，皇帝宜重念。」及還，過農家，召老婦問生業，賜鈔幣。有獻蔬食酒漿者，取以賜帝，曰：「此田家味也。」從臣英國公張輔，尚書蹇義，大學士楊士奇、楊榮、金幼孜、楊溥請見行殿。太后慰勞之，且曰：「爾等先朝舊人，勉輔嗣君。」他日，帝謂士奇曰：「皇太后謁陵還，道汝輩行事甚習。言輔，武臣也，達大義。義重厚小心，第寡斷。汝克正，言無避忤，先帝或數不樂，然終從汝，以不敗事。又有三事，時悔不從也。」太后遇外家嚴，弟昇至淳謹，然不許預議國事。

宣宗崩，英宗方九歲，宮中訛言將召立襄王矣。太后趣召諸大臣至乾淸宮，指太子泣曰：「此新天子也。」羣臣呼萬歲，浮言乃息。大臣請太后垂簾聽政，太后曰：「毋壞祖宗法。第悉罷一切不急務，時時勖帝向學，委任股肱。」以故王振雖寵於帝，終太后世不敢專大政。

正統七年十月崩。當大漸，召士奇、溥入，命中官問國家尚有何大事未辦者，士奇舉三事。一謂建庶人雖亡，當修實錄。一謂太宗詔有收方孝孺諸臣遺書者死，宜弛其禁。其三未及奏上，而太后已崩。遺詔勉大臣佐帝惇行仁政，語甚諄篤。上尊謚曰誠孝恭肅明德弘仁順天啓聖昭皇后，合葬獻陵，祔太廟。

宣宗恭讓皇后胡氏，名善祥，濟寧人。永樂十五年選爲皇太孫妃。已，爲皇太子妃。宣宗卽位，立爲皇后。時孫貴妃有寵，后未有子，又善病。三年春，帝令后上表辭位，乃退居長安宮，賜號靜慈仙師，而册貴妃爲后。諸大臣張輔、蹇義、夏原吉、楊士奇、楊榮等不能爭。張太后憫后賢，常召居清寧宮。內廷朝宴，命居孫后上。孫后常怏怏。正統七年十月，太皇太后崩，后痛哭不已，踰年亦崩，用嬪御禮葬金山。

后無過被廢，天下聞而憐之。宣宗後亦悔。嘗自解曰：「此朕少年事。」天順六年，孫太后崩，錢皇后爲英宗言：「后賢而無罪，廢爲仙師。其沒也，人畏太后，殮葬皆不如禮。」因勸復其位號。英宗問大學士李賢。賢對曰：「陛下此心，天地鬼神實臨之。然臣以陵寢、享殿、神主俱宜如奉先殿式，庶稱陛下明孝。」七年閏七月，〔四〕上尊謚曰恭讓誠順康穆靜慈章皇后，修陵寢，不祔廟。

宣宗孝恭皇后孫氏，鄒平人。幼有美色。父忠，永城縣主簿也。誠孝皇后母彭城伯夫人，故永城人，時時入禁中，言忠有賢女，遂得入宮。方十餘歲，成祖命誠孝后育之。已而宣宗婚，詔選濟寧胡氏爲妃，而以孫氏爲嬪。宣宗卽位，封貴妃。故事，皇后金寶金册，貴妃以下，有册無寶。妃有寵，宣德元年五月，帝請於太后，製金寶賜焉。貴妃有寶自此始。

妃亦無子，陰取宮人子爲己子，卽英宗也，由是眷寵益重。胡后上表遜位，請早定國本。妃僞辭曰：「后病痊自有子，吾子敢先后子耶？」三年三月，胡后廢，遂册爲皇后。英宗立，尊爲皇太后。

英宗北狩，太后命郕王監國。景帝卽位，尊爲上聖皇太后。時英宗在迤北，數寄禦寒衣裘。及還，幽南宮，太后數入省視。石亨等謀奪門，先密白太后。許之。英宗復辟，上徽號曰聖烈慈壽皇太后。明興，宮闈徽號亦自此始。天順六年九月崩，上尊謚曰孝恭懿憲慈仁莊烈齊天配聖章皇后，合葬景陵，祔太廟。而英宗生母，人卒無知之者。

吳太后，景帝母也，丹徒人。宣宗爲太子時，選入宮。宣德三年封賢妃。景帝卽位，尊爲皇太后。英宗復辟，復稱宣廟賢妃。成化中薨。

郭嬪，名愛，字善理，鳳陽人。賢而有文，入宮二旬而卒。自知死期，書楚聲以自哀。詞曰：「修短有數兮，不足較也。生而如夢兮，死則覺也。先吾親而歸兮，慚予之失孝也。心悽悽而不能已兮，是則可悼也。」

正統元年八月追贈皇庶母惠妃何氏爲貴妃，謚端靜；趙氏爲賢妃，謚純靜；吳氏爲惠妃，謚貞順；焦氏爲淑妃，謚莊靜；曹氏爲敬妃，謚莊順；徐氏爲順妃，謚貞惠；袁氏爲麗妃，謚恭定；諸氏爲淑妃，謚貞靜；李氏爲充妃，謚恭順；何氏爲成妃，謚肅僖。册文曰：「茲委身而蹈義，隨龍馭以上賓，宜薦徽稱，用彰節行。」蓋宣宗殉葬宮妃也。

初，太祖崩，宮人多從死者。建文、永樂時，相繼優恤。若張鳳、李衡、趙福、張璧、汪賓諸家，皆自錦衣衞所試百戶、散騎帶刀舍人進千百戶，帶俸世襲，人謂之「太祖朝天女戶」。歷成祖，仁、宣二宗亦皆用殉。景帝以郕王薨，猶用其制，蓋當時王府皆然。至英宗遺詔，始罷之。

英宗孝莊皇后錢氏，海州人。正統七年立爲后。帝憫后族單微，欲侯之，后輒遜謝。故后家獨無封。英宗北狩，傾中宮貲佐迎駕。夜哀泣籲天，倦卽臥地，損一股。以哭泣復損一目。英宗在南宮，不自得，后曲爲慰解。后無子，周貴妃有子，立爲皇太子。英宗大漸，遺命曰：「錢皇后千秋萬歲後，與朕同葬。」大學士李賢退而書之册。

憲宗立，上兩宮徽號，下廷臣議。太監夏時希貴妃意，傳諭獨尊貴妃爲皇太后。大學士李賢、彭時力爭，乃兩宮並尊，而稱后爲慈懿皇太后。及營裕陵，賢、時請營三壙，下廷議。夏時復言不可，事竟寢。

成化四年六月，太后崩，周太后不欲后合葬。帝使夏時、懷恩召大臣議。彭時首對曰：「合葬裕陵，主祔廟，定禮也。」翼日，帝召問，時對如前。帝曰：「朕豈不知，慮他日妨母后耳。」時曰：「皇上孝事兩宮，聖德彰聞。禮之所合，孝之所歸也。」商輅亦言：「不祔葬，損聖德。」劉定之曰：「孝從義，不從命。」帝默然久之，曰：「不從命尙得爲孝耶！」時力請合葬裕陵左，而虛右以待周太后。已，復與大臣疏爭，帝再下廷議。吏部尙書李秉、禮部尙書姚夔集廷臣九十九人議，皆請如時言。帝曰：「卿等言是，顧朕屢請太后未得命。乖禮非孝，違親亦非孝。」明日，詹事柯潛、給事中魏元等上疏，又明日，夔等合疏上，皆執議如初。中旨猶諭別擇葬地。於是百官伏哭文華門外。帝命羣臣退。衆叩頭，不得旨不敢退。自巳至申，乃得允。衆呼萬歲出。事詳時、夔傳中。是年七月上尊諡曰孝莊獻穆弘惠顯仁恭天欽聖睿皇后，祔太廟。九月合葬裕陵，異隧，距英宗玄堂數丈許，中窒之，虛右壙以待周太后，其隧獨通，而奉先殿祭，亦不設后主。

弘治十七年，周太后崩。孝宗御便殿，出裕陵圖，示大學士劉健、謝遷、李東陽曰：「陵有二隧，若者窒，若者可通往來，皆先朝內臣所爲，此未合禮。昨見成化間彭時、姚夔等章奏，先朝大臣爲國如此，先帝亦不得已耳。欽天監言通隧上干先帝陵堂，恐動地脈，朕已面折之。窒則天地閉塞，通則風氣流行。」健等因力贊。帝復問祔廟禮，健等言：「祔二后，自唐始也。祔三后，自宋始也，漢以前一帝一后。曩者定議合祔，孝莊太后居左，今大行太皇太后居右，且引唐、宋故事爲證，臣等以此不敢復論。」帝曰：「二后已非，況復三后。」遷曰：「宋祔三后，一繼立，一生母也。」帝曰：「事須師古，太皇太后鞠育朕躬，朕豈敢忘，顧私情耳。祖宗來，一帝一后。今並祔，壞禮自朕始。且奉先殿祭皇祖，特座一飯一匙而已。夫孝穆皇太后，朕生母也，別祀之奉慈殿。今仁壽宮前殿稍寬，朕欲奉太皇太后於此，他日奉孝穆皇太后於後，歲時祭享，如太廟。」於是命羣臣詳議。議上，將建新廟，欽天監奏年方有礙。廷議請暫祀周太后於奉慈殿，稱孝肅太皇太后。殿在奉先殿西，帝以祀孝穆，至是中奉孝肅而徙孝穆居左焉。帝始欲通隧，亦以陰陽家言不果行。

孝肅周太后，英宗妃，憲宗生母也，昌平人。天順元年封貴妃。憲宗卽位，尊爲皇太后。其年十月，太后誕日，帝令僧道建齋祭。禮部尚書姚夔帥羣臣詣齋所，爲太后祈福。給事中張寧等劾之。帝是其言，令自後僧道齋醮，百官不得行香。二十三年四月上徽號曰聖慈仁壽皇太后。孝宗立，尊爲太皇太后。

先是，憲宗在位，事太后至孝，五日一朝，燕享必親。太后意所欲，惟恐不歡。至錢太后合葬裕陵，太后殊難之。憲宗委曲寬譬，乃得請。孝宗生西宮，母妃紀氏薨，太后育之宮中，省視萬方。及孝宗卽位，事太后亦至孝。太后病瘍，久之愈，詔諭羣臣曰：「自英皇厭代，予正位長樂，憲宗皇帝以天下養，二十四年猶一日。茲予偶患瘍，皇帝夜籲天，爲予請命，春郊罷宴，問視惟勤，俾老年疾體，獲底康寧。以昔視今，父子兩世，孝同一揆，予甚嘉焉。」

弘治十一年冬，淸寧宮災，太后移居仁壽宮。明年，淸寧宮成，迺還居焉。太后弟長寧伯彧家有賜田，有司請釐正之，帝未許也，太后曰：「奈何以我故骪皇帝法。」使歸地於官。

弘治十七年三月崩，謚孝肅貞順康懿光烈輔天承聖睿皇后，合葬裕陵。以大學士劉健、謝遷、李東陽議，別祀於奉慈殿，不祔廟，仍稱太皇太后。嘉靖十五年，與紀、邵二太后並移祀陵殿，題主曰皇后，不繫帝謚，以別嫡庶。其後穆宗母孝恪、神宗母孝定、光宗母孝靖、熹宗母孝和、莊烈帝母孝純，咸遵用其制。

景帝廢后汪氏，順天人。正統十年册爲郕王妃。十四年冬，王即皇帝位，册爲皇后。后有賢德，嘗念京師諸死事及老弱遇害者暴骨原野，令官校掩埋之。生二女，無子。景泰三年，妃杭氏生子見濟，景帝欲立爲太子，而廢憲宗，后執不可。以是忤帝意，遂廢后，立杭氏爲皇后。七年，杭后崩，謚肅孝。英宗復位，削皇后號，毁所葬陵，而后仍稱郕王妃。景帝崩，英宗以其後宮唐氏等殉，議及后。李賢曰：「妃已幽廢，況兩女幼，尤可憫。」帝乃已。

憲宗復立爲太子，雅知后不欲廢立，事之甚恭。因爲帝言，遷之外王府，得盡攜宮中所有而出。與周太后相得甚歡，歲時入宮，敍家人禮。然性剛執。一日，英宗問太監劉桓曰：「記有玉玲瓏繫腰，今何在？」桓言當在妃所。英宗命索之。后投諸井，對使者曰：「無之。」

已而告人曰：「七年天子，不堪消受此數片玉耶！」已，有言后出所攜鉅萬計，英宗遣使檢取之，遂立盡。正德元年十二月薨，議祭葬禮。大學士王鏊曰：「葬以妃，祭以后。」遂合葬金山。明年上尊謚曰貞惠安和景皇后。

憲宗廢后吳氏，順天人。天順八年七月立爲皇后。先是，憲宗居東宮，萬貴妃已擅寵。后既立，摘其過，杖之。帝怒，下詔曰：「先帝爲朕簡求賢淑，已定王氏，育於別宮待期。太監牛玉輒以選退吳氏於太后前復選。册立禮成之後，朕見舉動輕佻，禮度率略，德不稱位，因察其實，始知非預立者。用是不得已，請命太后，廢吳氏別宮。」立甫踰月耳。后父俊，先授都督同知，至是下獄戍邊。謫玉孝陵種菜，玉從子太常少卿綸、甥吏部員外郎楊琮並除名，姻家懷寧侯孫鏜閒住。於是南京給事中王徽、王淵、朱寬、李翾、李鈞等合疏言玉罪重罰輕，因並劾大學士李賢。帝怒，徽等皆貶邊州判官。

後孝宗生於西宮，后保抱惟謹。孝宗卽位，念后恩，命服膳皆如母后禮，官其姪錦衣百戶。正德四年薨。〔五〕劉瑾欲焚之。大學士王鏊持不可，乃以妃禮葬。

孝貞皇后王氏，上元人。憲宗在東宮，英宗爲擇配，得十二人，選后及吳氏、柏氏留宮中。吳氏既立而廢，遂册爲皇后，天順八年十月也。萬貴妃寵冠後宮，后處之淡如。孝宗卽位，尊爲皇太后。武宗卽位，尊爲太皇太后。正德五年十二月上尊號曰慈聖康壽。十三年二月崩，上尊謚曰孝貞莊懿恭靖仁慈欽天輔聖純皇后，合葬茂陵，祔太廟。

孝穆紀太后，孝宗生母也，賀縣人。本蠻土官女。成化中征蠻，俘入掖庭，授女史，警敏通文字，命守內藏。時萬貴妃專寵而妬，後宮有娠者皆治使墮。柏賢妃生悼恭太子，亦爲所害。帝偶行內藏，應對稱旨，悅，幸之，遂有身。萬貴妃知而恚甚，令婢鈎治之。婢謬報曰病痞。乃謫居安樂堂。久之，生孝宗，使門監張敏溺焉。敏驚曰：「上未有子，奈何棄之。」稍哺粉餌飴蜜，藏之他室，貴妃日伺無所得。至五六歲，未敢剪胎髮。時吳后廢居西內，近安樂堂，密知其事，往來哺養，帝不知也。

帝自悼恭太子薨後，久無嗣，中外皆以爲憂。成化十一年，帝召張敏櫛髮，照鏡嘆曰：「老將至而無子。」敏伏地曰：「死罪，萬歲已有子也。」帝愕然，問安在。對曰：「奴言卽死，萬歲當爲皇子主。」於是太監懷恩頓首曰：「敏言是。皇子潛養西內，今已六歲矣，匿不敢聞。」帝大喜，卽日幸西內，遣使往迎皇子。使至，妃抱皇子泣曰：「兒去，吾不得生。兒見黃袍有鬚者，卽兒父也。」衣以小緋袍，乘小輿，擁至階下，髮披地，走投帝懷。帝置之膝，撫視久之，悲喜泣下曰：「我子也，類我。」使懷恩赴內閣具道其故，羣臣皆大喜。明日，入賀，頒詔天下。移妃居永壽宮，數召見。萬貴妃日夜怨泣曰：「羣小紿我。」其年六月，妃暴薨。或曰貴妃致之死，或曰自縊也。謚恭恪莊僖淑妃。敏懼，亦吞金死。敏，同安人。

孝宗旣立爲皇太子，時孝肅皇太后居仁壽宮，語帝曰：「以兒付我。」太子遂居仁壽。一日，貴妃召太子食，孝肅謂太子曰：「兒去，無食也。」太子至，貴妃賜食，曰：「已飽。」進羹，曰：「疑有毒。」貴妃大恚曰：「是兒數歲卽如是，他日魚肉我矣。」因恚而成疾。

孝宗卽位，追謚淑妃爲孝穆慈慧恭恪莊僖崇天承聖純皇后，遷葬茂陵，別祀奉慈殿。帝悲念太后，特遣太監蔡用求太后家，得紀父貴、紀祖旺兄弟以聞。帝大喜，詔改父貴爲貴，授錦衣衞指揮同知，祖旺爲旺，授錦衣衞指揮僉事，賜予第宅、金帛、莊田、奴婢不可勝計。追贈太后父爲中軍都督府左都督，母爲夫人，其曾祖、祖父亦如之。遣修太后先塋之在賀者，置守墳戶，復其家。

先是，太后在宮中，嘗自言家賀縣，姓紀，幼不能知親族也，太監郭鏞聞而識之。太監陸愷者，亦廣西人，故姓李，蠻中紀、李同音，因妄稱太后兄，令人訪其族人詣京師。愷女兄夫韋父成者出冒之，有司待以戚畹，名所居里曰迎恩里。貴、旺曰：「韋猶冒李，況我實李氏。」因詐爲宗系上有司，有司莫辨也。二人既驟貴，父成亦詣闕爭辨。帝命郭鏞按之。鏞逐父成，猶令馳驛歸。及帝使治后先塋，蠻中李姓者數輩，皆稱太后家，自言於使者。使者還，奏貴、旺不實。復遣給事中孫珪、御史滕祐間行連、賀間，微服入瑤、僮中訪之，盡得其狀，歸奏。帝謫罰鏞等有差，戍貴、旺邊海。自此帝數求太后家，竟不得。

弘治三年，禮部尚書耿裕奏曰：「粤西當大征之後，兵燹饑荒，人民奔竄，歲月悠遠，踪跡難明。昔孝慈高皇后與高皇帝同起艱難，化家爲國，徐王親高皇后父，當后之身，尋求家族，尚不克獲，然後立廟宿州，春秋祭祀。今紀太后幼離西粤，入侍先帝，連、賀非徐、宿中原之地，嬪宮無母后正位之年，陛下訪尋雖切，安從得其實哉。臣愚謂可倣徐王故事，定擬太后父母封號，立祠桂林致祭。」帝曰：「孝穆皇太后早棄朕躬，每一思念，惄焉如割。初謂宗親尚可旁求，寧受百欺，冀獲一是。卿等謂歲久無從物色，請加封立廟，以慰聖母之靈。皇祖既有故事，朕心雖不忍，又奚敢違。」於是封后父推誠宣力武臣特進光祿大夫柱國慶元伯，謚端僖，后母伯夫人，立廟桂林府，有司歲時祀。大學士尹直撰哀冊有云：「覩漢家堯母之門，增宋室仁宗之慟。」帝燕閒念誦，輒欷歔流涕也。

孝惠邵太后，憲宗妃，興獻帝母也。父林，昌化人，貧甚，鬻女於杭州鎮守太監，妃由此入宮。知書，有容色。成化十二年封宸妃，尋進封貴妃。興王之藩，妃不得從。世宗入繼大統，妃已老，目眚矣，喜孫爲皇帝，摸世宗身，自頂至踵。已，尊爲皇太后。嘉靖元年上尊號曰壽安。十一月崩。帝欲明年二月遷葬茂陵，大學士楊廷和等言：「祖陵不當數興工作，驚動神靈。」不從。謚曰孝惠康肅溫仁懿順協天祐聖皇太后，別祀奉慈殿。七年七月改稱太皇太后。十五年遷主陵殿，稱皇后，與孝肅、孝穆等。

恭肅貴妃萬氏，諸城人。四歲選入掖廷，爲孫太后宮女。及長，侍憲宗於東宮。憲宗年十六卽位，妃已三十有五，機警，善迎帝意，遂讒廢皇后吳氏，六宮希得進御。帝每遊幸，妃戎服前驅。成化二年正月生皇第一子，帝大喜，遣中使祀諸山川，遂封貴妃。皇子未期薨，妃亦自是不復娠矣。

當是時，帝未有子，中外以爲憂，言者每請溥恩澤以廣繼嗣。給事中李森、魏元，御史康永韶等先後言尤切。四年秋，彗星屢見。大學士彭時、尙書姚夔亦以爲言。帝曰：「內事也，朕自主之。」然不能用。妃益驕。中官用事者，一忤意，立見斥逐。掖廷御幸有身，飲藥傷墜者無數。孝宗之生，頂寸許無髮，或曰藥所中也。紀淑妃之死，實妃爲之。佞倖錢能、覃勤、汪直、梁芳、韋興輩皆假貢獻，苛斂民財，傾竭府庫，以結貴妃歡。奇技淫巧，禱祠宮觀，糜費無算。久之，帝後宮生子漸多，芳等懼太子年長，他日立，將治己罪，同導妃勸帝易儲。會泰山震，占者謂應在東宮。帝心懼，事乃寢。

二十三年春，暴疾薨，帝輟朝七日。謚曰恭肅端慎榮靖皇貴妃，葬天壽山。弘治初，御史曹璘請削妃謚號。魚臺縣丞徐頊請逮治診視紀太后諸醫，捕萬氏家屬，究問當時薨狀。孝宗以重違先帝意，已之。

## 校勘記

〔一〕官僚宜擇廷臣兼署之　官僚，疑當作「宮僚」。

〔二〕十月甲午　原脫「十月」二字。承上文，便成七月甲午。但七月壬子朔，不得有甲午日。太宗實錄卷五三繫于永樂五年十月甲午，甲午是十月十四日，據補。

〔三〕洪武二十八年封燕世子妃　二十八年，原作「十六年」。按仁宗以洪武二十八年爲燕世子，不應冊妃反在其前十二年。太祖實錄卷二四二繫于二十八年閏九月壬午，據改。

〔四〕七年閏七月　原脫「閏」字，據本書卷一二英宗後紀、英宗實錄卷三五五天順七年閏七月辛酉條補。

〔五〕正德四年薨　四年，原作「元年」，據本書卷五九禮志、武宗實錄卷四六正德四年正月己酉條改。

# 明史卷一百十四

## 列傳第二

### 后妃二

## 莊烈帝愍周皇后　田貴妃

孝宗孝康皇后張氏，興濟人。父巒，以鄉貢入太學。母金氏，夢月入懷而生后。成化二十三年選爲太子妃。是年，孝宗卽位，册立爲皇后。帝頗優禮外家，追封巒昌國公，封后弟鶴齡壽寧侯，延齡建昌伯，爲后立家廟於興濟，工作壯麗，數年始畢。鶴齡、延齡並注籍宮禁，縱家人爲奸利，中外諸臣多以爲言，帝以后故不問。

武宗卽位，尊爲皇太后。五年十二月，以寘鐇平，上尊號曰慈壽皇太后。世宗入繼，稱聖母，加上尊號曰昭聖慈壽。嘉靖三年加上昭聖康惠慈壽。已，改稱伯母。十五年復加上昭聖恭安康惠慈壽。二十年八月崩，謚曰孝康靖肅莊慈哲懿翊天贊聖敬皇后，合葬泰陵，祔廟。

武宗之崩也，江彬等懷不軌。賴后與大學士楊廷和定策禁中，迎立世宗，而世宗事后顧日益薄。元年大婚，初傳昭聖懿旨，旣復改壽安太后。壽安者，憲宗妃，興獻帝生母也。廷和爭之，乃止。三年，興國太后誕節，敕命婦朝賀，燕賚倍常。及后誕日，敕免賀。修撰舒芬疏諫，奪俸。御史朱淛、馬明衡、陳逅、季本，員外郎林惟聰等先後言，皆得罪。竟罷朝賀。

初，興國太后以藩妃入，太后猶以故事遇之，帝頗不悅。及帝朝，太后待之又倨。會太后弟延齡爲人所告，帝坐延齡謀逆論死，太后窘迫無所出。哀沖太子生，請入賀，帝謝不見。使人請，不許。大學士張孚敬亦爲延齡請，帝手敕曰：「天下者，高皇帝之天下，孝宗皇帝守高皇帝法。卿慮傷伯母心，豈不慮傷高、孝二廟心耶？」孚敬復奏曰：「陛下嗣位時，用臣言，稱伯母皇太后，朝臣歸過陛下，至今未已。茲者大小臣工默無一言，誠幸太后不得令終，以重陛下過耳。夫謀逆之罪，獄成當坐族誅，昭聖獨非張氏乎，陛下何以處此！」冬月慮囚，帝又欲殺延齡，復以孚敬言而止。亡何，奸人劉東山者告變，并逮鶴齡下詔獄。太后至衣敝襦席藁爲請，亦不聽。久之，鶴齡瘐死。及太后崩，帝竟殺延齡，事詳外戚傳。

武宗孝靜皇后夏氏，上元人。正德元年册立爲皇后。嘉靖元年上尊稱曰莊肅皇后。十四年正月崩，合葬康陵，祔廟。初，禮臣上喪儀，帝曰：「嫂叔無服，且兩宮在上，朕服青，臣民如母后服。」禮部尙書夏言曰：「皇上以嫂叔絕服，則羣臣不敢素服見皇上，請暫罷朝參。」許之。已而議諡，大學士張孚敬曰：「大行皇后，上嫂也，與累朝元后異，宜用二字或四字。」李時曰：「宜用八。」左都御史王廷相、吏部侍郎霍韜等曰：「均帝后也，何殊。」言集衆議，因奏曰：「古人尚質，謚法簡，稱其行，後人增加，臣子情也。生今世，宜行今制。大行皇后宜如列聖元后謚，二四及八，於禮無據。」帝不從，命再議。羣臣請如孚敬言。帝曰：「用六，合陰數焉。」於是上謚孝靜莊惠安肅毅皇后。十五年，帝覺孚敬言非是，敕曰：「孝靜皇后謚不備，不稱配武宗。」乃改謚孝靜莊惠安肅溫誠順天偕聖毅皇后。

世宗孝潔皇后陳氏，元城人。嘉靖元年册立為皇后。帝性嚴厲。一日，與后同坐，張、方二妃進茗，帝循視其手。后恚，投杯起。帝大怒。后驚悸，墮娠崩，七年十月也。喪禮從殺。帝素服御西角門十日，即玄冠玄裳御奉天門，謚曰悼靈，葬襖兒峪。葬之日，梓宮出王門，百官一日臨。給事中王汝梅諫。不聽。十五年，禮部尚書夏言議請改謚。時帝意久釋矣，乃改謚曰孝潔。穆宗即位，禮臣議：「孝潔皇后，大行皇帝元配，宜合葬祔廟。若遵遺制祔孝烈，則舍元配也，若同祔，則二后也。大行皇帝升祔時，宜奉孝潔配，遷葬永陵，孝烈主宜別祀。」報可。隆慶元年二月上尊謚曰孝潔恭懿慈睿安莊相天翊聖肅皇后。

廢后張氏，世宗第二后也。初封順妃。七年，陳皇后崩，遂立為后。是時，帝方追古禮，令后率嬪御親蠶北郊，又日率六宮聽講章聖女訓於宮中。十三年正月廢居別宮。十五年薨，喪葬儀視宣宗胡廢后。

孝烈皇后方氏，世宗第三后也，江寧人。帝即位且十年，未有子。大學士張孚敬言：「古者天子立后，並建六宮、三夫人、九嬪、二十七世婦、八十一御妻，所以廣嗣也。陛下春秋鼎盛，宜博求淑女，爲子嗣計。」從之。十年三月，后與鄭氏、王氏、閻氏、韋氏、沈氏、盧氏、沈氏、杜氏同册爲九嬪，冠九翟冠，大采鞠衣，圭用次玉，穀文，册黃金塗，視皇后殺五分之一。至期，帝袞冕告太廟，還服皮弁，御華蓋殿，傳制，遣大臣行册禮。既册，從皇后朝奉先殿。禮成，帝服皮弁，受百官賀，蓋創禮也。張后廢，遂立爲后，而封沈氏爲宸妃，閻氏爲麗妃。舊制，立后，謁內廟而已。至是，下禮臣議廟見禮。於是羣臣以天子立三宮以承宗廟，禮經有廟見之文，乃考据禮經，參稽大明集禮，擬儀注以上。至期，帝率后謁太廟及世廟。越三日，頒詔天下。明日，受命婦朝。

二十一年，宮婢楊金英等謀弒逆，帝賴后救得免，乃進后父泰和伯銳爵爲侯。初，曹妃有色，帝愛之，册爲端妃。是夕，帝宿端妃宮。金英等伺帝熟寢，以組縊帝項，誤爲死結，得不絕。同事張金蓮知事不就，走告后。后馳至，解組，帝蘇。后命內監張佐等捕宮人雜治，言金英等弑逆，王寧嬪首謀。又曰，曹端妃雖不與，亦知謀。時帝病悸不能言，后傳帝命收端妃、寧嬪及金英等悉磔於市，幷誅其族屬十餘人，然妃實不知也。久之，帝始知其冤。

二十六年十一月乙未，后崩。詔曰：「皇后比救朕危，奉天濟難，其以元后禮葬。」預名葬地曰永陵，謚孝烈，親定謚禮，視昔加隆焉。禮成，頒詔天下。及大祥，禮臣請安主奉先殿東夾室，帝曰：「奉先殿夾室，非正也，可即祔太廟。」於是大學士嚴嵩等請設位於太廟東，皇妣睿皇后之次，後寢藏主則設幄於憲廟皇祖妣之右，以從祔於祖姑之義。帝曰：「祔禮至重，豈可權就。后非帝，乃配帝者，自有一定之序，安有享從此而主藏彼之禮。其祧仁宗，祔以新序，即朕位次，勿得亂禮。」嵩曰：「祔新序，非臣下所敢言，且陰不可當陽位。」乃命姑藏主睿皇后側。

二十九年十月，帝終欲祔后太廟，命再議。尚書徐階言不可，給事中楊思忠是階議，餘無言者。帝覘知狀。及議疏入，謂：「后正位中宮，禮宜祔享，但遽及廟次，則臣子之情，不唯不敢，實不忍也。宜設位奉先殿。」帝震怒。階、思忠惶恐言：「周建九廟，三昭三穆。國朝廟制，同堂異室，與周禮不同。今太廟九室皆滿，若以聖躬論，仁宗當祧，固不待言，但此乃異日聖子神孫之事。臣聞夏人之廟五，商以七，周以九。禮由義起，五可七，七可九，九之外亦可加也。請於太廟及奉先殿各增二室，以祔孝烈，則仁宗可不必祧，孝烈皇后可速正南面之位，陛下亦無預祧以俟之嫌。」帝曰：「臣子之誼，當祧當祔，力請可也。苟禮得其正，何避豫爲。」於是階等復會廷臣上言：「唐、虞、夏五廟，其祀皆止四世。周九廟，三昭三穆，然而兄弟相及，亦不能盡足六世。今仁宗爲皇上五世祖，以聖躬論，仁宗於禮當祧，孝烈皇后於禮當祔。請祧仁宗，祔孝烈皇后於太廟第九室。」因上祧祔儀注。

已而請忌日祭，帝猶銜前議，報曰：「孝烈繼后，所奉者又入繼之君，忌不祭亦可。」階等請益力，帝曰：「非天子不議禮。后當祔廟，居朕室次，禮官顧謂今日未宜，徒飾說以惑衆聽。」因諭嚴嵩等曰：「禮官從朕言，勉强耳。即不忍祧仁宗，且置后主別廟，將來由臣下議處。忌日令奠一卮酒，不至傷情。」於是禮臣不敢復言，第請如敕行，乃許之。後二年楊思忠爲賀表觸忌，予杖削籍。隆慶初，與孝潔皇后同日上尊謚曰孝烈端順敏惠恭誠祗天衞聖皇后，移主弘孝殿。

孝恪杜太后，穆宗生母也，大興人。嘉靖十年封康嬪。十五年進封妃。三十三年正月薨。是時，穆宗以裕王居邸，禮部尚書歐陽德奏喪儀，請輟朝五日，裕王主喪事，遵高皇帝孝慈錄，斬衰三年。帝謂當避君父之尊。大學士嚴嵩言：「高帝命周王橚爲孫貴妃服慈母服，斬衰三年。是年，孝慈錄成，遂爲定制，自後久無是事。及茲當作則垂訓於後。」帝命比賢妃鄭氏故事，輟朝二日，賜謚榮淑，葬金山。穆宗立，上謚曰孝恪淵純慈懿恭順贊天開聖皇太后，遷葬永陵，祀主神霄殿。追封后父林爲慶都伯，命其子繼宗嗣。

穆宗孝懿皇后李氏，昌平人。穆宗爲裕王，選爲妃，生憲懷太子。嘉靖三十七年四月薨。帝以部疏稱薨非制，命改稱故，葬金山。穆宗卽位，謚曰孝懿皇后，封后父銘德平伯。神宗卽位，上尊謚曰孝懿貞惠順哲恭仁儷天襄聖莊皇后，合葬昭陵，祔太廟。

孝安皇后陳氏，通州人。嘉靖三十七年九月選爲裕王繼妃。隆慶元年册爲皇后。后無子多病，居別宮。神宗卽位，上尊號曰仁聖皇太后，六年加上貞懿，十年加康靜。初，神宗在東宮，每晨謁奉先殿、朝帝及生母畢，必之后所問安，后聞履聲輒喜。旣嗣位，孝事兩宮無間。二十四年七月崩，謚曰孝安貞懿恭純溫惠佐天弘聖皇后，祀奉先殿別室。

孝定李太后，神宗生母也，漷縣人。侍穆宗於裕邸。隆慶元年三月封貴妃。生神宗。卽位，上尊號曰慈聖皇太后。舊制，天子立，尊皇后爲皇太后，若有生母稱太后者，則加徽號以別之。是時，太監馮保欲媚貴妃，因以並尊風大學士張居正下廷臣議，尊皇后曰仁聖皇太后，貴妃曰慈聖皇太后，始無別矣。仁聖居慈慶宮，慈聖居慈寧宮。居正請太后視帝起居，乃徙居乾清宮。

太后教帝頗嚴。帝或不讀書，卽召使長跪。每御講筵入，嘗令效講臣進講於前。遇朝期，五更至帝寢所，呼曰「帝起」，敕左右掖帝坐，取水爲盥面，挈之登輦以出。帝事太后惟謹，而諸內臣奉太后旨者，往往挾持太過。帝嘗在西城曲宴被酒，令內侍歌新聲，辭不能，取劍擊之。左右勸解，乃戲割其髮。翼日，太后聞，傳語居正具疏切諫，令爲帝草罪己御札。又召帝長跪，數其過。帝涕泣請改乃已。六年，帝大婚，太后將返慈寧宮，敕居正曰：「吾不能視皇帝朝夕，先生親受先帝付託，其朝夕納誨，終先帝憑几之誼。」三月加尊號曰宣文。十年加明肅。十二年同仁聖太后謁山陵。二十九年加貞壽端獻。三十四年加恭熹。四十二年二月崩，上尊謚曰孝定貞純欽仁端肅弼天祚聖皇太后，合葬昭陵，別祀崇先殿。

后性嚴明。萬曆初政，委任張居正，綜覈名實，幾於富强，后之力居多。光宗之未册立也，給事中姜應麟等疏請被謫，太后聞之弗善。一日，帝入侍，太后問故。帝曰：「彼都人子也。」太后大怒曰：「爾亦都人子！」帝惶恐，伏地不敢起。蓋內廷呼宮人曰「都人」，太后亦由宮人進，故云。光宗由是得立。羣臣請福王之藩，行有日矣，鄭貴妃欲遲之明年，以祝太后誣爲解。太后曰：「吾潞王亦可來上壽乎！」貴妃乃不敢留福王。御史曹學程以建言論死。太后憐其母老，言於帝，釋之。后父偉封武淸伯。家人嘗有過，命中使出數之，而抵其家人於法。顧好佛，京師內外多置梵刹，動費鉅萬，帝亦助施無算。居正在日，嘗以爲言，未能用也。

神宗孝端皇后王氏，餘姚人，生京師。萬曆六年册立爲皇后。性端謹，事孝定太后得其歡心。光宗在東宮，危疑者數矣，調護備至。鄭貴妃顓寵，后不較也。正位中宮者四十二年，以慈孝稱。四十八年四月崩，謚孝端。光宗卽位，上尊謚曰孝端貞恪莊惠仁明媲天毓聖顯皇后。會帝崩，熹宗立，始上册寶，合葬定陵，主祔廟。

與后同日册封者有昭妃劉氏。天啓、崇禎時，嘗居慈寧宮，掌太后璽。性謹厚，撫愛諸王。莊烈帝禮事之如大母。嘗以歲朝朝見，帝就便坐，俄假寐。太后戒勿驚，命尙衣謹護之。頃之，帝覺，攝衣冠起謝曰：「神祖時海內少事。今苦多難，兩夜省文書，未嘗交睫，在太妃前，困不自持如此。」太妃爲之泣下。崇禎十五年薨，年八十有六。

孝靖王太后，光宗生母也。初爲慈寧宮宮人。年長矣，帝過慈寧，私幸之，有身。故事，宮中承寵，必有賞賚，文書房內侍記年月及所賜以爲驗。時帝諱之，故左右無言者。一日，侍慈聖宴，語及之。帝不應。慈聖命取內起居注示帝，且好語曰：「吾老矣，猶未有孫。果男者，宗社福也。母以子貴，寧分差等耶？」十年四月封恭妃。八月，光宗生，是爲皇長子。既而鄭貴妃生皇三子，進封皇貴妃，而恭妃不進封。二十九年册立皇長子爲皇太子，仍不封如故。三十四年，元孫生，加慈聖徽號，始進封皇貴妃。三十九年病革，〔一〕光宗請旨得往省，宮門猶閉，抉鑰而入。妃目眚，手光宗衣而泣曰：「兒長大如此，我死何恨。」遂薨。大學士葉向高言：「皇太子母妃薨，禮宜從厚。」不報。復請，乃得允。諡溫肅端靖純懿皇貴妃，葬天壽山。

光宗卽位，下詔曰：「朕嗣承基緒，撫臨萬方，遡厥慶源，則我生母溫肅端靖純懿皇貴妃恩莫大焉。朕昔在青宮，莫親溫凊，今居禁闥，徒痛栝棬，欲伸罔極之深悰，惟有肇稱乎殷禮。其準皇祖穆宗皇帝尊生母榮淑康妃故事，禮部詳議以聞。」會崩，熹宗卽位，上尊諡曰孝靖溫懿敬讓貞慈參天胤聖皇太后，遷葬定陵，祀奉慈殿。后父天瑞，封永寧伯。

恭恪貴妃鄭氏，大興人。萬曆初入宮，封貴妃，生皇三子，進皇貴妃。帝寵之。外廷疑妃有立己子謀。羣臣爭言立儲事，章奏累數千百，皆指斥宮闈，攻擊執政。帝概置不問。由是門戶之禍大起。萬曆二十九年春，皇長子移迎禧宮，十月立爲皇太子，而疑者仍未已。

先是，侍郎呂坤爲按察使時，嘗集閨範圖說。太監陳矩見之，持以進帝。帝賜妃，妃重刻之，坤無與也。二十六年秋，或撰閨範圖說跋，名曰憂危竑議，匿其名，盛傳京師，謂坤書首載漢明德馬后由宮人進位中宮，意以指妃，而妃之刊刻，實藉此爲立己子之據。其文託「朱東吉」爲問答。「東吉」者，東朝也。其名憂危，以坤曾有憂危一疏，因借其名以諷，蓋言妖也。妃兄國泰、姪承恩以給事中戴士衡嘗糾坤，全椒知縣樊玉衡並糾貴妃，疑出自二人手。帝重譴二人，而置妖言不問。踰五年，續憂危竑議復出。是時太子已立，大學士朱賡得是書以聞。書託「鄭福成」爲問答。「鄭福成」者，謂鄭之福王當成也。大略言：「帝於東宮不得已而立，他日必易。其特用朱賡內閣者，實寓更易之義。」詞尤詭妄，時皆謂之妖書。帝大怒，敕錦衣衞搜捕甚急。久之，乃得皦生光者，坐極刑，語詳郭正域、沈鯉傳。

四十一年，百戶王曰乾又告變，言奸人孔學等爲巫蠱，將不利於聖母及太子，語亦及妃。賴大學士葉向高勸帝以靜處之，而速福王之藩，以息羣言。事乃寢。其後「梃擊」事起，主事王之宷疏言張差獄情，詞連貴妃宮內侍龐保、劉成等，朝議洶洶。貴妃聞之，對帝泣，帝曰：「外廷語不易解，若須自求太子。」貴妃向太子號訴。貴妃拜，太子亦拜。帝又於慈寧宮太后几筵前召見羣臣，令太子降諭禁株連，於是張差獄乃定。神宗崩，遺命封妃皇后。禮部侍郎孫如游爭之，乃止。及光宗崩，有言妃與李選侍同居乾清宮謀垂簾聽政者，久之始息。

崇禎三年七月薨，謚恭恪惠榮和靖皇貴妃，葬銀泉山。

光宗孝元皇后郭氏，順天人。父維城以女貴，封博平伯，進侯。卒，兄振明嗣。后於萬曆二十九年册爲皇太子妃。四十一年十一月薨，謚恭靖。熹宗卽位，上尊謚曰孝元昭懿哲惠莊仁合天弼聖貞皇后，遷葬慶陵，祔廟。

孝和王太后，熹宗生母也，順天人。侍光宗東宮，爲選侍。萬曆三十二年進才人。四十七年三月薨。熹宗卽位，上尊謚曰孝和恭獻溫穆徽慈諧天鞠聖皇太后，遷葬慶陵，祀奉先殿。崇禎十一年三月以加上孝純太后尊謚，於御用監得后及孝靖太后玉册玉寶，始命有司獻於廟。忠賢黨王體乾坐怠玩，論死。蓋距上謚時十有八年矣。

孝純劉太后，莊烈帝生母也，海州人，後籍宛平。初入宮爲淑女。萬曆三十八年十二月生莊烈皇帝。已，失光宗意，被譴，薨。光宗中悔，恐神宗知之，戒掖庭勿言，葬於西山。及莊烈帝長，封信王，追進賢妃。時莊烈帝居勖勤宮，問近侍曰：「西山有申懿王墳乎？」曰：「有。」「傍有劉娘娘墳乎？」曰：「有。」每密付金錢往祭。及卽位，上尊諡曰孝純恭懿淑穆莊靜毗天毓聖皇太后，遷葬慶陵。

帝五歲失太后，問左右遺像，莫能得。傅懿妃者，舊與太后同爲淑女，比宮居，自稱習太后，言宮人中狀貌相類者，命后母瀛國太夫人指示畫工，可意得也。圖成，由正陽門具法駕迎入。帝跪迎於午門，懸之宮中，呼老宮婢視之，或曰似，或曰否。帝雨泣，六宮皆泣。

故事，生母忌日不設祭，不服青。十五年六月，帝以太后故，欲追前代生繼七后，同建一廟，以展孝思。乃御德政殿，召大學士及禮臣入，問曰：「太廟之制，一帝一后，祧廟亦然，歷朝繼后及生母凡七位皆不得與，卽宮中奉先殿亦尙無祭，奈何？」禮部侍郎蔣德璟曰：「奉先殿外尙有奉慈殿，所以奉繼后及生母者，雖廢可舉也。」帝曰：「奉慈殿外，尙有弘孝、神霄、本恩諸殿。」德璟曰：「內廷規制，臣等未悉。孝宗建奉慈殿，嘉靖間廢之，今未知尙有舊基否？」帝曰：「奉慈已撤，惟奉先尙可拓也。」於是別置一殿，祀孝純及七后云。

康妃李氏，光宗選侍也。時宮中有二李選侍，人稱東、西李。康妃者，西李也，最有寵，嘗撫視熹宗及莊烈帝。光宗卽位，不豫，召大臣入，帝御煖閣，凭几，命封選侍爲皇貴妃。選侍趣熹宗出曰：「欲封后。」帝不應。禮部侍郎孫如游奏曰：「今兩太后及元妃、才人謚號俱未上，俟四大禮舉行後未晚。」旣而帝崩，選侍尙居乾清宮，外廷恟懼，疑選侍欲聽政。大學士劉一燝、吏部尙書周嘉謨、兵科都給事中楊漣、御史左光斗等上疏力爭，選侍移居仁壽殿。事詳一燝、漣傳。

熹宗卽位，降敕暴選侍凌毆聖母因致崩逝及妄覬垂簾狀。而御史賈繼春進安選侍揭，與周朝瑞爭駁不已。帝復降敕曰：「九月一日，皇考賓天，大臣入宮哭臨畢，因請朝見。選侍阻朕煖閣，司禮監官固請，乃得出。旣許復悔，又使李進忠等再三趣回。及朕至乾清丹陛，進忠等猶牽朕衣不釋。甫至前宮門，又數數遣人令朕還，毋御文華殿也。此諸臣所目覩。察選侍行事，明欲要挾朕躬，垂簾聽政。朕蒙皇考令選侍撫視，飮膳衣服皆皇祖、皇考賜也。選侍侮慢凌虐，朕晝夜涕泣。皇考自知其悞，時加勸慰。若避宮不早，則爪牙成列，朕且不知若何矣。選侍因毆崩聖母，自忖有罪，每使宮人竊伺，不令朕與聖母舊侍言，有輒捕去。朕之苦衷，外廷豈能盡悉。乃諸臣不念聖母，惟黨選侍，妄生謗議，輕重失倫，理法焉在！朕今停選侍封號，以慰聖母在天之靈；厚養選侍及皇八妹，以敬遵皇考之意。爾諸臣可以仰體朕心矣。」已，復屢旨詰責繼春，繼春遂削籍去。是時，熹宗初即位，委任司禮太監王安，故敕諭如此。久之，魏忠賢亂政。四年封選侍爲康妃。五年修三朝要典，漣、光斗等皆得罪死，復召繼春，與前旨大異矣。久之，始卒。

莊妃李氏，即所稱東李者也。仁慈寡言笑，位居西李前，而寵不及。莊烈帝幼失母，育於西李。既而西李生女，光宗改命東李撫視。天啓元年二月封莊妃。魏忠賢、客氏用事，惡妃持正，宮中禮數多被裁損，憤鬱薨。崇禎初，詔賜妃弟成棟田產。

選侍趙氏者，光宗時，未有封號。熹宗即位，忠賢、客氏惡之，矯旨賜自盡。選侍以光宗賜物列案上，西向禮佛，痛哭自經死。

熹宗懿安皇后張氏，祥符人。父國紀，以女貴，封太康伯。天啓元年四月册爲皇后。性嚴正，數於帝前言客氏、魏忠賢過失。嘗召客氏至，欲繩以法。客、魏交恨，遂誣后非國紀女，幾惑帝聽。三年，后有娠，客、魏盡逐宮人異己者，而以其私人承奉，竟損元子。帝嘗至后宮，后方讀書。帝問何書。對曰：「趙高傳也。」帝默然。時宮門有匿名書列忠賢逆狀者，忠賢疑出國紀及被逐諸臣手。其黨邵輔忠、孫杰等，欲因此興大獄，盡殺東林諸臣，而借國紀以搖動中宮，冀事成則立魏良卿女爲后。順天府丞劉志選偵知之，首上疏劾國紀，御史梁夢環繼之，會有沮者乃已。及熹宗大漸，折忠賢逆謀、傳位信王者，后力也。莊烈帝上尊號曰懿安皇后。十七年三月，李自成陷都城，后自縊。順治元年，世祖章皇帝命合葬熹宗陵。

裕妃張氏，熹宗妃也。性直烈。客、魏恚其異己，幽於別宮，絕其飲食。天雨，妃匍匐飲簷溜而死。又慧妃范氏者，生悼懷太子不育，復失寵。李成妃侍寢，密爲慧妃乞憐。客、魏知之怒，亦幽成妃於別宮。妃預藏食物簷瓦間，閉宮中半月不死，斥爲宮人。崇禎初，皆復位號。

莊烈帝愍皇后周氏，其先蘇州人，徙居大興。天啓中，選入信邸。時神宗劉昭妃攝太后寶，宮中之政悉稟成於熹宗張皇后。故事，宮中選大婚，一后以二貴人陪。中選，則皇太后幕以青紗帕，取金玉跳脫繫其臂。不中，卽以年月帖子納淑女袖，侑以銀幣遣還。懿安疑后弱，昭妃曰：「今雖弱，後必長大。」因册爲信王妃。帝卽位，立爲皇后。

后性嚴慎。嘗以寇急，微言曰：「吾南中尚有一家居。」帝問之，遂不語，蓋意在南遷也。至他政事，則未嘗預。田貴妃有寵而驕，后裁之以禮。歲元日，寒甚，田妃來朝，翟車止廡下。后良久方御坐，受其拜，拜已遽下，無他言。而袁貴妃之朝也，相見甚歡，語移時。田妃聞而大恨，向帝泣。帝嘗在交泰殿與后語不合，推后仆地，后憤不食。帝悔，使中使持貂裀賜后，且問起居。妃尋以過斥居啓祥宮，三月不召。一日，后侍帝於永和門看花，請召妃。帝不應。后遽令以車迎之，乃相見如初。帝以寇亂茹蔬。后見帝容體日瘁，具饌將進，而瀛國夫人奏適至，曰：「夜夢孝純太后歸，語帝瘁而泣，且曰：『爲我語帝，食毋過苦。』」帝持奏入宮，后適進饌。帝追念孝純，且感后意，因出奏示后，再拜舉匕箸，相向而泣，淚盈盈沾案。

崇禎十七年三月十八日暝，都城陷，帝泣語后曰：「大事去矣。」后頓首曰：「妾事陛下十有八年，卒不聽一語，至有今日。」乃撫太子、二王慟哭，遣之出宮。帝令后自裁。后入室闔戶，宮人出奏，猶云「皇后領旨」。后遂先帝崩。帝又命袁貴妃自縊，繫絕，久之蘇。帝拔劍斫其肩，又斫所御妃嬪數人，袁妃卒不殊。世祖章皇帝定鼎，謚后曰莊烈愍皇后，與帝同葬田貴妃寢園，名曰思陵。下所司給袁妃居宅，贍養終其身。

有宮人魏氏者，當賊入宮，大呼曰：「我輩必遭賊汚，有志者早爲計。」遂躍入御河死，頃間從死者一二百人。宮人費氏，年十六，自投眢井中。賊鉤出，見其姿容，爭奪之。費氏紿曰：「我長公主也。」羣賊不敢逼，擁見李自成。自成命中官審視之，非是，以賞部校羅某者。費氏復紿羅曰：「我實天潢，義難苟合，將軍宜擇吉成禮。」羅喜，置酒極歡。費氏懷利刃，俟羅醉，斷其喉立死。因自詫曰：「我一弱女子，殺一賊帥足矣。」遂自刎死。自成聞大驚，令收葬之。

恭淑貴妃田氏，陝西人，後家揚州。父弘遇以女貴，官左都督，好佚遊，爲輕俠。妃生而纖妍，性寡言，多才藝，侍莊烈帝於信邸。崇禎元年封禮妃，進皇貴妃。宮中有夾道，暑月駕行幸，御蓋行日中。妃命作蘧篨覆之，從者皆得休息。又易小黃門之舁輿者以宮婢。帝聞，以爲知禮。嘗有過，謫別宮省愆。所生皇五子，薨於別宮，妃遂病。十五年七月薨。謚恭淑端惠靜懷皇貴妃，葬昌平天壽山，卽思陵也。

贊曰：高皇后從太祖備歷艱難，贊成大業，母儀天下，慈德昭彰。繼以文皇后仁孝寬和，化行宮壼，後世承其遺範，內治肅雍。論者稱有明家法，遠過漢、唐，信不誣矣。萬、鄭兩貴妃，亦非有陰鷙之謀、干政奪嫡之事，徒以恃寵溺愛，遂滋謗訕。易曰：「閑有家，悔亡。」苟越其閑，悔將無及。聖人之垂戒遠矣哉。

## 校勘記

〔一〕三十九年病革　三十九年，原作「四十年」，據神宗實錄卷四八七萬曆三十九年九月癸丑條改。

# 明史卷一百十五

## 列傳第三

### 興宗孝康皇帝 孝康皇后 呂太后 睿宗獻皇帝 獻皇后

興宗孝康皇帝標，太祖長子也。母高皇后。元至正十五年生於太平陳迪家。太祖爲吳王，立爲王世子，從宋濂受經。

吳元年，年十三矣，命省臨濠墓，諭曰：「商高宗舊勞於外，周成王早聞無逸之訓，皆知小民疾苦，故在位勤儉，爲守成令主。兒生長富貴，習於晏安。今出旁近郡縣，遊覽山川，經歷田野，其因道途險易以知鞍馬勤勞，觀閭閻生業以知衣食艱難，察民情好惡以知風俗美惡，卽祖宗所居，訪求父老，問吾起兵渡江時事，識之於心，以知吾創業不易。」又命中書省擇官輔行。凡所過郡邑城隍山川之神，皆祭以少牢。過太平訪迪家，賜白金五十兩。至泗、濠告祭諸祖墓。是冬從太祖觀郊壇，令左右導之農家，偏觀服食器具，又指道旁荆楚曰：

「古用此爲扑刑，以其能去風，雖傷不殺人。古人用心仁厚如此，兒念之。」

洪武元年正月立爲皇太子。帶刀舍人周宗上書乞敎太子。帝嘉納。中書省都督府請倣元制，以太子爲中書令。帝以元制不足法，令詹同考歷代東宮官制，選勳德老成及新進賢者，兼領東宮官。於是左丞相李善長兼太子少師，右丞相徐達兼太子少傅，〔一〕中書平章錄軍國重事常遇春兼太子少保，右都督馮宗異兼右詹事，中書平章政事胡廷瑞、廖永忠、李伯昇兼同知詹事院事，中書左、右丞趙庸、王溥兼副詹事，中書參政楊憲兼詹事丞，傅瓛兼詹事，〔二〕同知大都督康茂才、張興祖兼左右率府使，大都督府副使顧時、孫興祖同知左右率府事，僉大都督府事吳楨、耿炳文兼左右率府副使，御史大夫鄧愈、湯和兼諭德，御史中丞劉基、章溢兼贊善大夫，治書侍御史文原吉、范顯祖兼太子賓客。諭之曰：「朕於東宮不別設府僚，而以卿等兼領者，蓋軍旅未息，朕若有事於外，必太子監國。若設府僚，卿等在內，事當啓聞，太子或聽斷不明，與卿等意見不合，卿等必謂府僚導之，嫌隙易生。又所以特置賓客諭德等官者，欲輔成太子德性，且選名儒爲之，職此故也。昔周公敎成王克詰戎兵，召公敎康王張皇六師，此居安慮危，不忘武備。蓋繼世之君，生長富貴，昵於安逸，不諳軍旅，一有緩急，罔知所措。二公之言，其幷識之。」

是年，命選國子生國琦、王璞、張傑等十餘人，侍太子讀書禁中。琦等入對謹身殿，儀狀明秀，應對詳雅。帝喜，因謂殿中侍御史郭淵友等曰：「諸生於文藝習矣，然與太子處，當端其心術，不流浮靡，庶儲德亦獲裨助。」因厚賜之。未幾，以梁貞、王儀爲太子賓客，秦庸、盧德明、張昌爲太子諭德。

先是，建大本堂，取古今圖籍充其中，徵四方名儒敎太子諸王，分番夜直，選才俊之士充伴讀。帝時時賜宴賦詩，商搉古今，評論文字無虛日。命諸儒作鍾山龍蟠賦，置酒歡甚，自作時雪賦，賜東宮官。令三師、諭德朝賀東宮，東宮答拜。又命東宮及王府官編輯古人行事可爲鑒戒者，訓諭太子諸王。四年春製大本堂玉圖記，賜太子。

十年令自今政事並啓太子處分，然後奏聞。諭曰：「自古創業之君，歷涉勤勞，達人情，周物理，故處事咸當。守成之君，生長富貴，若非平昔練達，少有不謬者。故吾特命爾日臨羣臣，聽斷諸司啓事，以練習國政。惟仁不失於疎暴，惟明不惑於邪佞，惟勤不溺於安逸，惟斷不牽於文法。凡此皆心爲權度。吾自有天下以來，未嘗暇逸，於諸事務惟恐毫髮失當，以負上天付託之意。戴星而朝，夜分而寢，爾所親見。爾能體而行之，天下之福也。」時令儒臣爲太子講大學衍義。二十二年置詹事院。

二十四年八月敕太子巡撫陝西。先是，帝以應天、開封爲南北京，臨濠爲中都。御史胡子祺上書曰：「天下形勝地可都者四。河東地勢高，控制西北，堯嘗都之，然其地苦寒。汴梁襟帶河、淮，宋嘗都之，然其地平曠，無險可憑。洛陽周公卜之，周、漢遷之，然嵩、邙非有殽函、終南之阻，澗、瀍、伊、洛非有涇、渭、灞、滻之雄。夫據百二河山之勝，可以聳諸侯之望，舉天下莫關中若也。」帝稱善。至是，諭太子曰：「天下山川惟秦地號爲險固，汝往以省觀風俗，慰勞秦父老子弟。」於是擇文武諸臣扈太子行。既行，使諭曰：「爾昨渡江，震雷忽起於東南，導爾前行，是威震之兆也。然一旬久陰不雨，占有陰謀，宜愼舉動，嚴宿衞，施仁布惠，以回天意。」仍申諭從行諸臣以宿頓聞。

比還，獻陝西地圖，遂病。病中上言經略建都事。明年四月丙子薨，帝慟哭。禮官議期喪，請以日易。及當除服，帝不忍。禮官請之，始釋服視朝。八月庚申祔葬孝陵東，諡曰懿文。

太子爲人友愛。秦、周諸王數有過，輒調護之，得返國。有告晉王異謀者，太子爲涕泣請，帝乃感悟。帝初撫兄子文正、姊子李文忠及沐英等爲子，高后視如己出。帝或以事督過之，太子輒告高后爲慰解，其仁慈天性然也。太子元妃常氏，繼妃呂氏。生子五：長雄英，次建文皇帝，次允熥，次允熞，次允熙。建文元年追尊爲孝康皇帝，廟號興宗。燕王卽帝位，復稱懿文皇太子。

孝康皇后常氏，開平王遇春女。洪武四年四月册爲皇太子妃。十一年十一月薨，諡敬懿。太祖爲輟朝三日。建文元年追尊爲孝康皇后。永樂元年復稱敬懿皇太子妃。

皇太后呂氏，壽州人。父本，累官太常卿。惠帝卽位，尊爲皇太后。燕兵至金川門，迓太后至軍中，述不得已起兵之故。太后還，未至，宮中已火。旣而隨其子允熙居懿文陵。永樂元年復稱皇嫂懿文太子妃。

初，太祖册常妃，繼册呂妃。常氏薨，呂氏始獨居東宮。而其時秦王樉亦納王保保妹爲妃，又以鄧愈女爲配，皆前代故事所無也。

睿宗興獻皇帝祐杬，憲宗第四子。母邵貴妃。成化二十三年封興王。弘治四年建邸德安。已，改安陸。七年之藩，舟次龍江，有慈烏數萬繞舟，至黃州復然，人以爲瑞。謝疏陳五事。孝宗嘉之，賜予異諸弟。

王嗜詩書，絕珍玩，不畜女樂，非公宴不設牲醴。楚俗尙巫覡而輕醫藥，乃選布良方，設藥餌以濟病者。長史張景明獻所著六益於王，賜之金帛，曰：「吾以此懸宮門矣。」邸旁有臺曰陽春，數與羣臣賓從登臨賦詩。正德十四年薨，謚曰獻。

王薨二年而武宗崩，召王世子入嗣大統，是爲世宗。禮臣毛澄等援漢定陶、宋濮王故事，考孝宗，改稱王爲「皇叔父興獻大王」，王妃爲「皇叔母」。帝命廷臣集議，未決。進士張璁上書請考興獻王，帝大悅。會母妃至自安陸，止通州不入。帝啓張太后，欲避天子位，奉母妃歸藩。羣臣惶懼。太后命進王爲興獻帝，妃爲興獻后。〔三〕璁更爲大禮或問以進，而主事霍韜、桂萼，給事中熊浹議與璁合。帝因諭輔臣楊廷和、蔣冕、毛紀，帝、后加稱「皇」。廷和等合廷臣爭之，未決。嘉靖元年，禁中火，廷和及給事中鄧繼曾、朱鳴陽引五行五事，爲廢禮之證。乃輟稱「皇」，加稱本生父興獻帝，尊園曰陵，黃屋監衞如制，設祠署安陸，歲時享祀用十二籩豆，樂用八佾。帝心終未慊。三年加稱爲本生皇考恭穆獻皇帝，興國太后爲本生聖母章聖皇太后，〔四〕建廟奉先殿西，曰觀德殿，祭如太廟。七月諭去本生號。九月，詔稱孝宗皇伯考，稱獻皇帝曰皇考。

璁、萼等旣驟貴，干進者爭以言禮希上意。百戶隨全、錄事錢子勳言獻皇帝宜遷葬天壽山。禮部尚書席書議：「高皇帝不遷祖陵，太宗不遷孝陵，蓋其愼也。小臣妄議山陵，宜罪。」工部尚書趙璜亦言不可。乃止。尊陵名曰顯陵。

明年修獻皇帝實錄，建世廟於太廟左。六年，以觀德殿狹隘，改建崇先殿。七年，命璁等集明倫大典成，加上尊謚曰恭睿淵仁寬穆純聖獻皇帝。親製顯陵碑，封松林山爲純德山，從祀方澤，次五鎭，改安陸州爲承天府。

十七年，通州同知豐坊請加尊皇考廟號，稱宗以配上帝。九月加上尊謚知天守道洪德淵仁寬穆純聖恭儉敬文獻皇帝，廟號睿宗，祔太廟，位次武宗上。明堂大享奉主配天，罷世廟之祭。四十四年，芝生世廟柱，復作玉芝宮祀焉。穆宗立，乃罷明堂配享。

初，楊廷和等議封益王次子崇仁王厚炫爲興王，奉獻帝祀。不允。興國封除。獻帝有長子厚熙，生五日而殤。嘉靖四年贈岳王，謚曰懷獻。

皇后蔣氏，世宗母也。父斅，大興人，追封玉田伯。弘治五年册爲興王妃。世宗入承大統，即位三日，遣使詣安陸奉迎，而令廷臣議推尊禮。咸謂宜考孝宗，而稱興王爲皇叔父，妃爲皇叔母。議三上，未決。會妃將至，禮臣上入宮儀，由崇文門入東安門，皇帝迎於東華門。不許。再議由正陽門入大明、承天、端門，從王門入宮。又不許。王門，諸王所出入門也。敕曰：「聖母至，御太后車服，從御道入，朝太廟。」故事，后妃無謁廟禮，禮臣難之。時妃至通州，聞考孝宗，恚曰：「安得以吾子爲他人子。」留不進。帝涕泣願避位。羣臣以慈壽太后命，改稱興獻后，乃入。以太后儀謁奉先、奉慈二殿，不廟見。元年改稱興國太后。三年乃上尊號曰本生章聖皇太后。是年秋，用張璁等言，尊爲聖母章聖皇太后。五年，獻帝世廟成，奉太后入謁。七年上尊號曰慈仁。九年頒太后所製女訓於天下。十五年奉太后謁天壽山陵，命諸臣進賀行殿。是年加上尊號曰康靜貞壽。

十七年十二月崩，諭禮、工二部將改葬獻皇帝於大峪山，以駙馬都尉京山侯崔元爲奉迎行禮使，兵部尚書張瓚爲禮儀護行使，指揮趙俊爲吉凶儀仗官，翊國公郭勛知聖母山陵事。已，帝親幸大峪相視，令議奉太后南詣合葬。而禮部尚書嚴嵩等言：「靈駕北來，慈宮南詣，共一舉耳。大峪可朝發夕至，顯陵遠在承天，恐陛下春秋念之。臣謂如初議便。」帝曰：「成祖豈不思皇祖耶，何以南孝陵？」因止崔元等毋行，而令趙俊往，且啓視幽宮。是年上尊謚曰慈孝貞順仁敬誠一安天誕聖獻皇后。明年，俊歸，謂顯陵不吉，遂議南巡。九卿大臣許讚等諫。不聽。左都御史王廷相又諫。帝曰：「朕豈空行哉，爲吾母耳。」已而侍御呂柟、給事中曾烶、御史劉賢、郎中岳倫等復相繼疏諫。不聽。三月，帝至承天，謁顯陵，作新宮焉，曰：「待合葬也。」歸過慶都，御史謝少南言：「慶都有堯母墓，佚於祀典，請祀之。」帝曰：「帝堯父母異陵，可知合葬非古。」卽拜少南左春坊左司直兼翰林院檢討，定議葬大峪山。四月，帝謁長陵，諭嚴嵩曰：「大峪不如純德。」仍命崔元護梓宮南祔。閏七月，〔五〕合葬顯陵，主祔睿宗廟。

贊曰：興宗、睿宗雖未嘗身爲天子，而尊號徽稱典禮具備，其實有不容泯者。史者所以記事也，記事必核其名與實。曰宗曰帝者，當時已定之名，名定而實著焉矣。爰據元史裕宗、睿宗列傳之例，別爲一卷如右，而各以后附焉。

## 校勘記

〔一〕右丞相徐達兼太子少傅　太子少傅，原作「太子太傅」，據本書卷一〇九宰輔年表、明史稿傳三懿文太子標傳、太祖實錄卷二五洪武元年正月辛巳條、國榷卷三頁三五四改。

〔二〕中書參政楊憲兼詹事丞傅瓛兼詹事　太祖實錄卷二五洪武元年正月辛巳條、國榷卷三頁三五四均作「楊憲、傅瓛兼詹事丞」。按詹事丞不應列在詹事前，當從實錄、國榷。

〔三〕妃爲興獻后　興獻后，原作「興國后」。本書卷一七世宗紀、世宗實錄卷七正德十六年十月庚辰條均作「興獻后」。按世宗實錄卷一二，嘉靖元年三月戊午始加「興國太后」號，此作「興獻后」是，據改。

〔四〕興國太后爲本生聖母章聖皇太后　「母」上原脫「聖」字，據本書卷一七世宗紀、世宗實錄卷三八嘉靖三年四月癸丑條、國榷卷五三頁三三〇三補。

〔五〕閏七月　原脫「閏」字，據本書卷一七世宗紀、世宗實錄卷二二七嘉靖十八年閏七月庚申條補。

# 明史卷一百十六

## 列傳第四

### 諸王

明制，皇子封親王，授金册金寶，歲祿萬石，府置官屬。護衞甲士少者三千人，多者至萬九千人，隸籍兵部。冕服車旗邸第，下天子一等。公侯大臣伏而拜謁，無敢鈞禮。親王嫡長子，年及十歲，則授金册金寶，立爲王世子，長孫立爲世孫，冠服視一品。諸子年十歲，則授塗金銀册銀寶，封爲郡王。嫡長子爲郡王世子，嫡長孫則授長孫，冠服視二品。諸子授鎭國將軍，孫輔國將軍，曾孫奉國將軍，四世孫鎭國中尉，五世孫輔國中尉，六世以下皆奉國中尉。其生也請名，其長也請婚，祿之終身，喪葬予費，親親之誼篤矣。考二百餘年之間，宗姓實繁，賢愚雜出。今據所紀載，自太祖時追封祔廟十五王以及列朝所封者，著於篇。而郡王以下有行義事實可採者，世系亦得附見焉。

# 諸王一

## 宗室十五王

## 太祖諸子一

秦王樉 浉陽王誠洌 晉王㭎 慶成王濟炫 西河王奇溯 新堞

周王橚 鎭平王有爌 博平王安沠 南陵王睦楧 鎭國中尉睦㮮

鎭國將軍安氿 鎭國中尉勤熨 楚王楨 武岡王顯槐 齊王榑

潭王梓 趙王杞 魯王檀 歸善王當沍 輔國將軍當瀆

奉國將軍健根 安丘王當澻 壽鏻

熙祖，二子。長仁祖，次壽春王，俱王太后生。壽春王四子，長霍丘王，次下蔡王，次安豐王，次蒙城王。霍丘王一子，寶應王。安豐王四子，六安王、來安王、都梁王、英山王。下蔡、蒙城及寶應、六安諸王先卒，皆無後。洪武元年追封，二年定從祀禮，祔享祖廟東西廡。壽春、霍丘、安豐、蒙城四王，皆以王妃配食。蒙城王妃田氏早寡，有節行，太祖甚重之。十王、四妃墓在鳳陽白塔祠，官歲祀焉。

仁祖，四子。長南昌王，次盱眙王，次臨淮王，次太祖，俱陳太后生。南昌王二子，長山陽王，無後，次文正。盱眙王一子，昭信王，無後。臨淮王無子。太祖起兵時，諸王皆前卒，獨文正在。洪武初，諸王皆追封從祀。文正以罪謫死。子守謙，封靖江王，自有傳。正德十一年，御史徐文華言：「宋儒程頤曰：『成人而無後者，祭終兄弟之孫之身。』蓋從祖而祔，亦從祖而毀，未有祖祧而祔食之孫獨存者。今懿、僖二祖既祧，太廟祔享諸王亦宜罷祀。」廷議不可，文華竟以妄言下獄。嘉靖中建九廟，東西廡如故。九廟災，復同堂異室之制，祔十五王於兩序。盱眙、臨淮王二妃配食。南昌王妃王氏，後薨，祔葬皇陵，不配食。

太祖，二十六子。高皇后生太子標、秦王樉、晉王棡、成祖、周王橚。胡充妃生楚王楨。達定妃生齊王榑、潭王梓。郭寧妃生魯王檀。郭惠妃生蜀王椿、代王桂、谷王橞。胡順妃生湘王柏。韓妃生遼王植。余妃生慶王㮵。楊妃生寧王權。周妃生岷王楩、韓王松。趙貴妃生瀋王模。李賢妃生唐王桱。劉惠妃生郢王棟。葛麗妃生伊王㰘。而肅王楧母郜無名號。趙王杞、安王楹、皇子楠皆未詳所生母。

秦愍王樉，太祖第二子。洪武三年封。十一年就藩西安。其年五月賜璽書曰：「關內之民，自元氏失政，不勝其敝。今吾定天下，又有轉輸之勞，民未休息。爾之國，若宮室已完，其不急之務悉已之。」十五年八月，高皇后崩，與晉、燕諸王奔喪京師，十月還國。十七年，皇后大祥，復來朝，尋遣還。二十二年改大宗正院爲宗人府，以樉爲宗人令。二十四年，以樉多過失，召還京師，令皇太子巡視關陝。太子還，爲之解。明年命歸藩。

二十八年正月命帥平羌將軍甯正征叛番於洮州，番懼而降。帝悅，賚予甚厚。其年三月薨，賜諡册曰：「哀痛者，父子之情；追諡者，天下之公。朕封建諸子，以爾年長，首封於秦，期永綏祿位，以藩屏帝室。夫何不良於德，竟殞厥身，其諡曰愍。」樉妃，元河南王王保保女弟。次妃，寧河王鄧愈女。樉薨，王妃殉。

子隱王尙炳嗣。沔人高福興等爲亂，尙炳巡邊境上捕盜。永樂九年，使者至西安，尙炳稱疾不出迎，見使者又傲慢。帝逮治王府官吏，賜尙炳書曰：「齊王拜胙，遂以國霸；晉侯惰玉，見譏無後。王勉之。」尙炳懼，來朝謝罪。明年三月薨。子僖王志堩嗣，二十二年薨。無子，庶兄懷王志均由渭南王嗣，宣德元年薨。妃張氏，未婚，入宮守服。

弟康王志𡌴嗣。好古嗜學。四年，護衞軍張嵩等訐其府中事。志𡌴不安，辭三護衞。宣宗答書奬諭，予一護衞。志𡌴顧數聽細人，正統十年誣奏鎭守都御史陳鎰，按問皆虛，而審理正秦弘等又交章奏王凌辱府僚，箠死軍役。帝再以書戒飭之。景泰六年薨。子惠王公錫嗣，以賢聞。成化二十二年薨。

子簡王誠泳嗣。性孝友恭謹，嘗銘冠服以自警。秦川多賜地，軍民佃以爲業，供租稅，歲歉輒蠲之。長安有魯齋書院，久廢，故址半爲民居，誠泳別易地建正學書院。又旁建小學，擇軍校子弟秀慧者，延儒生教之，親臨課試。王府護衞得入學，自誠泳始。所著有經進小鳴集。弘治十一年薨，無子。

從弟臨潼王誠漖子昭王秉欆嗣。十四年薨。子定王惟焯嗣，有賢行，有司以聞。嘉靖十九年，敕表以綽楔。獻金助太廟工，益歲祿二百石，賜玉帶襲衣。惟焯嘗奏請潼關以西、鳳翔以東河堧地，〔一〕曰：「皇祖所賜先臣樉也。」戶部尚書梁材執奏：「陝西外供三鎮，內給四王，民困已極。豈得復奪堧地，濫給宗藩。」詔如材言。二十三年薨，無子。

再從子宣王懷埢由中尉嗣。奏以本祿千石贍諸宗，賜敕獎諭。四十五年薨。子靖王敬鎔嗣，萬曆四年薨。子敬王誼溍嗣，十四年薨。無子，弟誼漶由紫陽王嗣。薨，子存樞嗣。李自成破西安，存樞降於賊，僞授權將軍，妃劉氏死之。

汧陽王誠洌，康王諸孫也，事父及繼母以孝聞。父疾，經月不解帶。及薨，醯醬鹽酪不入口。明年，墓生嘉禾，一本雙穗，嘉瓜二實並蒂，慈烏異鳥環集。以母馬妃早卒，不逮養，追服衰食蔬者三年。雪中萱草生華，咸謂孝感所致。弘治十五年賜敕嘉獎。

時有輔國將軍秉樺，亦好學篤行。父病，禱於神，乞以身代，疾竟愈。母喪廬墓，有雙鶴集庭中。定王以聞。世宗表其門。

晉恭王棡，太祖第三子也。學文於宋濂，學書於杜環，洪武三年封。十一年就藩太原，中道笞膳夫。帝馳諭曰：「吾帥羣英平禍亂，不爲姑息。獨膳夫徐興祖，事吾二十三年未嘗折辱。怨不在大，小子識之。」棡修目美髯，顧盼有威，多智數。然性驕，在國多不法。或告棡有異謀。帝大怒，欲罪之，太子力救得免。二十四年，太子巡陝西歸，棡隨來朝，敕歸藩。自是折節，待官屬皆有禮，更以恭愼聞。是時，帝念邊防甚，且欲諸子習兵事，諸王封並塞居者皆預軍務。而晉、燕二王，尤被重寄，數命將兵出塞及築城屯田。大將如宋國公馮勝、潁國公傅友德皆受節制。又詔二王，軍中事大者方以聞。三十一年三月薨，〔三〕子定王濟熺嗣。

永樂初，帝以濟熺縱下，黜其長史龍潭。濟熺懼，欲上護衞。不許。弟平陽王濟熿，幼狠戾，失愛於父。及長，太祖召秦、晉、燕、周四世子及庶子之長者，教於京師。濟熿與燕王子高煦、周王子有爋邪詭相比，不爲太祖所愛。濟熺旣嗣王，成祖封濟熿平陽王。濟熿追憾父，并憾濟熺不爲解，嗾其弟慶成王濟炫等日訴濟熺過於朝，又誘府中官校，文致其罪，歷年不已。十二年，帝奪濟熺爵，及世子美圭皆爲庶人，俾守恭王園，而立濟熿爲晉王。

濟熿既立，益横暴，至進毒弑嫡母謝氏，逼烝恭王侍兒吉祥，幽濟熺父子，蔬食不給。父兄故侍從宫人多爲所害，莫敢言。恭王宫中老媪走訴成祖，乃卽獄中召晉府故承奉左微問之，盡得濟熿搆濟熺狀。立命微馳召濟熺父子，濟熺幽空室已十年矣。左微者，故因濟熺牽連繫獄，或傳微死已久。及至，一府大驚。微入空室，釋濟熺父子，相抱持大慟。時帝北征，駐蹕沙城，濟熺父子謁行在所。帝見濟熺病，惻然，封美圭平陽王，使奉父居平陽，予以恭王故連伯灘田。會帝崩，濟熿遂不與美圭田。仁宗連以書諭，卒不聽。又聞朝廷賜濟熺王者冠服及他賚予，益怨望。成祖、仁宗之崩，不爲服，使寺人代臨，幕中廣致妖巫爲詛咒不輟。

宣宗卽位，濟熿密遣人結高煦謀不軌，寧化王濟焕告變。比擒高煦，又得濟熿交通書，帝未之問也，而濟熿所遣使高煦人懼罪及，走京師首實。内使劉信等數十人告濟熿擅取屯糧十萬餘石，欲應高煦，并發其宫中詛咒事。濟焕亦至是始知嫡母被弑，馳奏。遣人察實，召至京，示以諸所發奸逆狀，廢爲庶人，幽鳳陽。同謀官屬及諸巫悉論死。時宣德二年四月也。

晉國絕封凡八年，至英宗卽位之二月，乃進封美圭爲晉王，還居太原。正統六年薨。子莊王鍾鉉嗣，弘治十五年薨。世子奇源及其子表榮皆前卒，表榮子端王知烊嗣。知烊七歲而孤，能盡哀，居母喪嘔血，芝生寢宮。嘉靖十二年薨。無子，再從子簡王新𡋯嗣。新化王表槺、榮澤王表櫰者，端王諸父也。表槺先卒，子知𤐤嗣爲新化王，亦前卒，二子新𡋯、新墧。端王請新𡋯嗣新化王，未封而端王薨，表櫰謀攝府事。端王妃王氏曰：「王無後，次及新化王，新化父子卒，有孫新𡋯在。」卽召入府，拜几筵爲喪主。表櫰忿曰：「我尊行，顧不得王。」上疏言：「新𡋯故新化王長子，不得爲人後，新𡋯宜嗣新化王，新墧宜嗣晉王。」禮部議新𡋯宜嗣，是爲簡王。新𡋯母太妃尚氏嚴，教子以禮。太妃疾，新𡋯叩頭露禱。長史有敷陳，輒拜受教。其老也，以弟鎭國將軍新墧子愼鏡攝藩事。萬曆三年薨，愼鏡亦卒。弟惠王愼鋷嗣，七年薨。子穆王敏淳嗣，三十八年薨，子求桂嗣。李自成陷山西，求桂與秦王存樞並爲賊所執，入北京，不知所終。

慶成王濟炫，晉恭王子。其生也，太祖方御慶成宴，因以爲封。永樂元年徙居潞州，坐擅發驛馬，縱軍人爲盜，被責，召還太原。十年徙汾州，薨，諡莊惠。曾孫端順王奇湞，正德中，以賢孝聞，賜敕褒奬。生子七十人，嘉靖初，尙書王瓊聞於朝。嗣王表欒樸茂寡言，孝友好文學。嘉靖三十年壽八十，詔書嘉奬，賚以金幣。輔國將軍奇添，端順王弟也，早卒。

夫人王氏守節奉姑六十餘年，世宗時以節孝旌。又溫穆王曾孫中尉知㷭病篤，淑人賀氏欲先死以殉，取湏一勺咽之，左右救奪，遂絕飲食，與知㷭同時卒。表欒以聞。禮官言會典無旌命婦例，世宗特命旌之，謚曰貞烈。

西河王奇溯，定王曾孫。三歲而孤。問父所在，卽慟哭。長，刻栴檀爲父順簡王像，祀之。母病渴，中夜稽顙禱天，俄有甘泉自地湧出。母飲泉，病良已。及卒，哀毀骨立。子表相嗣，亦以仁孝聞，與寧河王表楠、河東嗣王奇淮並爲人所稱。

新堞，恭王七世孫，家汾州。崇禎十四年由宗貢生爲中部知縣。有事他邑，土寇乘間陷其城，坐免官。已而復任。署事者聞賊且至，亟欲解印去，新堞毅然曰：「此我致命之秋也。」卽受之。得賊所傳僞檄，怒而碎之，議拒守。邑新遭寇，無應者，乃屬父老速去，而已誓必死。妻盧氏，妾薛氏、馮氏，請先死。許之。有女數歲，拊其背而勉之縊。左右皆泣下。乃書表封印，使人馳送京師，冠帶望闕拜，又望拜其母，遂自經。士民葬之社壇側，以妻女祔。先是，土寇薄城，縣丞光先與戰不勝，自焚死。新堞哭之慟，爲之誄曰：「殺身成仁，雖死猶生。」至是，新堞亦死難。

周定王橚，太祖第五子。洪武三年封吳王。七年，有司請置護衞於杭州。帝曰：「錢塘財賦地，不可。」十一年改封周王，命與燕、楚、齊三王駐鳳陽。十四年就藩開封，卽宋故宮地爲府。二十二年，橚棄其國來鳳陽。帝怒，將徙之雲南，尋止，使居京師，世子有燉理藩事。二十四年十二月敕歸藩。建文初，以橚燕王母弟，頗疑憚之。橚亦時有異謀，長史王翰數諫不納，佯狂去。橚次子汝南王有爋告變。帝使李景隆備邊，道出汴，猝圍王宮，執橚，竄蒙化，諸子並別徙。已，復召還京，錮之。成祖入南京，復爵，加祿五千石。永樂元年正月詔歸其舊封，獻頌九章及佾舞。明年來朝，獻騶虞。帝悅，宴賜甚厚。以汴梁有河患，將改封洛陽。橚言汴堤固，無重勞民力。乃止。十四年疏辭所賜在城稅課。十八年十月有告橚反者。帝察之有驗。明年二月召至京，示以所告詞。橚頓首謝死罪。帝憐之，不復問。橚歸國，獻還三護衞。仁宗卽位，加歲祿至二萬石。橚好學，能詞賦，嘗作元宮詞百章。以國土夷曠，庶草蕃廡，考核其可佐饑饉者四百餘種，繪圖疏之，名救荒本草。闢東書堂以教世子，長史劉淳爲之師。洪熙元年薨。

子憲王有燉嗣，博學善書。弟有爋數訐有燉，宣宗書諭之。有爋與弟有熺詐爲祥符王有爝與趙王書，繫箭上，置彰德城外，詞甚悖。都指揮王友得書以聞。宣宗逮友，訊無跡。召有爝至，曰：「必有爋所爲。」訊之具服，並得有熺掠食生人肝腦諸不法事，於是並免爲庶人。有燉，正統四年薨，無子。帝賜書有爝曰：「周王在日，嘗奏身後務從儉約，以省民力。

妃夫人以下不必從死。年少有父母者遣歸。」既而妃鞏氏、夫人施氏、歐氏、陳氏、張氏、韓氏、李氏皆殉死，詔謚妃貞烈，六夫人貞順。

弟簡王有爓嗣，景泰三年薨。子靖王子垕嗣，七年薨。弟懿王子堕嗣，成化二十一年薨。子惠王同鑣嗣，弘治十一年薨。世子安濆未襲封而卒，孫恭王睦㰘嗣，謚安濆悼王。

初，安濆爲世子，與弟平樂王安泛、義寧王安涘爭漁利，置囹圄刑具，集亡賴爲私人。惠王戒安濆，不從，王怒。安泛因而傾之，安濆亦持安泛不法事。惠王薨，羣小交搆，安濆奏安泛私壞社稷壇，營私第，安泛亦誣奏安濆諸陰事。下鎮、巡官按驗。頃之，安濆死，其子睦㰘立而幼。安泛侵陵世子妃，安涘亦訐妃出不正，其子不可嗣。十三年，帝命太監魏忠、刑部侍郎何鑑按治。安泛懼，益誣世子毒殺惠王並世子妃淫亂，所連逮千人。鑑等奏其妄，廢安泛爲庶人，幽鳳陽，安涘亦革爵。

嘉靖十七年，睦㰘薨。子勤熄先卒，孫莊王朝堈嗣，三十年薨。子敬王在鋌嗣，萬曆十年薨。〔三〕子端王肅溱嗣，薨。子恭枵嗣。崇禎十四年冬，李自成攻開封，恭枵出庫金五十萬，餉守陴者，懸賞格，殪一賊予五十金。賊穴城，守者投以火，賊被爇死，不可勝計，乃解圍去。明年正月，帝下詔褒奬，且加勞曰：「此高皇帝神靈憫宗室子孫維城莫固，啓王心而降之福也。」其年四月，自成再圍汴，築長圍，城中樵採路絕。九月，賊決河灌城，城圮，恭楞從後山登城樓，率宮妃及寧鄉、安鄉、永壽、仁和諸王露棲雨中數日。援軍駐河北，以舟來迎，始獲免。事聞，賜書慰勞，並賜帑金文綺，命寄居彰德。汴城之陷也，死者數十萬，諸宗皆沒，府中分器寶藏盡淪於巨浸。踰年，乃從水中得所奉高帝、高后金容，迎至彰德奉焉。久之，王薨，贈謚未行，國亡。其孫南走，死於廣州。

鎭平王有爌，定王第八子。嗜學，工詩，作道統論數萬言。又採歷代公族賢者，自夏五子迄元太子眞金百餘人，作賢王傳若干卷。

博平王安㴳，惠王第十三子。惠王有子二十五人，而安㴳獨賢，嘗輯貽後錄、養正錄諸書。勤於治生，田園僮奴車馬甚具。賓客造門，傾己納之。其時稱名德者，必曰博平。

南陵王睦楧，悼王第九子，敏達有識。嘉靖四十一年，御史林潤言：「天下財賦，歲供京師米四百萬石，而各藩祿歲至八百五十三萬石。山西、河南存留米二百三十六萬三千石，而宗室祿米五百四萬石。卽無災傷蠲免，歲輸亦不足供祿米之半。年復一年，愈加蕃衍，勢窮弊極，將何以支。」事下諸王議。明年，睦楧條上七議：請立宗學以崇德教，設科選以勵人才，嚴保勘以杜冒濫，革冗職以除素餐，戒奔競以息饕貪，制拜掃以廣孝思，立憂制以省祿費。詔下廷臣參酌之。其後諸藩遂稍稍陳說利弊，尙書李春芳集而上焉。及頒宗藩條例，多採睦楧議云。

鎭國中尉睦㰘，字灌甫，鎭平王諸孫。父奉國將軍安河以孝行聞於朝，璽書旌賚。既沒，周王及宗室數百人請建祠。詔賜祠額曰「崇孝」。睦㰘幼端穎，郡人李夢陽奇之。及長，被服儒素，覃精經學，從河、洛間宿儒游。年二十通五經，尤邃於易、春秋。謂本朝經學一稟宋儒，古人經解殘闕放失，乃訪求海內通儒，繕寫藏弆，若李鼎祚易解、張洽春秋傳，皆叙而傳之。呂柟嘗與論易，歎服而去。益訪購古書圖籍，得江都葛氏、章丘李氏書萬卷，丹鉛歷然，論者以方漢之劉向。築室東坡，延招學者，通懷好士，而內行修潔。事親晨昏不離側，喪三年居外舍。有弟五人，親爲教督，盡推遺產與之。萬曆五年舉文行卓異，爲周藩宗正，領宗學。約宗生以三、六、九日午前講易、詩、書，午後講春秋、禮記，雖盛寒暑不輟。所撰有五經稽疑六卷，授經圖傳四卷，韻譜五卷，又作明帝世表、周國世系表、建文遜國褒忠錄、河南通志、開封郡志諸書。巡撫御史褚鈇議稍減郡王以下歲祿，均給貧宗，帝遣給事中萬象春就周王議。新會王睦㮈號於衆曰：「裁祿之謀起於睦㰘。」聚宗室千餘人擊之，裂其衣冠，上書抗詔。帝怒，廢睦㮈爲庶人。睦㰘屢疏引疾乞休，詔勉起之。又三年卒，年七十。宗人頌功德者五百人，詔賜輔國將軍，禮葬之，異數也。學者稱爲西亭先生。

時有將軍安涀者，一歲喪母，事其父以孝聞。父病革，刲臂爲湯飲父，父良已。年七十，追念母不逮養，服衰廬墓三年，詔旌其門。素精名理，聲譽大著，人稱睦㰘爲「大山」，安淝爲「小山」云。

又勤熨者，鎮國中尉也，嘉靖中，上書曰：「陛下躬上聖之資，不法古帝王兢業萬幾，擇政任人，乃溺意長生，屢修齋醮，興作頻仍。數年來朝儀久曠，委任非人，遂至賄賂公行，刑罰倒置，奔競成風，公私殫竭，脫有意外變，臣不知所終。」帝覽疏怒，坐誹謗，降庶人，幽鳳陽。子朝堉已賜名，以罪人子無敢爲請封者，上書請釋父罪，且陳中興四事，詔並禁錮。穆宗登極，釋歸，命有司存恤。

楚昭王楨，太祖第六子。始生時，平武昌報適至，太祖喜曰：「子長，以楚封之。」洪武三年封楚王。十四年就藩武昌。嘗錄御註洪範及大寶箴置座右。十八年四月，銅鼓、思州諸蠻亂，命楨與信國公湯和、江夏侯周德興帥師往討。和等分屯諸洞，立柵與蠻人雜耕作。久之，擒其渠魁，餘黨悉潰。三十年，古州蠻叛，帝命楨帥師，湘王柏爲副，往征。楨請餉三十萬，又不親蒞軍。帝詰責之，命城銅鼓衞而還。是年，熒惑入太微，詔諭楨戒慎，楨書十事以自警。未幾，楨子巴陵王卒，帝復與敕曰：「舊歲熒惑入太微，太微天庭，居翼軫，楚分也。五星無故入，災必甚焉。爾子疾逝，恐災不止此，尚省愼以回天意。」至冬，王妃薨。時初設宗人府，以楨爲右宗人。永樂初，進宗正。二十二年薨。

子莊王孟烷嗣，敬愼好學。宣德中，平江伯陳瑄密奏：「湖廣，東南大藩，襟帶湖、湘，控引蠻越，人民蕃庶，商賈輻聚。楚設三護衞，自始封至今，生齒日繁，兵强國富，小人行險，或生邪心。請選其精銳，以轉漕爲名，俟至京師，因而留之，可無後患。」帝曰：「楚無過，不可。」孟烷聞之懼。五年上書請納兩護衞，自留其一。帝勞而聽之。正統四年薨。

子憲王季堄嗣，事母鄧妃至孝。英宗賜書獎諭。著東平河間圖贊，爲士林所誦。八年薨。弟康王季埱嗣，天順六年薨。再從子靖王均鈋嗣，正德五年薨。子端王榮㵑嗣，以仁孝著稱，武宗表曰「彰孝之坊」。嘉靖十三年薨。子愍王顯榕嗣，居喪哀痛，遇慶禮却賀。端王壻儀賓沈寶與顯榕有隙，使人誣奏顯榕左右呼顯榕萬歲，且誘顯榕設水戲以習水軍。世宗下其章，撫臣具言顯榕居喪能守禮。寶坐誣，削爲民。

顯榕妃吳氏，生世子英燿，性淫惡，嘗烝顯榕宮人。顯榕知之，杖殺其所使陶元兒。英燿又使卒劉金納妓宋么兒於別館。顯榕欲罪金，金遂誘英燿謀爲逆。嘉靖二十四年正月十八日，張燈置酒饗顯榕，別宴顯榕弟武岡王顯槐於西室。酒半，金等從座後出，以銅瓜擊顯榕腦，立斃。顯槐驚救，被傷，奔免。英燿徙顯榕屍宮中，命長史孫立以中風報。王從者朱貴抉門出告變，撫、按官以聞。英燿懼，具疏奏辨，且逼崇陽王顯休爲保奏。通山王英炊不從，直奏英燿弑逆狀。詔遣中官及駙馬都尉鄔景和、侍郎喻茂堅往訊。英燿辭服。詔逮入京。是年九月，告太廟，伏誅，焚屍揚灰。悉誅其黨，革顯休祿十之三。顯槐、英炊皆賚金幣，而以顯榕次子恭王英㷿嗣。隆慶五年薨。

子華奎幼，萬曆八年，始嗣爵。衞官王守仁上告曰：「遠祖定遠侯弼，楚王楨妃父也，遺瓌寶數十萬寄楚邸，爲嗣王侵匿。」詔遣中官清核。華奎奏辨，且請避宮搜掘。皆不報。久之，繫鞫王府承奉等，無所得。時諸璫方以搜括希上意，不欲暴守仁罪。帝頗悟，罷其事。華奎乃奏上二萬金助三殿工。

三十一年，楚宗人華越等言：「華奎與弟宣化王華壁皆非恭王子。華奎乃恭王妃兄王如言子，抱養宮中。華壁則王如綍家人王玉子也。華越妻，即如言女，知之悉。」禮部侍郎郭正域請行勘。大學士沈一貫右華奎，委撫、按訊，皆言僞王事無左驗。而華越妻持其說甚堅，不能決，廷議令覆勘。中旨以楚王襲封已二十餘年，宜治華越等誣罔。御史錢夢皐爲一貫劾正域，正域發華奎行賄一貫事。華奎遂訐言正域主使，正域罷去。東安王英燧、武岡王華增、江夏王華堦等皆言僞跡昭著，行賄有據。諸宗人赴都投揭。奉旨切責，罰祿、削爵有差。華越坐誣告，降庶人，錮鳳陽。未幾，華奎輸賄入都，宗人遮奪之。巡撫趙可懷屬有司捕治。宗人蘊鉁等方恨可懷治楚獄不平，遂大鬨，毆可懷死。巡按吳楷以楚叛告。一貫擬發兵會剿。命未下，諸宗人悉就縛。於是斬二人，勒四人自盡，錮高墻及禁閉宅者復四十五人。三十三年四月也。自是無敢言楚事者。久之，禁錮諸人以恩詔得釋，而華奎之眞僞竟不白。

其後，張獻忠掠湖廣，華奎募卒自衞，以張其在爲帥。獻忠兵至武昌，其在爲內應，執華奎沉之江，諸宗無得免者。

武岡王顯槐，端王第三子也。嘉靖四十三年上書條藩政，請「設宗學，擇立宗正、宗表，督課親郡王以下子弟。十歲入學，月餼米一石，三載督學使者考績，陟其中程式者全祿之，五試不中課則黜之，給以本祿三之二。其庶人暨妻女，月餼六石，庶女勿加恩。」其後廷臣集議，多采其意。

齊王榑，太祖第七子。洪武三年封。十五年就藩青州。二十三年命王帥護衞及山東徐、邳諸軍從燕王北征。二十四年復帥護衞騎士出開平。時已令潁國公傅友德調發山東都司各衞軍出塞，諭王遇敵當自爲隊，奏凱之時勿與諸將爭功。榑數歷塞上，以武略自喜，然性凶暴，多行不法。建文初，有告變者。召至京，廢爲庶人，與周王同禁錮。

燕兵入金川門，急遣兵護二王，二王卒不知所以，大怖，伏地哭。已知之，乃大喜。成祖令王齊如故，榑益驕縱。帝與書召來朝，面諭王無忘患難時。榑不悛，陰畜刺客，招異人術士爲咒詛，輒用護衞兵守靑州城，並城築苑牆斷往來，守吏不得登城夜巡。李拱、曾名深等上急變，榑拘匿以滅口。永樂三年詔索拱，諭榑改過。是時，周王橚亦中浮言，上書謝罪，帝封其書示榑。明年五月來朝，廷臣劾榑罪。榑厲聲曰：「奸臣喋喋，又欲效建文時耶！會盡斬此輩。」帝聞之不懌，留之京邸。削官屬護衞，誅指揮柴直等，盡出榑繫囚及所造不法器械。羣臣請罪教授葉垣等，帝曰：「王性凶悖，朕溫詔開諭至六七，猶不悟，教授輩如王何。垣等先自歸發其事，可勿問。」榑既被留，益有怨言。是年八月，召其子至京師，並廢爲庶人。

宣德三年，福建妄男子樓濂詭稱七府小齊王，謀不軌。事覺，械至京，誅其黨數百人。榑及三子皆暴卒，幼子賢爀安置廬州。景泰五年徙齊庶人、谷庶人置南京，敕守臣愼防。後谷庶人絕，齊庶人請得谷庶人第。嘉靖十三年釋高墻庶人長鏊，榑曾孫也。萬曆中有承綵者，亦榑裔。齊宗人多凶狡，獨承綵頗好學云。

潭王梓，太祖第八子。洪武三年封。十八年就藩長沙。梓英敏好學，善屬文。嘗召府中儒臣，設醴賦詩，親品其高下，賚以金幣。妃於氏，都督顯女也。顯子琥，初爲寧夏指揮。二十三年坐胡惟庸黨，顯與琥俱坐誅。梓不自安。帝遣使慰諭，且召入見。梓大懼，與妃俱焚死。無子，除其封。

趙王杞，太祖第九子。洪武二年生。次年受封，明年殤。

魯荒王檀，太祖第十子。洪武三年生，生兩月而封。十八年就藩兗州。好文禮士，善詩歌。餌金石藥，毒發傷目。帝惡之。二十二年薨，謚曰荒。子靖王肇煇，甫彌月。母妃湯，信國公和女，撫育教誨有度。永樂元年三月始得嗣。成祖愛重之。車駕北巡過兗，錫以詩幣。宣德初，上言：「國長史鄭昭、紀善王貞，奉職三十年矣，宜以禮致其事。」帝謂蹇義曰：「皇祖稱王禮賢敬士，不虛也。」許之。成化二年薨。

子惠王泰堪嗣，九年薨。子莊王陽鑄嗣，嘉靖二年薨。莊王在位久，世子當漎，當漎子健杙皆前卒，健杙子端王觀㝎嗣。狎典膳秦信等，游戲無度，挾娼樂，裸男女雜坐。左右有忤者，錐斧立斃，或加以炮烙。信等乘勢殘殺人。館陶王當漇亦淫暴，與觀㝎交惡，相訐奏。帝念觀㝎尚幼，革其祿三之二，逮誅信等，亦革當漇祿三之一。二十八年，觀㝎薨。子恭王頤坦嗣，有孝行，捐邸中田湖，贍貧民，辭常祿，給貧宗。前後七賜璽書嘉勞。萬曆二十二年薨。世子壽鏳先卒，弟敬王壽鋐嗣，二十八年薨。弟憲王壽鋐嗣，崇禎九年薨。弟肅王壽鏞嗣，薨。子以派嗣，十五年，〔四〕大清兵克兗州，被執死。弟以海轉徙台州，張國維等迎居於紹興，號魯監國。順治三年六月，大兵克紹興，以海遁入海。久之，居金門，鄭成功禮待頗恭。旣而懈，以海不能平，將往南澳。成功使人沉之海中。

歸善王當沍，莊王幼子也。正德中，賊攻兗州，帥家衆乘城，取護衞弓弩射却賊。降敕獎諭，遂以健武聞。時有卒袁質與舍人趙巖俱家東平，武斷爲鄉人所惡。吏部主事梁穀，亦東平人，少不檢，倚惡少爲助，旣貴，頗厭苦之，又與千戶高乾有怨。正德九年，穀邑人西鳳竹、屈昂誑穀云：「質、巖且爲亂。」穀心動，因並指乾等，告變於尚書楊一清。兵部議以大兵駐濟南伺變。先是，當沍數與質、巖校射。至是當沍父莊王聽長史馬魁譖言當沍結質、巖欲反，虞禍及，奏於朝。帝遣司禮太監溫祥、大理少卿王純、錦衣衞指揮韓端往按問。祥等至，圍當沍第，執之。祥等讞穀所指皆平人。魁懼事敗，乃諷所厚陳環及術士李秀佐證之，復以書及賄抵鎭守太監畢眞，使逮二人詰問。已而二人以實對，書賄事亦爲眞所發。於是御史李翰臣劾穀報怨邀功，長史魁惑王罔奏，宜即訊。詔下翰臣獄，謫廣德州判官，免穀罪不問。御史程啓充等疏言：「穀、魁鼓煽流言，死不蔽罪，縱首禍而謫言者，非國體。」不報。廷臣議當沍罪，卒無所坐。以藏護衞兵器違祖制，廢爲庶人。戍質等於肅州。所連逮多瘐死，魁坐誣奏斬。鳳竹、昂流口外。中官送當沍之高牆，當沍大慟曰：「冤乎！」觸牆死。

聞者傷之。

輔國將軍當瀆，鉅野王泰墱諸孫也，慷慨有志節。嘉靖三年上書請停郡縣主、郡縣君卹典，以蘇民困。七年奏辭輔國將軍並子奉國將軍祿，佐疏運河。賜敕褒諭。又上書言：「各藩郡縣主、郡縣君先儀賓沒者，故事儀賓得支半祿。今四方災傷，邊陲多事，民窮財盡，而各儀賓暴橫侈肆，多不法，請勿論品級，減其月給。」明年又請以父子應得祿米佐振。因勸帝法祖宗，重國本，裁不急之費，息土木之工。詞甚愷切。帝嘉其意，特敕褒之，不聽辭祿。時東甌王健楸無子，上書言：「宗室所以蕃，由詐以媵子爲嫡，糜費縣官。今臣無嫡嗣，請以所受府第屯廠盡歸魯府，待給新封，省民財萬一，乞著爲例。」報可。

奉國將軍健根，鉅野王陽鍌諸孫。博通經術，年七十，猶縱談名理，亹亹不倦。嘉靖中，詔褒其賢孝。子鎮國中尉觀熰，字中立，居母喪，蔬食逾年，哀毀骨立。嘗繪太平圖上獻。世宗嘉獎之，賜承訓書院名額並五經諸書。弟觀䰮以詩畫著名。同時鉅野中尉頤壉、安丘將軍頤墉，聲詩清拔。樂陵王頤塽亦喜稱詩。

安丘王當溭，靖王曾孫，少孤，事祖父母以孝聞。曾孫頤堀好學秉禮，尤諳練典故。藩邸中有大疑，輒就決。一意韜晦，監司守令希見其面。年七十餘，猶手不廢書。

魯府宗室壽鏉，家兗州。崇禎中爲雲南通判，有聲績。永明王由榔在廣西，以爲右僉都御史，使募兵。值沙定州亂，兵不能集。孫可望兵至，壽鉥知不免，張麾蓋往見之，行三揖禮曰：「謝將軍不殺不掠之恩。」可望脅之降，不從。繫他所，使人誘以官，終不從。從容題詩於壁，或以詩報可望，遂遇害。

## 校勘記

〔一〕鳳翔以東河堧地　鳳翔，原作「鳳朔」，據明史稿傳三秦愍王樉傳改。鳳翔在陝西，地望正合。

〔二〕三十一年三月薨　三月，原作「二月」，據太祖實錄卷二五六洪武三十一年三月己未條改。

〔三〕萬曆十年薨　本書卷一〇〇諸王世表、明史稿傳三周定王橚傳均作「十一年薨」。

〔四〕十五年　原作「十二年」，據本書卷二四莊烈帝紀、又卷一〇一諸王世表，懷宗實錄卷一五崇禎十五年十二月丁卯條改。

# 明史卷一百十七

## 列傳第五

### 諸王二

太祖諸子二

蜀王椿　湘王柏　代王桂　襄垣王遜燂　靈丘王遜烇　成鍞　廷鄣

肅王楧　遼王植　慶王㮵　寧王權

蜀獻王椿，太祖第十一子，洪武十一年封。十八年命駐鳳陽。二十三年就藩成都。性孝友慈祥，博綜典籍，容止都雅，帝嘗呼爲「蜀秀才」。在鳳陽時，闢西堂，延李叔荆、蘇伯衡商榷文史。既至蜀，聘方孝孺爲世子傅，表其居曰「正學」，以風蜀人。詣講郡學，知諸博士貧，分祿餼之，月一石，後爲定制。造安車賜長史陳南賓。聞義烏王紳賢，聘至，待以客禮。紳父禕死雲南，往求遺骼，資給之。

時諸王皆備邊練士卒，椿獨以禮敎守西陲。番人入寇，燒黑崖關。椿請於朝，遣都指揮瞿能隨涼國公藍玉出大渡河邀擊之。自是番人讋伏。前代兩川之亂，皆因內地不逞者鉤致爲患。有司私市蠻中物，或需索啓爭端。椿請繒錦香扇之屬，從王邸定爲常貢，此外悉免宣索。蜀人由此安業，日益殷富。川中二百年不被兵革，椿力也。

成祖卽位，來朝。賜予倍諸藩。谷王橞，椿母弟也，圖不軌。椿子悅燇，獲咎於椿，走橞所，橞稱爲故建文君以詭衆。永樂十四年，椿暴其罪。帝報曰：「王此舉，周公安王室之心也。」入朝，賚金銀繒綵鉅萬。二十一年薨。

世子悅熑先卒，孫靖王友堉嗣。初，華陽王悅燿謀奪嫡，椿覺之，會有他過，杖之百，將械於朝。友堉爲力請，得釋。椿之薨，友堉方在京師，悅燿竊王帑，友堉歸不問。悅燿更誣奏友堉怨誹。成祖召入訊之，會崩。仁宗察其誣，命歸藩。召悅燿，悅燿猶執奏，仁宗抵其章於地，遷之武岡，復遷澧州。〔一〕宣德五年，總兵官陳懷奏都司私遣蜀邸砲，用以警夜，非制。詔逮都司首領官。明年獻還二護衞。從之。是年薨。妃李、侍姬黃皆自經以殉。無子，弟僖王友壎由羅江王嗣，九年薨。獻王第五子和王悅㷷由保寧王嗣，天順五年薨。繼妃徐氏，年二十六，不食死，謚靜節。子定王友垓嗣，七年薨。子懷王申鈘嗣，成化七年薨。弟惠王申鑿嗣，弘治六年薨。子昭王賓瀚嗣，正德三年薨。子成王讓栩嗣。

自椿以下四世七王，幾百五十年，皆檢飭守禮法，好學能文。孝宗恒稱蜀多賢王，舉獻王家範爲諸宗法。讓栩尤賢明，喜儒雅，不邇聲伎，創義學，修水利，振災卹荒。嘉靖十五年，巡撫都御史吳山、巡按御史金粲以聞。賜敕嘉獎，署坊表曰「忠孝賢良」。二十年建太廟，獻黃金六十斤，白金六百斤。詶以玉帶幣帛。二十六年薨。子康王承爚嗣，三十七年薨。子端王宣圻嗣，萬曆四十年薨。子恭王奉銓嗣，四十三年薨。子至澍嗣。崇禎末，京師陷，蜀尚無恙。未幾，張獻忠陷成都，合宗被害，至澍率妃妾投於井。

湘獻王柏，太祖第十二子。洪武十一年封。十八年就藩荆州。性嗜學，讀書每至夜分。開景元閣，招納俊乂，日事校讎，志在經國。喜談兵，膂力過人，善弓矢刀槊，馳馬若飛。三十年五月，同楚王楨討古州蠻，每出入，縹囊載書以隨，遇山水勝境，輒徘徊終日。尤善道家言，自號紫虛子。建文初，有告柏反者，帝遣使卽訊。柏懼，無以自明，闔宮焚死。謚曰戾。王無子，封除。永樂初，改謚獻，置祠官守其園。

代簡王桂，太祖第十三子。洪武十一年封豫王，二十五年改封代。是年就藩大同。糧餉艱遠，令立衞屯田以省轉運。明年詔帥護衞兵出塞，受晉王節制。桂性暴，建文時，以罪廢爲庶人。

成祖卽位，復爵。永樂元年正月還舊封。十一月賜璽書曰：「聞弟縱戮取財，國人甚苦，告者數矣，且王獨不記建文時耶？」尋命有司，自今王府不得擅役軍民、斂財物，聽者治之。已復有告其不軌者，賜敕列其三十二罪，召入朝，不至。再召，至中途，遣還，革其三護衞及官屬。王妃中山王徐達女，仁孝文皇后妹也，驕妒，嘗漆桂二侍女爲癩。事聞，帝以中山王故，不罪。桂移怒世子遜煓，出其母子居外舍。桂已老，尚時時與諸子遜炓、遜熇窄衣禿帽，遊行市中，袖錘斧傷人。王府教授楊普上言：「遜炓狎軍人武亮，與博戲，致箠殺軍人。」朝廷杖治亮，降敕責戒，稍斂戢。十六年四月復護衞及官屬。

正統十一年，桂薨。世子遜煓先卒，孫隱王仕壥嗣。景泰中，嘗上言總兵官郭登守城功，朝廷爲勞登。天順七年薨。子惠王成鍊嗣，弘治二年薨。子聰沬先封武邑王，以肆酒革爵。已，居惠王喪，益淫酗，廢爲庶人，遷太原。久之，惠王妃爲疏理，復封武邑王，卒。子懿王俊杖襲封代王。

嘉靖三年，大同軍叛，圍王宮，俊杖走免。事平，賜書慰問。六年薨。子昭王充燿嗣。十二年，大同軍又叛，充燿走宣府，再賜慰問。事平，返國，奏：「亂賊旣除，軍民交困，乞遣大臣振撫。」詔允行。二十四年，和川奉國將軍充灼坐罪奪祿，怨充燿不爲解，乃與襄垣中尉充灱謀引敵入大同殺王。會應州人羅廷璽等以白蓮教惑衆，見充灼爲妖言，因畫策，約奉小王子入塞，藉其兵攻雁門，取平陽，立充灼爲主，事定，卽計殺小王子。充灼然之。先遣人陰持火箭，焚大同草場五六所，而令通蒙古語者衞奉闌出邊，爲總兵周尚文邏卒所獲，並得其所獻小王子表，鞫實以聞。逮充灼等至京，賜死，焚其屍，王府長史等官皆逮治。總督侍郎翁萬達疏言：「大同狹瘠，祿餉不支，代宗日繁衍，衆聚而貧。且地近邊，易生反側。請量移和川、昌化諸郡王於山、陝隙地。」詔改遷於山西。先是，景泰間，昌化王仕壥乞移封，景帝不許，至是乃遷。代宗自簡至懿，封郡王者凡二十有三，而外徙者十王。

二十六年，充燿薨。子恭王廷埼嗣。饒陽王充𤋮數以事侵廷埼，恐得罪，乃以陳邊事爲名，三十一年奏鎭、巡官之罪。世宗爲黜巡撫都御史何思，逮總兵官徐仁等。充𤋮益驕，遂與廷埼互訐，前後勘官莫能判。巡撫都御史侯鉞奏奪其祿，充𤋮怒不承。三十三年詔遣司禮少監王臻卽訊，充𤋮乃伏，下法司，錮高牆。萬曆元年，廷埼薨。子定王鼐鉉嗣，二十二年薨。〔三〕無子，弟新寧王鼐鈞嗣，薨。子康王鼎渭嗣，崇禎二年薨。再傳至孫傳𤇯。崇禎十七年三月，李自成入大同，闔門遇害。

襄垣王遜㷖，簡王第五子，分封蒲州。諸王就藩後，非請命不得歲時定省。遜㷖念大同不置，作思親篇，詞甚悲切。其後，宗人聰瀺、聰涔、俊㰖、俊榷、俊㰍、俊杓、俊㯿、充焞，皆嫻於文章。俊噤，字若訥，尤博學，有盛名，不慕榮利。姊陵川縣君，適裴禹卿，地震城崩，禹卿死。縣君以首觸棺，嘔血卒。年二十有一。詔諡貞節。

靈丘王遜烇，簡王第六子。宣宗時封。好學工詩，尤善醫，嘗施藥治瘟疫，全活無算。子仕墰、孫成鍛、曾孫聰涓，三王皆以孝旌。聰涓子俊格，能文善書。嘉靖時，獻皇儲明堂二頌、興獻帝后挽歌，賜金帛。聰涓嘗乞封其孫廷址爲曾長孫，禮官奏無故事。帝以王壽考，特許之。已而復封廷址子鼐鐮爲玄長孫。聰涓薨，年八十三。鼐鐮襲高祖爵。聰涓之從父成鐵亦有孝行，聰涓聞於朝，賜金幣獎諭。詔禮官自今宗室中孝行卓異如成鐵者，撫、按疏聞。

又成鍞者，隰川王諸孫。父仕埛，坐罪幽鳳陽，病死。成鍞微服走鳳陽視喪，上疏自劾越禁，乞負父骨歸葬澤州，即不得，願爲庶人，止墓側，歲時省視。詔許歸葬。弟成鐎亦好學，有志概。嘉靖十三年上言：「雲中叛卒之變幸獲銷弭。究其釁端，實貪酷官吏激成之。臣慮天下之禍隱於民心，異日不獨雲中而已。」指陳切直，帝下廷臣飭行。時以其兄弟爲二難焉。萬曆二十年，西夏弗寧，山陰王俊栅奏詩八章，寓規諷之旨。代處塞上，諸宗洊經禍亂，其言皆憂深思遠，有中朝士大夫所不及者。

廷鄣，代府宗室也。崇禎中，爲鞏昌府通判，署秦州事，有廉直聲。十六年冬，賊陷秦州，被執。使之跪，叱曰：「我天朝宗姓，頭可斷，膝不可屈。」賊欲活之，大呼曰：「今日惟求一死。」坐自若，遂見害。

肅莊王楧，太祖第十四子。洪武十一年封漢王。二十四年命偕衞、谷、慶、寧、岷五王練兵臨清。明年改封肅。又明年，詔之國，以陝西各衞兵未集，命駐平涼。二十八年始就藩甘州。詔王理陝西行都司甘州五衞軍務。三十年令督軍屯糧，遇征伐以長興侯耿炳文從。建文元年乞內徙，遂移蘭州。永樂六年，以擅殺衞卒三人及受哈密進馬，逮其長史官屬。已，又聽百戶劉成言，罪平涼衞軍，勑械成等京師。十七年薨。

子康王瞻焰嗣。宣德七年上一護衞。〔三〕府中被盜，爲榜募告捕者。御史言非制，罪其長史楊威。瞻焰又請加歲祿。勑曰：「洪武、永樂間，歲祿不過五百石，莊王不言者，以朝廷念遠地轉輸難故也。仁考卽位，加五百石矣。朕守祖制不敢違。」正統元年上言：「甘州舊邸改都司，而先王墳園尚在，乞禁近邸樵採。」從之。天順三年上馬五百匹備邊，予直不受。帝强予之。八年薨。

子簡王祿埤嗣，成化十五年薨。子恭王貢錝嗣，嘉靖十五年薨。世子眞淤、長孫弼桓皆早卒，次孫定王弼桄嗣，四十一年薨。子縉炯先卒，孫懷王紳堵嗣，踰二年薨。無子，靖王第四子弼柿子輔國將軍縉熿，以屬近宜嗣。禮官言，縉熿，懷王從父，不宜襲。詔以本職理府事，上册寶，罷諸官屬。穆宗卽位，定王妃吳氏及延長王眞澺等先後上言：「聖祖刈羣雄，定天下，報功之典有隆無替。臣祖莊王受封邊境，操練征戍，屏衞天家。不幸大宗中絕，反拘於昭穆之次，不及勳武繼絕之典，非所以崇本支，厚藩衞也。」下部議，議以郡王理藩政。帝不許。隆慶五年，特命縉熿嗣肅王，設官屬之半。萬曆十六年薨，謚曰懿。子憲王紳堯嗣，四十六年薨。子識鋐嗣。崇禎十六年冬，李自成破蘭州，被執，宗人皆死。

遼簡王植，太祖第十五子。洪武十一年封衞王，二十五年改封遼。明年就藩廣寧。以宮室未成，暫駐大凌河北，樹栅爲營。帝命武定侯郭英爲築城郭宮室。英，王妃父也，督工峻急。會高麗自國中至鴨綠江皆積粟，帝慮其有陰謀，而役作軍士艱苦，令輟役。至三十年，始命都督楊文督遼東諸衞士繕治之，增其雉堞，以嚴邊衞。復圖西北沿邊要害，示植與寧王權，諭之曰：「自東勝以西至寧夏、河西、察罕腦兒，東勝以東至大同、宣府、開平，又東南至大寧，又東至遼東，抵鴨綠江，北至大漠，又自雁門關外，西抵黃河，渡河至察罕腦兒，又東至紫荆關，又東至居庸關及古北口，又東至山海衞，凡軍民屯種地，毋縱畜牧。其荒曠地及山場，聽諸王駙馬牧放樵採，東西往來營駐，因以時練兵防寇。違者論之。」植在邊，習軍旅，屢樹軍功。建文中，「靖難」兵起，召植及寧王權還京。植渡海歸朝，改封荊州。永樂元年入朝，帝以植初貳於己，嫌之。十年削其護衛，留軍校廚役三百人，備使令。二十二年薨。子長陽王貴烚嗣。

初，植庶子遠安王貴燮、巴東王貴煊嘗告其父有異謀。及父死，又不奔喪。仁宗卽位，皆廢爲庶人。正統元年，府僚乞加王祿。敕曰：「簡王得罪朝廷，成祖特厚待，仁宗朝加祿，得支二千石。宣宗又給旗軍三百人，親親已至。王素乖禮度，府臣不匡正，顧爲王請乎！」不許。三年，巡撫侍郎吳政奏王不友諸弟，待庶母寡恩，捶死長史杜述，居國多過。召訊京師，盡得其淫穢瀆倫、兇暴諸不法事。明年四月廢爲庶人，守簡王園。弟肅王貴燰嗣，成化七年薨。子靖王豪墭嗣，十四年薨。子惠王恩鐕嗣。

弘治五年，松滋王府諸宗人恩鑡等闌入荊州府支歲祿，恩鐕禁之，皆怨。已，儀賓袁鏞復誘恩鑡等招羣小，奪軍民商賈利。恩鐕發其事，恩鑡等愈怨，謀殺王。朝廷遣官按實，幽恩鑡等鳳陽，謫戍其黨有差。恩鐕陰使送者刑梏之，斃八十餘人。不數日，世子暴卒。八年，恩鐕疽發背薨。子恭王寵涭嗣，與弟光澤王寵瀼友愛，飲食服御必俱。寵瀼有令德，寵涭有事必咨之後行。正德十六年薨。子莊王致格嗣，病不視事。妃毛氏明書史，沈毅有斷，中外肅然，賢聲聞天下。

嘉靖十六年，致格薨。子憲㸅嗣，以奉道爲世宗所寵，賜號清微忠教眞人，予金印。隆慶元年，御史陳省劾憲㸅諸不法事，詔奪眞人號及印。明年，巡按御史郜光先復劾其大罪十三，命刑部侍郎洪朝選往勘，具得其淫虐僭擬諸罪狀。帝以憲㸅宜誅，念宗親免死，廢爲庶人，錮高牆。初，副使施篤臣憾憲㸅甚，朝選至湖廣，篤臣詐爲憲㸅書餽朝選，因劫持之。憲㸅建白纛，曰「訟冤之纛」。篤臣驚曰：「王反矣。」使卒五百圍王宮。朝選還朝，實王罪，不言王反。大學士張居正家荆州，故與憲㸅有隙，嫌朝選不坐憲㸅反。久之，屬巡撫都御史勞堪羅織朝選，死獄中。其後居正死，憲㸅訟冤，籍居正家，而篤臣亦死。遼國除，諸宗隸楚藩，以廣元王術㙈爲宗理。

慶靖王㮵，太祖第十六子。洪武二十四年封。二十六年就藩寧夏。以餉未敷，令駐慶陽北古韋州城，就延安、綏、寧租賦。二十八年詔王理慶陽、寧夏、延安、綏德諸衞軍務。三十年始建邸。王好學有文，忠孝出天性。成祖善之，令歲一至韋州度夏。宣德初，言寧夏卑濕，水泉惡，乞仍居韋。不許，令歲一往來，如成祖時。正統初，寧夏總兵官史昭奏王沮邊務，占靈州草場畜牧，遣使由綏德草地往還，煽惑土民。章未下，或告王閱兵，造戎器，購天文書。㮵疑皆昭爲之。三年上書，請徙國避昭。英宗不可，貽書慰諭。其年薨，子康王秩煃嗣。景泰元年以寧夏屢被兵，乞徙內地，不許。成化五年薨。子懷王邃塈嗣，十五年薨。弟莊王邃塀嗣，弘治四年薨。子恭王寘鍪嗣，十一年薨。子定王台浤嗣。

正德五年，安化王寘鐇反，台浤稽首行君臣禮。詔削護衞，革祿三之一，戍其承奉、長史。嘉靖三年，台浤賄鎭守太監李昕、總兵官种勛，求爲奏請復祿。昕、勛不納，台浤銜之。會寧夏衞指揮楊欽等得罪於巡撫都御史張璿，謀藉王殺璿及勛。事覺，下都司、按察司按治，欽等誣台浤不軌，璿以聞。帝使太監扶安、副都御史王時中等復按，上言：「台浤他罪有之，無謀不軌事。」詔廷臣定議，坐前屈事寘鐇，蒙恩不悛，煽構羣小，謀害守臣，廢爲庶人，留邸，歲與米三百石，以其叔父鞏昌王寘銂攝府事。

寘銂裁慶邸宮妃薪米，取邸中金帛萬計。台浤子鼒櫝幼失愛於父，逃寘銂所。寘銂造台浤謀逆謠語，使寺人誘鼒櫝吟誦，圖陷台浤自立。懷王妃王氏奏寘銂裁減衣食，至不能自存。豐林王台瀚亦欲陷寘銂，遂發其瀆亂人倫諸罪。驗實，廢爲庶人，幽高牆。廷議謂台浤父子乖離，徙台浤西安，而封鼒櫝世子，視府事，十一年十月也。十五年以兩宮徽號恩復台浤冠帶，薨。

鼒櫝先卒，弟惠王鼒枋嗣。好學樂善，以禮飭諸宗。世宗賜之敕，建坊表之。寧夏築邊牆，鼒枋出銀米佐工。萬曆二年薨。子端王倪熑嗣，十六年薨。子憲王伸域嗣，十九年薨。明年，寧夏賊哱拜反，王妃方氏匿其子帥鋅地窖中，自經死。時壽陽嗣王倪爀，哱拜脅降之，不屈，爲所囚。鎭原王倳壇理府事，謀襲賊弗克，府中人皆被殺。賊平，御史劉芳譽言：「諸宗死節者俱應卹錄，方妃宜建祠旌表。」詔從之，給銀一萬五千兩，分振諸宗人。帥鋅嗣，薨。子倬漼嗣。崇禎十六年，流賊破寧夏，被執。

安塞王秩炅，靖王季子也，十二而孤，母位氏誨之。性通敏，過目不忘，善古文。遇縉紳學士，質難辨惑，移日不倦。所著有隨筆二十卷。

庶人寘鐇，祖秩炵，靖王第四子也。封安化王。父邃墁，鎭國將軍，以寘鐇襲王爵。性狂誕，相者言其當大貴，巫王九兒教鸚鵡妄言禍福，寘鐇遂覬望非分。寧夏指揮周昂，千戶何錦、丁廣，〔四〕衞學諸生孫景文、孟彬、史連輩，〔五〕皆往來寘鐇所。正德五年，帝遣大理少卿周東度寧夏屯田。東希劉瑾意，以五十畝爲一頃，又畝斂銀爲瑾賄，敲扑慘酷，戍將衞卒皆憤怨。而巡撫都御史安惟學數杖辱將士妻，將士銜刺骨。寘鐇知衆怒，令景文飲諸武臣酒，以言激之，諸武臣多願從寘鐇者。又令人結平虜城戍將及素所厚張欽等。會有邊警，參將仇鉞、副總兵楊英帥兵出防禦。總兵官姜漢簡銳卒六十人爲牙兵，令周昂領之，遂與何錦定約。四月五日，寘鐇設宴，邀撫、鎭官飲於第，惟學、東不至。錦、昂帥牙兵直入，殺姜漢及太監李增、鄧廣於坐，分遣卒殺惟學、東及都指揮楊忠於公署。遂焚官府，釋囚繫，撤黃河渡船於西岸以絕渡者。遣人招楊英、仇鉞，皆佯許之。英率衆保王宏堡，〔六〕衆潰，英奔靈州。鉞引還，寘鐇奪其軍，出金帛犒將士。僞署何錦大將軍，周昂、丁廣副將軍，張欽先鋒，魏鎮、楊泰等總兵都護。令孫景文作檄，以討劉瑾爲名。

陝西總兵官曹雄聞變，遣指揮黃正駐靈州，檄楊英督靈州兵防黃河。都指揮韓斌、總兵官侯勳、參將時源各以兵會。英密使蒼頭報仇鉞爲內應，令史墉浮渡奪西岸船，營河東，焚大、小二壩草。寘鐇懼，令錦等出禦，獨留昂守城，使使召鉞。鉞稱病，昂來問疾，鉞刺昂死。令親兵馳寘鐇第，擊殺景文、連等十餘人，遂擒寘鐇，迎英衆入。寘鐇反十有八日而擒。錦、廣、泰、欽先後皆獲，械送伏誅。寘鐇賜死，諸子弟皆論死。有孫鼒材逃出，削髮爲僧，居永寧山中。未幾，爲土僧所淩，詣官言狀。傳至京，安化宮人左寶瓶在浣衣局，使驗之，咤曰：「此鼒材殿下也。」帝念其自歸，免死，安置鳳陽。

寧獻王權，太祖第十七子。洪武二十四年封。踰二年，就藩大寧。大寧在喜峯口外，古會州地，東連遼左，西接宣府，爲巨鎮。帶甲八萬，革車六千，所屬朶顏三衞騎兵皆驍勇善戰。權數會諸王出塞，以善謀稱。燕王初起兵，與諸將議曰：「曩余巡塞上，見大寧諸軍慓悍。吾得大寧，斷遼東，取邊騎助戰，大事濟矣。」建文元年，朝議恐權與燕合，使人召權，權不至，坐削三護衞。其年九月，江陰侯吳高攻永平，燕王往救。高退，燕王遂自劉家口間道趨大寧，詭言窮蹙來求救。權邀燕王單騎入城，執手大慟，具言不得已起兵故，求代草表謝罪。居數日，欵洽不爲備。北平銳卒伏城外，吏士稍稍入城，陰結三衞部長及諸戍卒。燕王辭去，權祖之郊，伏兵起，擁權行。三衞彍騎及諸戍卒，一呼畢集。守將朱鑑不能禦，戰歿。王府妃妾世子皆隨入松亭關，歸北平，大寧城爲空。權入燕軍，時時爲燕王草檄。燕王謂權，事成，當中分天下。比卽位，王乞改南土。請蘇州，曰：「畿內也。」請錢塘，曰：「皇考以予五弟，竟不果。建文無道，以王其弟，亦不克享。建寧、重慶、荆州、東昌皆善地，惟弟擇焉。」

永樂元年二月改封南昌，帝親製詩送之，詔卽布政司爲邸，瓴甋規制無所更。已而人告權巫蠱誹謗事，密探無驗，得已。自是日韜晦，搆精廬一區，鼓琴讀書其間，終成祖世得無患。

仁宗時，法禁稍解，乃上書言南昌非其封國。帝答書曰：「南昌，叔父受之皇考已二十餘年，非封國而何？」宣德三年請乞近郭灌城鄉土田。明年又論宗室不應定品級。帝怒，頗有所詰責。權上書謝過。時年已老，有司多齮齕以示威重。權日與文學士相往還，託志翀舉，自號臞仙。嘗奉敕輯通鑑博論二卷，又作家訓六篇，寧國儀範七十四章，漢唐祕史二卷，史斷一卷，文譜八卷，詩譜一卷，其他註纂數十種。正統十三年薨。

世子盤烒先卒，孫靖王奠培嗣。奠培善文辭，而性卞急，多嫌猜。景泰七年，弟弋陽王奠壏訐其反逆，巡撫韓雍以聞。帝遣官往讞，不實。時軍民連逮者六七百人，會英宗復辟，俱赦釋，惟謫戍其教授游堅。奠培由是憾守土官，不爲禮。布政使崔恭積不平，王府事多持不行。奠培遂劾奏恭不法。恭與按察使原傑亦奏奠培私獻、惠二王宮人，逼內官熊壁自盡。按問皆實，遂奪護衞。踰三年，而奠壏以有罪賜死。初，錦衣衞指揮逯杲聽詗事者言，誣奠壏烝母。帝令奠培具實以聞，復遣駙馬都尉薛桓與杲按問。奠培奏無是事，杲按亦無實。帝怒，責問杲。杲懼，仍以爲實，遂賜奠壏母子自盡，焚其屍。是日雷雨大作，平地水深數尺，衆咸冤之。

弘治四年，奠培薨。子康王覲鈞嗣，十年薨。子上高王宸濠嗣。其母，故娼也。始生，靖王夢蛇啖其室，旦日鴟鳴，惡之。及長，輕佻無威儀，而善以文行自飾。術士李自然、李日芳妄言其有異表，又謂城東南有天子氣。宸濠喜，時時詗中朝事，聞謗言輒喜。或言帝明聖，朝廷治，卽怒。武宗末年無子，羣臣數請召宗室子子之。宸濠屬疎，顧深結左右，於帝前稱其賢。初，宸濠賄劉瑾，復所奪護衞。瑾誅，仍論奪。及陸完爲兵部尙書，宸濠結嬖人錢寧、臧賢爲內主，欲奏復，大學士費宏執不可。諸嬖人乘宏讀廷試卷，取中旨行之。宸濠益恣，擅殺都指揮戴宣，逐布政使鄭岳、御史范輅，幽知府鄭巘、宋以方。盡奪諸附王府民廬，責民間子錢，强奪田宅子女，養羣盜，劫財江、湖間，有司不敢問。日與致仕都御史李士實、舉人劉養正等謀不軌。副使胡世寧請朝廷早裁抑之。宸濠連奏世寧罪，世寧坐謫戍，自是無敢言者。

正德十二年，典儀閣順，內官陳宣、劉良間行詣闕上變。寧、賢等庇之，不問。宸濠疑出承奉周儀，殺儀家及典仗查武等數百人。巡撫都御史孫燧列其事，中道爲所邀，不得達。宸濠又賄錢寧，求取中旨，召其子司香太廟。寧言於帝，用異色龍牋，加金報賜。異色龍牋者，故事所賜監國書牋也。宸濠大喜，列仗受賀。復勒諸生、父老奏闕下，稱其孝且勤。時邊將江彬新得幸，太監張忠附彬，欲傾寧、賢，乘間爲帝言：「寧、賢盛稱寧王，陛下以爲何如？」帝曰：「薦文武百執事，可任使也。薦藩王何爲者？」忠曰：「賢稱寧王孝，譏陛下不孝耳。稱寧王勤，譏陛下不勤耳。」帝曰：「然。」下詔逐王府人，毋留闕下。是時宸濠與士實、養正日夜謀，益遣姦人盧孔章等分布水陸孔道，萬里傳報，浹旬往返，蹤跡大露，朝野皆知其必反。巡撫都御史孫燧七上章言之，皆爲所邀沮。諸權姦多得宸濠金錢，匿其事不以聞。

十四年，御史蕭淮疏言宸濠諸罪，謂不早制，將來之患有不可勝言者。疏下內閣，大學士楊廷和謂宜如宣宗處趙府事，遣勳戚大臣宣諭，令王自新。帝命駙馬都尉崔元、都御史顏頤壽、太監賴義持諭往，收其護衞，令還所奪官民田。宸濠聞元等且至，乃定計，以己生辰日宴諸守土官。詰旦皆入謝。宸濠命甲士環之，稱奉太后密旨，令起兵入朝。孫燧及副使許逵不從，縛出斬之。執御史王金，主事馬思聰、金山，參議黃宏、許效廉，布政使胡濂，參政陳杲、劉棐，僉事賴鳳，指揮許金、白昂等下獄。參政王綸、季斅，僉事潘鵬、師夔，布政使梁宸，按察使楊璋，副使唐錦皆從逆。以李士實、劉養正爲左、右丞相，王綸爲兵部尚書，集兵號十萬。命其承奉涂欽與素所蓄羣盜閔念四等，略九江、南康，破之。馳檄指斥朝廷。七月壬辰朔，宸濠出江西，留其黨宜春王拱樤、內官萬銳等守城，自帥舟師蔽江下，攻安慶。

汀贛巡撫僉都御史王守仁聞變，〔七〕與吉安知府伍文定等檄諸郡兵先後至。乃使奉新知縣劉守緒破其墳廠伏兵。戊申，直攻南昌。辛亥，城破，拱樤、銳等皆就擒，宮人自焚死。宸濠方攻安慶不克，聞南昌破，大恐，解圍還，守仁逆擊之。乙卯，遇於黃家渡，賊兵乘風進薄，氣驕甚。文定及指揮余恩佯北，誘賊趨利，前後不相及。知府邢珣、徐璉、〔八〕戴德孺從後急擊，文定還兵乘之，賊潰，斬溺萬計。又別遣知府陳槐、林瑊、〔九〕曾璵、周朝佐復九江、南康。明日，復戰，官兵稍卻，文定帥士卒殊死鬭，擒斬二千餘級，宸濠乃退保樵舍。明日，官軍以火攻之，宸濠大敗。諸妃嬪皆赴水死，將士焚溺死者三萬餘人。宸濠及其世子、郡王、儀賓並李士實、劉養正、涂欽、王綸等俱就擒。宸濠自舉事至敗，蓋四十有三日。

時帝聞宸濠反，下詔暴其罪，告宗廟，廢爲庶人。逮繫尙書陸完，嬖人錢寧、臧賢等，籍其家。江彬、張忠從與帝親征，至良鄉，〔一〇〕守仁捷奏至，檄止之。守仁已械繫宸濠等，取道浙江。帝留南京，遣許泰、朱暉及內臣張永、張忠搜捕江西餘黨，民不勝其擾。檄守仁還江西。守仁至杭州，遇張永，以俘付之，使送行在。十五年十二月，帝受所獻俘回鑾，至通州誅之，封除。初，宸濠謀逆，其妃婁氏嘗諫。及敗，歎曰：「昔紂用婦言亡，我以不用婦言亡，悔何及。」

嘉靖四年，弋陽王拱樻等言：「獻王、惠王四服子孫所共祀，非宸濠一人所自出，如臣等皆得甄別，守職業如故，而二王不獲廟享，臣竊痛之。」疏三上，帝命弋陽王以郡王奉祀，樂舞齋郎之屬半給之。寧藩旣廢，諸郡王勢頡頏，莫能一，帝命拱樻攝府事。卒，樂安王拱欏攝。拱欏奏以建安、樂安、弋陽三王分治八支，著爲令。

石城王奠堵，惠王第四子。性莊毅，家法甚嚴。靖王奠培與諸郡王交惡，臨川、弋陽皆被搆得罪，奠堵獨謹約，不能坐以過失。子覲鎬，孝友有令譽，早卒。孫宸浮嗣，與母弟宸浦、庶兄宸潤、弟宸澅皆淫縱殺人。〔一一〕弘治十二年互訐奏，宸浮、宸浦並革爲庶人，宸澅、宸潤奪祿。宸澅遂從宸濠反，雷震死。嘉靖二十四年，復宸浮、宸浦冠帶，宸潤子拱梃上書爲父滐雪，亦還爵。

宸濻弟宸滐素方正，宸濠欲屈之，不得，數使人火其居，而諷諸宗資給之以示惠，宸滐辭不受。宸濠敗，宸滐得免。子輔國將軍拱概，孫奉國將軍多熻，曾孫鎭國中尉謀瑋，三世皆端謹自好，而謀瑋尤貫串羣籍，通曉朝廷典故。諸王子孫好學敦行，自周藩中尉睦㮮而外，莫及謀瑋者。萬曆二十二年，廷議增設石城、宜春管理，命謀瑋以中尉理石城王府事，得劾治不法者。典藩政三十年，宗人咸就約束。暇則閉戶讀書，著易象通、詩故、春秋戴記魯論箋及他書，凡百十有二種，皆手自繕寫。黃汝亨爲進賢令，投謁抗禮，劇談久之，逡巡改席。次日，北面稱弟子，人兩稱之。病革，猶與諸子說易。子八人，皆賢而好學。從弟謀晉築室龍沙，躬耕賦詩以終。

奉國將軍拱樒，瑞昌王奠壏四世孫也。父宸渠爲宸濠累，逮繫中都。兄拱枘請以身代，拱樒佐之，卒得白。嘉靖九年上書請建宗學，令宗室設壇壝，行耕桑禮，謹祀典，加意恤刑，皆得旨俞允。捐田白鹿洞贍學者。其後以議禮稱旨，拱枘上大禮頌，並賜敕褒諭。諸子羣從多知名者。多熅、多燉以孝友著。多熷、多炷以秉禮嚴重稱。多燌、多烓、多炘以善詞賦名。而多熅與從兄多煡獨杜門却掃，多購異書，校讐以爲樂。萬曆中，督撫薦理瑞昌王府事，謝不起。多熷父拱樛以宸濠事被逮，多熷甫十餘齡，哭走軍門，乞以身代，王守仁見而異之。嘉靖二年疏訟父冤，得釋歸，復爵。時諸郡王統於弋陽，而瑞昌始王不祀。多熗自謂小宗宜典宗祏，請於朝，特敕許焉。乃益祭田，修飭家政，儼若朝典。四子皆莊謹嗜學。

奉國將軍多煌，惠王第五子弋陽王奠壏五世孫也。孝友嗜學。弋陽五傳而絕，宗人舉多煌賢能，敕攝府事，瑞昌諸宗皆屬焉。性廉靜寡欲，淑人熊氏早卒，不再娶，獨處齋閣者二十六年。萬曆四十一年，撫、按以行誼聞。詔褒之。會病卒，詔守臣加祭一壇。又多炡者，亦奉國將軍，穎敏善詩歌，嘗變姓名出遊，蹤跡遍吳、楚。晚病羸，猶不廢吟誦。卒，門人私謚曰清敏先生。子謀𡎴亦有父風。時樂安輔國將軍多㷩有詩癖，與謀𡎴等放志文酒，終其世。

## 校勘記

〔一〕復還澧州　澧，原作「灃」，據明史稿傳三蜀獻王椿傳改。本書地理志有澧州，無「灃州」。

〔二〕二十二年薨　二十二，原作「三十二」，據本書卷一〇一諸王世表二、明史稿傳三代簡王桂傳改。

〔三〕宣德七年上一護衞　一，原作「二」。宣宗實錄卷九三宣德七年七月壬申條：「肅王瞻焰奏：甘州中、右二護衞官軍，皆閒逸無差遣，欲止留一衞，請以一衞歸朝廷助備邊。」宣宗復書，「聽簡留一衞」。是只上一護衞，據改。

〔四〕寧夏指揮周昂千戶何錦丁廣　武宗實錄卷六二正德五年四月庚寅條作「指揮何錦、周昂、丁廣」。

〔五〕衞學諸生孫景文孟彬史連韋　原「學」、「諸」二字倒置，據明史稿傳四慶靖王㮵傳改。

〔六〕英率衆保王宏堡　王宏堡，武宗實錄卷六二正德五年四月庚寅條作「楊顯堡」。

〔七〕汀贛巡撫僉都御史王守仁聞變　僉都御史，本書卷一六武宗紀作「副都御史」，卷一九五王守仁傳作「右副都御史」。「僉」字當從紀、傳作「副」。

〔八〕徐璉　原作「徐連」，據本書卷一九五王守仁傳、明史稿傳四寧獻王權傳、武宗實錄卷一七六正德十四年七月辛亥條改。

〔九〕林瑊　本書卷一九五王守仁傳、明經世文編卷一三一頁一二六七擒獲宸濠捷音疏都作「林城」，明史紀事本末卷四七作「林械」。

〔一〇〕至良鄉　良鄉，本書卷一六武宗本紀及武宗實錄卷一七七正德十四年八月丁亥條都作「涿州」。

〔一一〕庶兄宸潤弟宸澅皆淫縱殺人　原脫「弟宸澅」三字，據明史稿傳四寧獻王權傳補。本傳下文也有關於宸澅的事迹。

# 明史卷一百十八

## 列傳第六

### 諸王三

太祖諸子三



興宗諸子



惠帝諸子

## 成祖諸子

高煦　趙王高燧　高爔

岷莊王楩，太祖第十八子。洪武二十四年封國岷州。二十八年以雲南新附，宜親王鎮撫，改雲南。有司請營宮殿，帝令暫居櫻亭，俟民力稍紓後作。建文元年，西平侯沐晟奏其過，廢爲庶人，徙漳州。永樂初復王，與晟交惡。帝賜書諭楩，而詔戒晟。楩沉湎廢禮，擅收諸司印信，殺戮吏民。帝怒，奪册寶。尋念王建文中久幽繫，復予之，而楩不悛。六年，削其護衞，罷官屬。仁宗卽位，〔一〕徙武岡，寄居州治。久之，始建王邸。景泰元年薨。子恭王徽煣嗣。

初，世子徽焲，宣德初，訐其弟鎭南王徽煣誹謗仁廟。宣宗疑其詐，並召至京，及所連閹豎面質，事果誣，斬閹豎而遣徽煣等歸。徽煣嗣位。弟廣通王徽煠有勇力，家人段友洪以技術得寵。致仕後軍都事于利賓言徽煠有異相，當主天下，遂謀亂。作僞敕，分遣友洪及蒙能、陳添行入苗中，〔二〕誘諸苗以銀印金幣，使發兵攻武岡。苗首楊文伯等不敢受。事覺，友洪爲徽煣所執。都御史李實以聞，遣駙馬都尉焦敬、中官李琮徵徽煠入京師。湖廣總督王來、總兵官梁珤復發陽宗王徽焟通謀狀，亦徵入。皆除爵，幽高牆。時景泰二年十月也。

天順七年，徽烪薨。子順王音埑嗣，〔三〕病瘋痺，屢年不起。次子安昌王膺鋪侍醫藥，晨夕不去左右。憲宗聞之，賜敕嘉奬。成化十六年，音埑薨。世子膺鉦居喪，飲博無度，承奉劉忠禁制之，遂殺忠。事聞，驗實，革冠帶停封。居四年，乃嗣。弘治十三年薨，謚曰簡。子靖王彥汰嗣。嘉靖四年，與弟南安王彥泥訐陰事，彥泥廢爲庶人，彥汰亦坐抗制擅權革爵。八年令世子譽榮攝府事。譽榮上疏懇辭，謂：「臣坐享尊榮，而父困苦寂寞，臣心何安。且前曾舉臣弟善化王譽桔，廷議以子無制父理，奏寢不行。臣亦人子也，獨不愧臣弟乎！」帝覽疏憐之，下部議。十二年賜彥汰冠帶，理府事。十五年，以兩宮徽號恩復王。又八年始薨。子康王譽榮嗣，三十一年薨。子憲王定燿嗣，三十四年薨。曾孫禋洪，天啓二年嗣，崇禎元年薨。無子，從父企鏜嗣。十六年，流賊陷武岡遇害。

谷王橞，太祖第十九子。洪武二十四年封。二十八年三月就藩宣府。宣府，上谷地，故曰谷王。燕兵起，橞走還京師。及燕師渡江，橞奉命守金川門，登城望見成祖麾蓋，開門迎降。成祖德之，即位，賜橞樂七奏，衞士三百，賚予甚厚。改封長沙，增歲祿二千石。

橞居國橫甚，忠誠伯茹瑺過長沙不謁橞，橞白之帝，瑺得罪死。遂益驕肆，奪民田，侵公稅，殺無罪人。長史虞廷綱數諫，誣廷綱誹謗，磔殺之。招匿亡命，習兵法戰陣，造戰艦弓弩器械。大創佛寺，度僧千人，爲咒詛。日與都指揮張成，宦者吳智、劉信謀，呼成「師尙父」，智、信「國老令公」。僞引讖書，云：「我高皇帝十八子，與讖合。」橞行次十九，以趙王杞早卒，故云。謀於元夕獻燈，選壯士敎之音樂，同入禁中，伺隙爲變。又致書蜀王爲隱語，欲結蜀爲援。蜀王貽書切責。不聽。已而蜀王子崇寧王悅𤊨得罪，逃橞所。橞因詭衆：「往年我開金川門出建文君，今在邸中。我將爲申大義，事發有日矣。」蜀王聞之，上變告。

初，護衞都督僉事張興見橞爲不法，懼禍及，因奏事北京，白其狀。帝不信。興過南京，復啓於太子，且曰：「乞他日無連坐。」至是，帝歎曰：「朕待橞厚，張興常爲朕言，不忍信，今果然。」立命中官持敕諭橞歸悅𤊨於蜀，且召橞入朝。橞至，帝示以蜀王章，伏地請死。諸大臣廷劾橞曰：「周戮管、蔡，漢辟濞、長，皆大義滅親，陛下縱念橞，奈天下何？」帝曰：「橞，朕弟，朕且令諸兄弟議。」永樂十五年正月，周王橚、楚王楨、蜀王椿等各上議：「橞違祖訓，謀不軌，蹤跡甚著，大逆不道，誅無赦。」帝曰：「諸王羣臣奉大義，國法固爾，吾寧生橞。」於是及二子皆廢爲庶人，官屬多誅死，與以先發不坐。

韓憲王松，太祖第二十子。洪武二十四年封國開原。性英敏，通古今，恭謹無過。永樂五年薨。以未之國，命葬安德門外。十年，子恭王沖㶵嗣。時棄大寧三衞地，開原逼塞不可居。二十二年改封平涼。仁宗即位，召沖𤐤與弟襄陵王沖炑、樂平王沖烌入朝，各獻詩頌。帝嘉悅，賜金幣有差。宣宗初，請徙江南。不許。請蠲護衞屯租，建邸第。許之。遣主事毛俊經度，並建襄陵、樂平二邸及岷州廣福寺。陝西守臣言歲歉，請輟工。帝令繕王宮，罷建寺役。平涼接邊徼，間諜充斥，沖𤐤習邊鄙利弊，正統元年上書極言邊事。賜書褒答。五年薨。子懷王範圯嗣，九年薨。弟靖王範𡍼嗣，景泰元年薨。子惠王徽釙嗣。初，土木之變，沖炑赴京師勤王，會解嚴。下書慰勞。及成化六年，寇入河套，沖炑復請率子壻擊賊。憲宗止之。沖𤐤兄弟並急王事，以藩禁嚴不用。自是宗臣無預兵事者。

成化五年，徽釙薨。子悼王偕流嗣，十年薨。弟康王偕灊嗣，弘治十四年薨。子昭王旭櫏嗣。性忠孝，工詩，居藩有惠政。韓土瘠祿薄，弟建寧王旭橺至以所受金册質於宗室偕洪，事聞，廢爲庶人。諸貧宗往往凌劫有司，平涼知府吳世良、酈衍、任守德、王松先後被窘辱。嘉靖十三年，旭櫏薨。子定王融燧嗣，懲宗室之橫，頗繩以法。不逞者怨之。三十二年，襄陵王融焚及諸宗二百餘人訐奏王奸利事。勘無實，革融焚等祿。四十四年，融燧薨。子謨埉先卒。世宗末年，以宗祿不足，詔身不及王者，許其嫡長子繼王，餘子如故秩。謨埉以世子不及王，王其長子朗錡，餘子止鎭國將軍。萬曆三十四年，朗錡薨，謚曰端。子孫皆早卒，曾孫亶塉嗣。崇禎十六年，賊陷平涼，被執。

襄陵王沖烋，憲王第二子，有至性。母病，刲股和藥，病良已。及卒，終喪毁瘠。每展墓，必率子孫躬畚鍤培冢。先後璽書褒美者六。子範址服其教，母荆羅危疾，亦刲股進之，愈。其後五世同居，門內雍肅。嘉靖十一年賚以羊酒文幣。韓諸王以襄陵家法爲第一。王孫徵鑛病卒，聘杜氏女，未婚，歸王家，志操甚厲，詔賜旌表。

瀋簡王模，太祖第二十一子。洪武二十四年封。永樂六年就藩潞州。宣德六年薨。子康王佶焞嗣。景泰中，數與州官置酒大會，巡撫朱鑑以聞。帝令諸王，非時令壽節，不得輒與有司讌飲，著爲令。天順元年薨。子莊王幼㙺嗣，正德十一年薨。子恭王詮鉦嗣，嘉靖六年薨。孫允欈攝府事，九年卒。無子，再從弟憲王允𢡟攝府事，凡十年乃嗣封。當是時，瀋府諸郡王勛湆、詮鏋並爭襲，帝皆切責之，而令允𢡟嗣。二十八年薨。子宣王恬烄嗣，好學，工古文詞，審聲律。弟安慶王恬爊、鎮康王恬焯，穆宗時皆以孝義旌。萬曆十年，恬烄薨。子定王珵堯嗣，仁孝恭愼。弟六人，封郡王者二。餘例不得封，朝廷獎王恭，皆封郡王而不與祿。薨，子效鏞嗣，明亡，國除。

沁水王珵堦，簡王七世孫也，工詩喜士，名譽藉甚。前此，有德平王允梃負儁才，與衡府新樂王載璽〔四〕，周宗人睦㰘、俊噤等齊名。

又清源王幼𤤾，康王第三子，博學能文詞。其後，輔國將軍勳漣，從子允杉、允柠、允析，及鎭國將軍恬烷與諸子理圻等，並以能詩名，時稱瀋藩多才焉。

安惠王楹，太祖第二十二子。洪武二十四年封。永樂六年就藩平涼。十五年薨。無子，封除。府僚及樂戶悉罷，留典仗校尉百人守園。洪熙初，韓恭王改封平涼，就安王邸。英宗令官校隸韓，長史供安王祀，暇日給韓王子襄陵王沖烋使令。景泰五年，沖烋遂乞承安王祀。正德十二年嗣襄陵王徵鈐，請樂戶祀安王。明年，樂平王徵鉦援徵鈐例以請。禮部言：「親王有樂戶。郡王別城居者，有事假鼓吹於有司。其附親王國者，假樂戶於長史司。」因並革安王供祀樂戶。嘉靖二年，韓王旭櫏復爲代請。帝以安王故，報可之。徵鈐卒，韓王融燧令長史革之。徵鈐長孫旭㰘上言：「禮樂自天子出，韓王不宜擅予奪。」融燧亦言：「親王、郡王禮樂宜有降殺。」帝曰：「樂戶爲安王祀也。」給如故。

唐定王桱，太祖第二十三子。洪武二十四年封。永樂六年就藩南陽。十三年薨。子靖王瓊烴嗣。綜覈有矩矱，爲成祖所喜。入朝，五日三召見。宣德元年薨。妃高氏未冊，自經以殉，詔封靖王妃。無子，弟憲王瓊炟嗣，成化十一年薨。子莊王芝址嗣，諸弟三城王芝垝、蕩陰王芝坻並好學，有令譽。而承休王芝垠，憲王繼妃焦氏子也，妃愛之。遇節旦，召樂婦入宮。芝址詰之，語不遜。焦妃怒，持鐵鎚擊宮門，芝址閉不敢出。芝垠與妃弟璟誣王詈繼母。按驗不實，得芝垠慢母詈兄狀，革爵。久之始復。

二十一年，芝址薨。子戚王彌鍗嗣。弘治中，疏言：「朝廷待親藩，生爵歿謚，親親至矣。間有惡未敗聞，歿獲美謚，是使善者怠，惡者肆也。自今宜勘實，用寓彰癉。」禮臣請降敕獎諭，勉厲諸王。詔可。武宗喜遊幸，彌鍗作憂國詩，且上疏以用賢圖治爲言。弟文城王彌鉗有學行，孝友篤至。嘉靖二年，彌鍗薨。無子，彌鉗子敬王宇溫嗣。二十一年，獻金助太廟工，賜玉帶，益祿二百石。時承休王芝垠子彌鋠以父與莊王交訐，失令名，折節蓋前愆。宇溫上其事。璽書褒獎。三十九年，宇溫薨。子順王宙椋嗣，四十三年薨。子端王碩熿嗣。惑於嬖人，囚世子器墭及其子聿鍵於承奉司，器墭中毒死。

崇禎五年，碩熿薨，聿鍵嗣。七年，流賊大熾，蠲金築南陽城，又援潞藩例，乞增兵三千人。不許。九年秋八月，京師戒嚴，倡義勤王。詔切責，勒還國。事定，下部議，廢爲庶人，幽之鳳陽。弟聿鐭嗣。十四年，李自成陷南陽，聿鐭遇害。十七年，京師陷，福王由崧立於南京，乃赦聿鍵出。大清順治二年五月，南都降。聿鍵行至杭，遇鎮江總兵官鄭鴻逵、戶部郎中蘇觀生，遂奉入閩。南安伯鄭芝龍、巡撫都御史張肯堂與禮部尚書黃道周等定議，奉王稱監國。閏六月丁未，遂立於福州，號隆武，改福州爲天興府。進芝龍、鴻逵爲侯，封鄭芝豹、鄭彩爲伯，觀生、道周俱大學士，肯堂爲兵部尚書，餘拜官有差。

聿鍵好學，通典故，然權在鄭氏，不能有所爲。是年八月，芝龍議簡戰守兵二十餘萬，計餉不支其半。請預借兩稅一年，令羣下捐俸，勸紳士輸助，徵府縣銀穀未解者。官吏督迫，閭里騷然。又廣開事例，猶苦不足。仙霞嶺守關兵僅數百人，皆不堪用。聿鍵屢促芝龍出兵，輒以餉詘辭。久之，芝龍知衆論不平，乃請以鴻逵出浙東，彩出江西，各擁兵數千，號數萬。既行，託候餉，皆行百里而還。先是，黃道周知芝龍無意出師，自請行，從廣信趨婺源，兵潰死，事詳道周傳。

是時，李自成兵敗，走死通山。其兄子李錦帥衆降於湖廣總督何騰蛟，一時增兵十餘萬。侍郎楊廷麟、祭酒劉同升起兵復吉安、臨江。於是廷麟等請聿鍵出江右，騰蛟請出湖南。原任知州金堡言騰蛟可恃，芝龍不可恃，宜棄閩就楚。聿鍵大喜，授堡給事中，遣觀生先行募兵。

先是，靖江王亨嘉僭稱監國，〔五〕不奉聿鍵命，爲巡撫瞿式耜等所擒，以捷聞。而魯王以海又稱監國於紹興，拒聿鍵使者，故聿鍵決意出江西、湖廣。十二月發福州，駐建寧。廣東布政湯來賀運餉十萬由海道至。明年二月駐延平。三月，大清兵取吉安、撫州，圍楊廷麟於贛州。尙書郭維經出閩，募兵援贛。六月，大兵克紹興，魯王以海遁入海，閩中大震。芝龍假言海寇至，徹兵回安平鎭，航海去。守關將士皆隨之，仙霞嶺空無一人。七月，何騰蛟遣使迎聿鍵，將至韶州。唯時我兵已抵閩關，守浦城御史鄭爲虹、給事中黄大鵬、延平知府王士和死焉。八月，聿鍵出走，數日方至汀州。大兵奄至，從官奔散，與妃曾氏俱被執。妃至九瀧投於水，聿鍵死於福州。給事中熊緯、尙書曹學佺、通政使馬思禮等自縊死。

郢靖王棟，太祖第二十四子。洪武二十四年封。永樂六年之藩安陸。十二年薨。無子，封除。留內外官校守園。王妃郭氏，武定侯英女。王薨踰月，妃慟哭曰：「未亡人無子，尙誰恃？」引鏡寫容付宮人，曰：「俟諸女長，令識母。」遂自經。妃四女，一夭，其三女封光化、穀城、南漳郡主，歲祿各八百石。宣德四年，以郢故邸封梁王瞻垍，移郢宮人居南京。

伊厲王㰘，太祖第二十五子。洪武二十一年生，生四年封。永樂六年之藩洛陽，歲祿僅二千石。王好武，不樂居宮中，時時挾彈露劍，馳逐郊外。奔避不及者，手擊之。髡裸男女以爲笑樂。十二年薨。禮臣請追削封爵，不許。

二十二年，子簡王顒炔始得嗣。縱中官擾民，洛陽人苦之。河南知府李驥稍持以法。

誣奏，驥被逮治。已而得白，罪王左右。英宗時上表，文不恭，屢被譙讓。天順六年薨。世孫悼王諟鈲嗣，〔六〕成化十一年薨。弟定王諟鈞嗣，〔七〕好學崇禮，居喪哀毀，歲時祀先，致齋於外。郡王、諸將軍、中尉非慶賀不褻見。民間高年者，禮下之。正德三年薨。子莊王訏淵嗣，嘉靖五年薨。弟敬王訏淳嗣，居母喪，以孝聞。以祿薄上言：「先朝以河南課鈔萬七千七百貫，準祿米八千石。八年革諸王請乞租稅，伊府課鈔亦在革中，乞補祿。」戶部言：「課鈔本成、弘間請乞，非永樂時欽賜比。河南一省缺祿者八十餘萬，宜不許。」帝從部議。二十一年薨。

世子典楧嗣，貪而愎，多持官吏短長。不如指，必搆之去，既去復折辱之。御史行部過北邙山外，典楧要笞之。〔八〕縉紳往來，率紆途取他境。經郭外者，府中人輒追挽其車，詈其不朝，入朝者復辱以非禮。府牆壞，請更築，乃奪取民舍以廣其宮。郎中陳大壯與邸鄰，索其居不與，使數十人從大壯臥起，奪其飲食，竟至餒死。所爲宮，崇臺連城，擬帝闕。有錦衣官校之陝者，經洛陽，典楧忽召官屬迎詔，鼓吹擁錦衣入，捧一黃卷入宮。衆請開讀，曰：「密詔也。」遂趣錦衣去。錦衣謂王厚待之，不知所以。其夜大張樂，至曙，府中皆呼千歲，詐謂「天子特親我也」。閉河南府城，大選民間子女七百餘，留其姝麗者九十人。不中選者，令以金贖。都御史張永明、御史林潤、給事中丘岳相繼言其罪狀。再遣使往勘，革祿三之二，令壞所僭造宮城，歸民間女，執羣小付有司。典楧不奉詔。部牒促之，布政使持牒入見。典楧曰：「牒何爲者，可用障檽耳！」四十三年二月，撫、按官以聞。詔禮部會三法司議。僉謂：「典楧淫暴，無藩臣禮，陛下曲赦再四，終不湔改，奸回日甚。宜如徽王載埨故事，禁錮高牆，削除世封。」詔從其議，與子褒熵俱安置開封。

皇子楠，太祖第二十六子。洪武二十六年生，踰月殤。

靖江王守謙，太祖從孫。父文正，南昌王子也。當太祖起兵時，南昌王前死，妻王氏攜文正依太祖。太祖、高后撫如己子。比長，涉獵傳記，饒勇略，隨渡江取集慶路。已，有功，授樞密院同僉。太祖從容問：「若欲何官？」文正對曰：「叔父成大業，何患不富貴。爵賞先私親，何以服衆。」太祖喜其言，益愛之。

太祖爲吳王，命爲大都督，節制中外諸軍事。及再定江西，以洪都重鎮，屏翰西南，非骨肉重臣莫能守。乃命文正統元帥趙得勝等鎮其地，儒士郭之章、劉仲服爲參謀。文正增城浚池，招集山寨未附者，號令明肅，遠近震懾。居無何，友諒帥舟師六十萬圍洪都。文正數摧其鋒，堅守八十有五日，城壞復完者數十丈。友諒旁掠吉安、臨江，俘其守將徇城下，不爲動。太祖親帥兵來援，友諒乃解去，與太祖相拒於彭蠡。友諒掠糧都昌，文正遣方亮焚其舟。糧道絕，友諒遂敗。復遣何文輝等討平未附州縣。江西之平，文正功居多。

太祖還京，告廟飲至，賜常遇春、廖永忠及諸將士金帛甚厚。念文正前言知大體，錫功尙有待也，而文正不能無少望。性素卞急，至是暴怒，遂失常度，任掾吏衞可達奪部中子女。按察使李飲冰奏其驕侈觖望，太祖遣使詰責。文正懼，飲冰益言其有異志。太祖卽日登舟至城下，遣人召之。文正倉卒出迎，太祖數曰：「汝何爲者？」遂載與俱歸，欲竟其事。高后力解之曰：「兒特性剛耳，無他也。」免官安置桐城，未幾卒。飲冰亦以他事伏誅。

文正之被譴也，守謙甫四歲，太祖撫其頂曰：「兒無恐，爾父倍訓敎，貽我憂，我終不以爾父故廢爾。」育之宮中。守謙幼名鐵柱，吳元年以諸子命名告廟，更名煒。洪武三年更名守謙，封靖江王。祿視郡王，官屬親王之半，命耆儒趙壎爲長史傅之。旣長，之藩桂林。桂林有元順帝潛邸，改爲王宮，上表謝。太祖敕其從臣曰：「從孫幼而遠鎭西南，其善導之。」守謙知書，而好比羣小，粵人怨咨。召還，戒諭之。守謙作詩怨望。帝怒，廢爲庶人。居鳳陽七年，復其爵。徙鎭雲南，使其妃弟徐溥同往，賜書戒飭，語極摯切。守謙暴横如故。召還，使再居鳳陽。復以强取牧馬，錮之京師。二十五年卒。子贊儀幼，命爲世子。

三十年春遣省晉、燕、周、楚、齊、蜀、湘、代、肅、遼、慶、谷、秦十三王，自湘、楚入蜀，歷陝西，抵河南、山西、北平，東至大寧、遼陽，還自山東，使知親親之義，熟山川險易，習勞苦。贊儀恭愼好學。永樂元年復之國桂林，使蕭用道爲長史。用道善輔導，贊儀亦敬禮之。六年薨，諡曰悼僖。

子莊簡王佐敬嗣。初給銀印，宣德中，改用金塗。正統初，與其弟奉國將軍佐敏相訐奏，語連大學士楊榮。帝怒，戍其使人。成化五年薨。子相承先卒，孫昭和王規裕嗣，弘治二年薨。子端懿王約麒嗣，以孝謹聞。正德十一年薨。子安肅王經扶嗣，好學有儉德，嘗爲敬義箴。嘉靖四年薨。子恭惠王邦𡩋嗣，與巡按御史徐南金相訐奏。奪祿米，罪其官校。隆慶六年薨。子康僖王任昌嗣，萬曆十年薨。子溫裕王履燾嗣，二十年薨。無子，從父憲定王任晟嗣，三十八年薨。子榮穆王履祜嗣，〔九〕薨。子亨嘉嗣。李自成陷京師後，自稱監國於廣西，爲巡撫瞿式耜所誅。時唐王聿鍵在福建，奏捷焉。

興宗五子。后常氏生虞懷王雄英、吳王允熥。呂后生惠帝、衡王允熞、徐王允熙。〔一〇〕

虞懷王雄英，興宗長子，太祖嫡長孫也。洪武十五年五月薨。年八歲。追加封諡。

吳王允熥，興宗第三子。建文元年封國杭州，未之藩。成祖卽位，降爲廣澤王，居漳州。未幾，召還京，廢爲庶人，錮鳳陽。永樂十五年卒。

衡王允熞，興宗第四子，建文元年封。成祖降爲懷恩王，居建昌。與允熥俱召還，錮鳳陽，先後卒。

徐王允熈，興宗第五子，建文元年封。成祖降爲敷惠王，隨母呂太后居懿文陵。永樂二年下詔改甌寧王，奉太子祀。四年十二月，邸中火，暴薨。謚曰哀簡。

惠帝二子。俱馬后生。

太子文奎。建文元年立爲皇太子。燕師入，七歲矣，莫知所終。

少子文圭。年二歲，成祖入，幽之中都廣安宮，號爲建庶人。英宗復辟，憐庶人無罪久繫，欲釋之，左右或以爲不可。帝曰：「有天命者，任自爲之。」大學士李賢贊曰：「此堯、舜之心也。」遂請於太后，命內臣牛玉往出之。聽居鳳陽，婚娶出入使自便。與閽者二十人，婢妾十餘人，給使令。文圭孩提被幽，至是年五十七矣。未幾卒。

成祖四子。仁宗、漢王高煦、趙王高燧俱文皇后生。高爔未詳所生母。

漢王高煦，成祖第二子。性凶悍。洪武時，召諸王子學於京師。高煦不肯學，言動輕佻，爲太祖所惡。及太祖崩，成祖遣仁宗及高煦入臨京師。舅徐輝祖以其無賴，密戒之。不聽，盜輝祖善馬，徑渡江馳歸。途中輒殺民吏，至涿州，又擊殺驛丞，於是朝臣舉以責燕。成祖起兵，仁宗居守，高煦從，嘗爲軍鋒。白溝河之戰，成祖幾爲瞿能所及，高煦帥精騎數千，直前決戰，斬能父子於陣。及成祖東昌之敗，張玉戰死，成祖隻身走，適高煦引師至，擊退南軍。徐輝祖敗燕兵於浦子口，高煦引蕃騎來。成祖大喜，曰：「吾力疲矣，兒當鼓勇再戰。」高煦麾蕃騎力戰，南軍遂却。成祖屢瀕於危而轉敗爲功者，高煦力爲多。成祖以爲類己，高煦亦以此自負，恃功驕恣，多不法。

成祖卽位，命將兵往開平備邊。時議建儲，淇國公丘福、駙馬王寧善高煦，時時稱高煦功高，幾奪嫡。成祖卒以元子仁賢，且太祖所立，而高煦又多過失，不果。永樂二年，仁宗立爲太子，封高煦漢王，國雲南。高煦曰：「我何罪，斥萬里。」不肯行。從成祖巡北京，力請並其子歸南京。成祖不得已，聽之。請得天策衞爲護衞，輒以唐太宗自比。已，復乘間請益兩護衞，所爲益恣。成祖嘗命同仁宗謁孝陵。仁宗體肥重，且足疾，兩中使掖之行，恒失足。高煦從後言曰：「前人蹉跌，後人知警。」時宣宗爲皇太孫，在後應聲曰：「更有後人知警也。」高煦回顧失色。高煦長七尺餘，輕趫善騎射，兩腋若龍鱗者數片。既負其雄武，又每從北征，在成祖左右，時媒孽東宮事，譖解縉至死，黃淮等皆繫獄。

十三年五月改封青州，又不欲行。成祖始疑之，賜敕曰：「既受藩封，豈可常居京邸。前以雲南遠憚行，今封青州，又託故欲留侍，前後殆非實意，茲命更不可辭。」然高煦遷延自如。私選各衞健士，又募兵三千人，不隸籍兵部，縱使劫掠。兵馬指揮徐野驢擒治之。高煦怒，手鐵瓜撾殺野驢，衆莫敢言。遂僭用乘輿器物。成祖聞之怒。十四年十月還南京，盡得其不法數十事，切責之，褫冠服，囚繫西華門內，將廢爲庶人。仁宗涕泣力救，乃削兩護衞，誅其左右狎暱諸人。明年三月徙封樂安州，趣卽日行。高煦至樂安，怨望，異謀益急。仁宗數以書戒，不悛。

成祖北征晏駕。高煦子瞻圻在北京，覘朝廷事馳報，一晝夜六七行。高煦亦日遣人潛伺京師，幸有變。仁宗知之，顧益厚遇。遺書召至，增歲祿，賜賚萬計，仍命歸藩。封其長子爲世子，餘皆郡王。先是，瞻圻怨父殺其母，屢發父過惡。成祖曰：「爾父子何忍也。」至是高煦入朝，悉上瞻圻前後覘報中朝事。仁宗召示瞻圻曰：「汝處父子兄弟間，讒構至此，稺子不足誅。」遣守鳳陽皇陵。

未幾，仁宗崩，宣宗自南京奔喪。高煦謀伏兵邀於路，倉卒不果。及帝卽位，賜高煦及趙王視他府特厚。高煦日有請，並陳利國安民四事。帝命有司施行，仍復書謝之。因語羣臣曰：「皇祖嘗諭皇考，謂叔有異志，宜備之。然皇考待之極厚。如今所言，果出於誠，則是舊心已革，可不順從。」凡有求請，皆曲徇其意。高煦益自肆。

宣德元年八月，遂反。遣其親信枚青等潛至京師，約舊功臣爲內應。英國公張輔執之以聞。時高煦已約山東都指揮靳榮等，又散弓刀旂幟於衞所，盡奪傍郡縣畜馬。立五軍：指揮王斌領前軍，韋達左軍，千戶盛堅右軍，知州朱恒後軍，諸子各監一軍，高煦自將中軍。世子瞻坦居守，指揮韋弘、韋興，千戶王玉、李智領四哨。部署已定，僞授王斌、朱恒等太師、都督、尙書等官。御史李濬以父喪家居，高煦招之，不從，變姓名，間道詣京師上變。帝猶不忍加兵，遣中官侯泰賜高煦書。泰至，高煦盛兵見泰，南面坐，大言曰：「永樂中信讒，削我護衞，徙我樂安。仁宗徒以金帛餌我，我豈能鬱鬱居此。汝歸報，急縛奸臣夏原吉等來，徐議我所欲。」泰懼，唯唯而已。比還，帝問漢王何言，治兵何如，泰皆不敢以實對。

是月，高煦遣百戶陳剛進疏，更爲書與公侯大臣，多所指斥。帝歎曰：「漢王果反。」乃議遣陽武侯薛祿將兵往討。大學士楊榮等勸帝親征。帝是之。張輔奏曰：「高煦素懦，願假臣兵二萬，擒獻闕下。」帝曰：「卿誠足擒賊，顧朕初卽位，小人或懷二心，不親行，不足安反側。」於是車駕發京師，過楊村，馬上顧從臣曰：「度高煦計安出？」或對曰：「必先取濟南爲巢窟。」或對曰：「彼曩不肯離南京，今必引兵南下。」帝曰：「不然。濟南雖近，未易攻，聞大軍至，亦不暇攻。護衛軍家樂安，必內顧，不肯徑趨南京。高煦外誇詐，內實怯，臨事狐疑不能斷。今敢反者，輕朕年少新立，衆心未附，不能親征耳。今聞朕行，已膽落，敢出戰乎。至卽擒矣。」

高煦初聞祿等將兵，攘臂大喜，以爲易與。及聞親征，始懼。時有從樂安來歸者，帝厚賞之，令還諭其衆。仍遺書高煦曰：「張敖失國，始於貫高；淮南被誅，成於伍被。今六師壓境，王卽出倡謀者，朕與王除過，恩禮如初。不然，一戰成擒，或以王爲奇貨，縛以來獻，悔無及矣。」前鋒至樂安，高煦約詰旦出戰。帝令大軍蓐食兼行，駐蹕樂安城北，壁其四門。賊乘城守，王師發神機銃箭，聲震如雷。諸將請卽攻城。帝不許。再敕諭高煦，皆不答。城中人多欲執獻高煦者，高煦大懼。乃密遣人詣行幄，願假今夕訣妻子，卽出歸罪。帝許之。是夜，高煦盡焚兵器及通逆謀書。明日，帝移蹕樂安城南。高煦將出城，王斌等力止曰：「寧一戰死，無爲人擒。」高煦紿斌等復入宮，遂潛從間道出見帝。羣臣請正典刑。不允。以劾章示之，高煦頓首言：「臣罪萬萬死，惟陛下命。」帝令高煦爲書召諸子，餘黨悉就擒。赦城中罪，脅從者不問。命薛祿及尚書張本鎮撫樂安，改曰武定州，遂班師。廢高煦父子爲庶人，築室西安門內錮之。王斌等皆伏誅，惟長史李默以嘗諫免死，謫口北爲民。天津、青州、滄州、山西諸都督指揮約舉城應者，事覺相繼誅，凡六百四十餘人，其故縱與藏匿坐死戍邊者一千五百餘人，編邊氓者七百二十人。帝製東征記以示羣臣。高煦及諸子相繼皆死。

趙簡王高燧，成祖第三子。永樂二年封。尋命居北京，詔有司，政務皆啓王後行。歲時朝京師，辭歸，太子輒送之江東驛。高燧恃寵，多行不法，又與漢王高煦謀奪嫡，時時譖太子。於是太子宮寮多得罪。七年，帝聞其不法事，大怒，誅其長史顧晟，褫高燧冠服，以太子力解，得免。擇國子司業趙亨道、董子莊爲長史輔導之，高燧稍改行。

二十一年五月，帝不豫。護衞指揮孟賢等結欽天監官王射成及內侍楊慶養子造僞詔，謀進毒於帝，俟晏駕，詔從中下，廢太子，立趙王。總旗王瑜姻家高以正者，爲賢等畫謀，謀定告瑜。瑜上變。帝曰：「豈應有此！」立捕賢，得爲僞詔。賢等皆伏誅，陞瑜遼海衞千戶。帝顧高燧曰：「爾爲之耶？」高燧大懼，不能言。太子力爲之解曰：「此下人所爲，高燧必不與知。」自是益斂戢。

仁宗卽位，加漢、趙二王歲祿二萬石。明年，之國彰德，辭常山左右二護衞。宣宗卽位，賜田園八十頃。帝擒高煦歸，至單橋，尚書陳山迎駕，言曰：「趙王與高煦共謀逆久矣，宜移兵彰德，擒趙王。否則趙王反側不自安，異日復勞聖慮。」帝未決。時惟楊士奇以爲不可。山復邀尙書蹇義、夏原吉共請。帝曰：「先帝友愛二叔甚。漢王自絕於天，朕不敢赦。趙王反形未著，朕不忍負先帝也。」及高煦至京，亦言嘗遣人與趙通謀。戶部主事李儀請削其護衞，尙書張本亦以爲言。帝不聽。既而言者益衆。明年，帝以其詞及羣臣章遣駙馬都尉廣平侯袁容持示高燧。高燧大懼，乃請還常山中護衞及羣牧所、儀衞司官校。帝命收其所還護衞，而與儀衞司。宣德六年薨。

子惠王瞻塙嗣，景泰五年薨。子悼王祁鎡嗣，天順四年薨。子靖王見瀦嗣。惠王、悼王皆頗有過失，至見瀦惡尤甚，屢賊殺人，又嘗乘醉欲殺其叔父。成化十一年，事聞，詔奪祿米三之二，去冠服，戴民巾，讀書習禮。其後二年，見瀦母妃李氏爲之請，得冠服如故。見瀦卒不能改。愛幼子祐枳，遂誣長子祐棌以大逆，復被詔詰讓。弘治十五年薨。子莊王祐棌嗣，正德十三年薨。

子康王厚煜嗣，事祖母楊妃以孝聞。嘉靖七年六月，璽書褒予。明年冬，境內大饑。厚煜上疏，請辭祿一千石以佐振。帝嘉王憂國，詔有司發粟，不允所辭。及帝南巡，厚煜遠出迎，命益祿三百石。厚煜性和厚，構一樓名「思訓」，嘗獨居讀書，文藻贍麗。宗人輔國將軍祐椋等數犯法，與有司爲難。厚煜庇祐椋。祐椋卒得罪，並見責讓。其後有司益務以事裁抑諸宗。洛川王翊鏴奴與通判田時雨之隸爭瓜而毆，時雨捕王奴。厚煜請解不得，竟論奴充軍。未幾，宗室數十人索祿，時雨以宗室毆府官，白於上官。知府傅汝礪盡捕各府人。厚煜由是忿恚，竟自縊死。三十九年十月也。厚煜子成皐王載埈疏聞於朝，下法司按問。時雨斬河南市，汝礪戍極邊。厚煜子載培及載培子翊鏴皆前卒。翊鏴子穆王常清嗣，以善行見旌。萬曆四十二年薨。世子由松前卒，弟壽光王由桂子慈㰘嗣，薨。無子，穆王弟常澳嗣。崇禎十七年，彰德陷，被執。

## 校勘記

〔一〕仁宗卽位　原作「洪熙元年」。按櫰徙武岡，仁宗實錄卷三下繫于永樂二十二年十月己未，是時仁宗剛卽位，尚未改元，不得稱「洪熙元年」。明史稿傳四岷莊王楩傳作「仁宗卽位」，據改。

〔二〕陳添行入苗中　陳添行，明史稿傳四岷莊王楩傳、英宗實錄卷二〇九景泰二年十月丁卯條均作「陳添仔」。

〔三〕子順王音埑嗣　音埑，明史稿表三諸王世表、憲宗實錄卷二〇一成化十六年三月乙未條作「音埑」。

〔四〕與衡府新樂王載璽　璽，原作「璽」，據本書卷一〇三諸王世表、明史稿傳五鄭王瞻埈傳改。按載堲兄弟舉名字之下一字皆從「土」旁。

〔五〕靖江王亨嘉僭稱監國　亨嘉，原倒置作「嘉亨」，據本書卷一〇二諸王世表、卷一一八靖江王傳、卷二八〇瞿式耜傳、明史稿傳六下改。

〔六〕世孫悼王諟釩嗣　諟釩，本書卷一〇二諸王世表、明史稿傳四伊厲王㰘傳作「諟釠」，國榷卷三七頁二三五三作「諟鐵」。

〔七〕弟定王諟錡嗣　諟錡，原作「諟釨」，據武宗實錄卷三八正德三年五月庚戌條、國榷卷四七頁二九一八改。

〔八〕典楧要笞之　原脫「典」字。按上下文都作「典楧」，據補。

〔九〕子榮穆王履祜嗣　履祜，本書卷一〇二諸王世表、明史稿傳四靖江王守謙傳都作「履祐」。

〔一〇〕徐王允熥　允熥，本書卷六成祖紀、又卷六〇禮志、又卷一〇三諸王世表、太宗實錄卷一〇上洪武三十五年七月癸巳條都作「允熙」。

# 明史卷一百十九

## 列傳第七

### 諸王四

仁宗諸子

鄭王瞻埈 盧江王載堙　越王瞻墉　蘄王瞻垠

襄王瞻墡 棗陽王祐楒　荊王瞻堈　淮王瞻墺

滕王瞻塏　梁王瞻垍　衞王瞻埏

英宗諸子

德王見潾　許王見淳　秀王見澍　崇王見澤　吉王見浚

忻王見治　徽王見沛

景帝子

懷獻太子見濟

憲宗諸子

悼恭太子祐極　岐王祐棆　益王祐檳　衡王祐楎　新樂王載璽

雍王祐橒　壽王祐榰　汝王祐梈　涇王祐橓　榮王祐樞

申王祐楷

孝宗子

蔚王厚煒

仁宗十子。昭皇后生宣宗、越王瞻墉、襄王瞻墡。李賢妃生鄭王瞻埈、蘄王瞻垠、淮王瞻墺。張順妃生荆王瞻堈。郭貴妃生滕王瞻塏、梁王瞻垍、衞王瞻埏。

鄭靖王瞻埈，仁宗第二子。永樂二十二年十月封。〔一〕仁宗崩，皇后命與襄王監國，以待宣宗。宣德元年，帝征樂安，仍命與襄王居守。四年就藩鳳翔。正統八年詔遷懷慶，留京邸，明年之國。瞻埈暴厲，數撻人杖下。英宗以御史周瑛爲長史，稍戢。成化二年薨。子簡王祁鍈嗣。祁鍈之爲世子也，襄王朝京師，經新鄉，祁鍈不請命，遣長史往迎。英宗聞之不悅，賜書責讓。及嗣王，多不法，又待世子寡恩。長史江萬程諫，被責辱，萬程以聞。帝遣英國公張懋、太監王允中齎敕往諭，始上書謝罪。弘治八年薨。世子見滋母韓妃不爲祁鐄所禮，見滋悒悒先卒。子康王祐枔嗣，正德二年薨。無子，從弟懿王祐橏嗣，十六年薨。子恭王厚烷嗣。

世宗幸承天，厚烷迎謁於新鄉，加祿三百石。疏奏母閻太妃貞孝事蹟。詔付史館。其後帝修齋醮，諸王爭遣使進香，厚烷獨不遣。嘉靖二十七年七月上書，請帝修德講學，進居敬、窮理、克己、存誠四箴，演連珠十章，以神仙、土木爲規諫。語切直。帝怒，下其使者於獄。詔曰：「前宗室有謗訕者置不治，茲復效尤。王，今之西伯也，欲爲爲之。」後二年而有祐樒之事，厚烷遂獲罪。

初，祁鐄有子十人，世子見滋，次盟津王見濍，〔三〕次東垣王見澒。見濍母有寵於祁鐄，規奪嫡，不得，竊世子金册以去。祁鐄索之急，因怨不復朝，所爲益不法。祁鐄言之憲宗，革爲庶人。及康王薨，無子，見濍子祐樒應及，以前罪廢，乃立東垣王子祐橏。至是祐樒求復郡王爵，怨厚烷不爲奏，乘帝怒，摭厚烷四十罪，以叛逆告。詔駙馬中官卽訊。還報反無驗，治宮室名號擬乘輿則有之。帝怒曰：「厚烷訕朕躬，在國驕傲無禮，大不道。」削爵，錮之鳳陽。隆慶元年復王爵，增祿四百石。厚烷自少至老，布衣蔬食。

世子載堉篤學有至性，痛父非罪見繫，築土室宮門外，席藁獨處者十九年。厚烷還邸，始入宮。萬曆十九年，厚烷薨。載堉曰：「鄭宗之序，盟津爲長。前王見濍，既錫諡復爵矣，爵宜歸盟津。」後累疏懇辭。禮臣言：「載堉雖深執讓節，然嗣鄭王已三世，無中更理，宜以載堉子翊錫嗣。」載堉執奏如初，乃以祐橏之孫載璽嗣，而令載堉及翊錫以世子、世孫祿終其身，子孫仍封東垣王。二十二年正月，載堉上疏，請宗室皆得儒服就試，毋論中外職，中式者視才品器使。詔允行。明年又上曆算歲差之法，及所著樂律書，考辨詳確，識者稱之。卒諡端清。崇禎中，載璽子翊鍾以罪賜死，國除。

廬江王載堙，簡王元孫也。崇禎十七年二月，賊陷懷慶，載堙整冠服，端坐堂上。賊至，被執，欲屈之。厲聲曰：「吾天朝藩王，肯降汝逆賊耶！」詬罵不屈，遇害。賊執其長子翊欅，擁之北行。三月過定興，於旅店作絕命詞，遂不食死。

越靖王瞻墉，仁宗第三子。永樂二十二年封衢州。未之藩，宣宗賜以昌平莊田。正統四年薨。妃吳氏殉，諡貞惠。無後。

蘄獻王瞻垠，仁宗第四子。初封靜樂王。永樂十九年薨，諡莊獻。仁宗即位，追加封謚。無後。

襄憲王瞻墡，〔三〕仁宗第五子。永樂二十二年封。莊敬有令譽。宣德四年就藩長沙。正統元年徙襄陽。英宗北狩，諸王中，瞻墡最長且賢，衆望頗屬。太后命取襄國金符入宮，不果召。瞻墡上書，請立皇長子，令郕王監國，募勇智士迎車駕。書至，景帝立數日矣。英宗還京師，居南內，又上書景帝宜旦夕省膳問安，率羣臣朔望見，無忘恭順。

英宗復辟，石亨等誣于謙、王文有迎立外藩語，帝頗疑瞻墡。久之，從宮中得瞻墡所上二書，而襄國金符固在太后閤中。乃賜書召瞻墡，比二書於金縢。入朝，宴便殿，避席請曰：「臣過汴，汴父老遮道，言按察使王槩賢，以誣逮詔獄，願皇上加察。」帝立出槩，命爲大理卿。詔設襄陽護衞，命有司爲王營壽藏。及歸，帝親送至午門外，握手泣別。瞻墡逡巡再拜，帝曰：「叔父欲何言？」頓首曰：「萬方望治如饑渴，願省刑薄斂。」帝拱謝曰：「敬受教。」目送出端門乃還。四年復入朝。命百官朝王於邸，詔王詣昌平謁三陵。及辭歸，禮送加隆，且敕王歲時與諸子得出城遊獵，蓋異數也。六年又召，以老辭。歲時存問，禮遇之隆，諸藩所未有。成化十四年薨。

子定王祁鏞嗣，弘治元年薨。子簡王見淑嗣，三年薨。子懷王祐材嗣。好鷹犬，蓄善馬，往返南陽八百里，日猶未晡。妃父井海誘使殺人。孝宗戒諭，戍海及其左右。祐材好道術，賜予無節，又嘗與興邸爭地，連逮七十餘家，獄久不決。大理卿汪綸兩解之，乃得已。十七年薨。弟康王祐櫍嗣，亦好道術。嘉靖二十九年薨。無子，從子莊王厚熲由陽山王嗣，定王曾孫也。

時王邸災，先世蓄積一空。厚熲折節爲恭儉，節祿以餉邊，進金助三殿工。兩賜書幣。事嫡母王太妃及生母潘太妃，以孝聞。潘卒，殯之東偏。王太妃曰：「汝母有子，社稷是賴，無以我故避正寢。」厚熲泣曰：「臣不敢以非禮加臣母。」及葬，跣足扶櫬五十里。士大夫過襄者，皆爲韋布交。四十五年薨。子靖王載堯嗣，萬曆二十三年薨。子翊銘嗣。崇禎十四年，張獻忠陷襄陽，遇害。

初，大學士楊嗣昌之視師也，以襄陽爲軍府，增堞浚隍，貯五省餉金及弓刀火器。是年二月，獻忠邀殺嗣昌使於道，奪其符驗，以數十騎紿入襄城。夜半火作，遲明，賊大至。執翊銘南城樓，屬卮酒曰：「王無罪，王死，嗣昌得以死償王。」遂殺王及貴陽王常法，火城樓，焚其屍。賊去，僅拾顱骨數寸，妃妾輩死者四十三人。福清王常澄、進賢王常淦走免。事聞，帝震悼，命所司備喪禮，謚曰忠王。嗣昌朝惠王於荆州，謁者謝之曰：「先生惠顧寡人，願先之襄陽。」謂襄城之破，罪在嗣昌也。十七年以常澄嗣襄王，寄居九江，後徙汀州，不知所終。

棗陽王祐楒，憲王曾孫也，材武善文章，博涉星曆醫卜之書。嘉靖初上書，請考興獻帝。世宗以其議發自宗人，足厭服羣心，褒之。更請除宗人祿，使以四民業自爲生，賢者用射策應科第。寢不行。時襄王祐櫍病廢不事事，承奉邵亨挾權自恣，至捶死鎭寧王舅。祐楒誘致之，抉其目。帝遣大理少卿袁宗儒偕中官、錦衣往訊。亨論死，祐楒坐奪爵。帝幸承天，念祐楒前疏，復之。

荊憲王瞻堈，仁宗第六子。永樂二十二年封。宣德四年就藩建昌。宮中有巨蛇，蜿蜒自梁垂地，或凭王座。瞻堈大懼，請徙。正統十年徙蘄州。景泰二年上書請朝上皇。不許。四年薨。子靖王祁鎬嗣，天順五年薨。子見潚嗣。

靖王三子，長見潚，次都梁王見溥、樊山王見澋。見潚與見溥同母，怨母之暱見溥也，錮母，奪其衣食，竟死，出柩於竇。召見溥入後園，箠殺之。給其妃何氏入宮，逼淫之。從弟都昌王見潭妻茆氏美，求通焉。見潭母馬氏防之嚴，見潚髠馬氏鞭之，囊土壓見潭死，械繫茆妃入宮。嘗集惡少年，輕騎微服，涉漢水，掠人妻女。見澋懼其及也，密聞於孝宗，召至京。帝御文華門，命廷臣會鞫。見潚引伏，廢爲庶人，錮西內。居二年，見潚從西內摭奏見澋罪，誣其與楚府永安王謀不軌。帝遣使往按問，不實。見澋更奏見潚嘗私造弓弩，與子祐柄有異謀。驗之實，賜見瀟死，廢祐柄，而以見溥子祐橺嗣爲荆王。時弘治七年也。十七年薨，謚曰和。

子端王厚烇嗣。性謙和，銳意典籍。嘉靖中病，辭祿。不允，令富順王厚焜攝朝謁。厚焜，和王第二子，與弟永新王厚熿以能詩善畫名。厚烇子永定王載墭長，厚焜卽謝攝事，人尤以爲賢。嘉靖三十二年，厚烇薨。載墭已前卒，其子恭王翊鉅嗣。

荆自靖王諸子交惡，失令譽。及厚烇兄弟感先世家難，以禮讓訓飭宗人。見潢曾孫載埁尤折節恭謹，以文行稱。郡王女例請祿於朝，載埁四女皆妻士人，不請封。嘗上應詔、正禮二疏。不報。讀易窮理，著大隱山人集。子翊鉟、翊壓、翊鑿皆工詩，兄弟嘗共處一樓，號花萼社。翊鉅表載埁賢以訓諸子。諸子不率敎，世子常泠尤殘恣。翊鉅言於朝，革爲庶人。

隆慶四年，翊鉅薨。次子常𣉻嗣，萬曆四年薨。無子，弟康王常㳂由安城王嗣，萬曆二十五年薨。子定王由樊嗣，天啓二年薨。子慈煚嗣。崇禎時，流賊革裏眼、左金王詭降於楚帥。慈煚欲與爲好，召宴，盛陳女樂。十六年正月，張獻忠陷蘄州，慈煚先一月薨。賊圍王宮，盡掠其所見妓樂去。

淮靖王瞻墺，仁宗第七子。永樂二十二年封。宣德四年就藩韶州。英宗卽位之十月，以韶多瘴癘，正統元年徙饒州。正統十一年薨。子康王祁銓嗣，弘治十五年薨。世子見濂早卒，無子，從子定王祐棨嗣。游戲無度，左右倚勢暴橫，境內苦之。長史莊典以輔導失職自免。詔不許。推官汪文盛數持王府事。有顧嵩者病狂，持刀斧入王門，官校執詰之，謬言出汪指使。典白之守臣。鎭守太監黎安嘗以事至饒，從騎入端禮門，被撻，銜祐棨甚。先是，祐棨有名琴曰「天風環珮」，寧王宸濠求之，不得。又求濱湖地，不與。至是嗾安奏祐棨過失及文盛被誣事。詔下撫、按訊。安與宸濠謀，不待報，遽繫典及府中官校鞫之。典辭倨，宸濠箠之，斃獄中，他所連坐甚衆。於是祐棨奏安挾仇殺典庇嵩。帝遣都御史金獻民、太監張欽往按治。祐棨畏宸濠，不能自明。欽等復言祐棨信奸徒爲暴，請嚴戒之。軍校坐戍者二十餘人，典冤竟不白。

嘉靖三年，祐棨薨。無子，弟莊王祐楑嗣，十六年薨。子憲王厚燾嗣，四十二年薨。子恭王載坮嗣，萬曆五年薨。弟順王載堅嗣，二十三年薨。子翊鉅嗣。翊鉅之未王也，與妓王愛狎，冒妾額入宮，且令撫庶子常洪爲子，陳妃與世子常淸俱失愛，潛謀易嫡。御史陳王道以理諭王，出之外舍。常洪遂與宗人翊鑑等謀，夜入王宮，盜册寶、資貨以出。守臣上其事，王愛論死，勒常洪自盡，翊鑑等削屬籍永錮，奪翊鉅四歲祿。久之，薨。子常淸嗣，國亡，不知所終。

滕懷王瞻塏，仁宗第八子。永樂二十二年封雲南，未之國，洪熙元年薨。無後。

梁莊王瞻垍，仁宗第九子。永樂二十二年封。宣德初，詔鄭、越、襄、荆、淮五王歲給鈔五萬貫，惟梁倍之。四年就藩安陸，故郢邸也。襄王瞻墡自長沙徙襄陽，道安陸，與瞻垍留連不忍去。瀕別，瞻垍慟曰：「兄弟不復更相見，奈何！」左右皆泣下。正統元年言府卑濕，乞更爽塏地。帝詔郢中歲歉，俟有秋理之。竟不果。六年薨。無子，封除。梁故得郢田宅園湖，後皆賜襄王。

衞恭王瞻埏，仁宗第十子。永樂二十二年封。及睿宗封安陸，盡得郢、梁邸田，供二王祠祀。衞恭王瞻埏，仁宗第十子。永樂二十二年封懷慶。幼善病，宣宗撫愛之，未就藩。歲時謁陵，皆命攝祀。孝謹好學，以賢聞。正統三年薨。妃楊氏殉，賜謚貞烈。無子，封除。

英宗九子。周太后生憲宗、崇王見澤。萬宸妃生德王見潾及皇子見湜、吉王見浚、忻王見治。王惠妃生許王見淳。高淑妃生秀王見澍。韋德妃生徽王見沛。

德莊王見潾，英宗第二子。初名見淸。景泰三年封榮王。天順元年三月復東宮，同日封德、秀、崇、吉四王，歲祿各萬石。初國德州，改濟南。成化三年就藩。請得齊、漢二庶人所遺東昌、兗州閒田及白雲、景陽、廣平三湖地。憲宗悉予之。復請業南旺湖，以漕渠故不許。又請漢庶人舊牧馬地，知府趙璜言地歸民間，供稅賦已久，不宜奪。帝從之。正德初，詔王府莊田畝徵銀三分，歲爲常。見潾奏：「初年，兗州莊田歲畝二十升，獨淸河一縣，成化中用少卿宋旻議，歲畝五升。若如新詔，臣將無以自給。」戶部執山東水旱相仍，百姓凋敝，宜如詔。帝曰：「王何患貧，其勿許。」十二年薨。子懿王祐榕嗣。

嘉靖中，戶部議覈王府所請山場湖陂，斷自宣德以後者皆還官。詔允行。於是山東巡撫都御史邵錫奏德府莊田俱在革中，與祐榕相訐奏，錫持之益急。儀衞司軍額千七百人，逃絕者以餘丁補。錫謂非制，檄濟南知府楊撫籍諸補充者勿與餉。軍校大譁，毀府門。詔逮問長史楊穀、〔四〕楊孟法，戍儀衞副薛寧及軍校陶榮。諭王守侯度，毋徇羣小滋多事。議者謂錫故激致其罪，不盡祐榕過云。此十一年八月事。至十八年，涇、徽二王復請得所革莊田，祐榕援以爲請。詔仍與三湖地，使自徵其課。其年薨。孫恭王載墱嗣，萬曆二年薨。子定王翊錧嗣，十六年薨。子常濤嗣，崇禎五年薨。世子由樞嗣，十二年正月，大淸兵克濟南，見執。

見湜，英宗第三子。早卒。復辟後，不復追贈。

許悼王見淳，英宗第四子。景泰三年封。明年薨。禮臣請用親王禮葬。帝以王幼，殺其制。

秀懷王見澍，英宗第五子。生於南宮，天順元年封。成化六年就藩汝寧。長史劉誠獻千秋日鑒錄，見澍朝夕誦之。就藩時，慮途中擾民，令併日行。王居隘，左右請遷文廟廣之。見澍不聽，曰：「居近學宮，時聞絃頌聲，顧不美乎！」論書至西伯戡黎，長史誠主吳氏說，曰：「戡黎者，武王也。」右長史趙銳主孔氏說，曰：「實文王事。」爭之失色。見澍曰：「經義未有定論，不嫌往復。今若此，非先皇帝簡二先生意也。」成化八年薨。無子，封除。

崇簡王見澤，英宗第六子。生於南宮，天順元年封。成化十年就藩汝寧，故秀邸也。弘治八年七月，皇太后春秋高，思一見王，帝特敕召之。禮部尙書倪岳言：「數年來三王之國，道路供億，民力殫竭。今召王復來，往返勞費，兼水溢旱蝗，舟車所經，恐有他虞。親王入朝，雖有故事，自宣德來，已鮮舉行。英宗復辟，襄王奉詔來朝，雖篤敦敍之恩，實塞疑讒之隙，非故事也。」大學士徐溥亦以爲言。帝重違太后意，不允。既而言官交章及之，乃已。十八年薨。子靖王祐樒嗣，正德六年薨。子恭王厚燿嗣。三王並有賢名，而靖王尤孝友。嘉靖十六年，厚燿薨。子莊王載境嗣，三十六年薨。子端王翊鐏嗣，萬曆三十八年薨。孫由櫍嗣。崇禎十五年閏十一月，李自成陷汝寧，執由櫍去，僞封襄陽伯，令諭降州縣之未下者。由櫍不從，殺之於泌陽城。弟河陽王由材、世子慈煇等皆遇害。〔五〕

吉簡王見浚，英宗第七子。生於南宮。天順元年封，時甫二歲。成化十三年就藩長沙，刻先聖圖及尙書於嶽麓書院，以授學者。嘉靖六年薨。孫定王厚焆嗣。請湘潭商稅益邸租，不許。十八年薨。子端王載均由光化王嗣，四十年薨。子莊王翊鎭嗣，隆慶四年薨。無子，庶兄宣王翊鑾由龍陽王嗣，萬曆四十六年薨。孫由棟嗣，崇禎九年薨。子慈煃嗣。十六年，張獻忠入湖南，同惠王走衡州，隨入粵。國亡後，死於緬甸。

忻穆王見治，英宗第八子。成化二年封。未就藩，八年薨。無後。

徽莊王見沛，英宗第九子。成化二年封。十七年就藩鈞州。承奉司自置吏，左布政使徐恪革之，見沛以聞。憲宗書諭王：「置吏，非制也，恪無罪。」正德元年薨。子簡王祐檯嗣，嘉靖四年薨。子恭王厚爝嗣，二十九年薨。子浦城王載埨嗣。

初，厚爝好琴，斵琴者與知州陳吉交惡，厚爝庇之，劾吉，逮詔獄。都御史駱昂、御史王三聘白吉冤。帝怒，幷逮之，昂杖死，三聘、吉俱戍邊。議者不直厚爝。時方士陶仲文有寵於世宗，厚爝厚結之。仲文具言王忠敬奉道。帝喜，封厚爝太清輔元宣化眞人，予金印。及載埨嗣王，益以奉道自媚於帝，命綰其父眞人印。南陽人梁高輔自言能導引服食，載埨用其術和藥，命高輔因仲文以進帝。封高輔通妙散人，載埨淸微翊敎輔化忠孝眞人。載埨遂益恣，壞民屋，作臺榭苑囿。庫官王章諫，杖殺之。嘗微服之揚州、鳳陽，爲邏者所獲，羈留三月，走歸。

時高輔被上寵，不復親載埨，載埨銜之。已而爲帝取藥不得，求載埨舊所蓄者，載埨不與，而與仲文。高輔大恨，乘間言載埨私往南中，與他過失。帝疑之，奪眞人印。仲文知釁已成，不復敢言。三十五年有民耿安者，奏載埨奪其女，下按治。有司因發其諸不法事。獄成，降爲庶人，錮高牆。時載埨居宮中，所司防守嚴，獄詞不得聞。及帝遣內臣同撫、按至，始大懼。登樓，望龍亭後有紅板輿，歎曰：「吾不能自明，徒生奚爲！」遂自縊死。妃沈氏、次妃林氏爭取帛自縊。子安陽王翊錡、萬善王翊鈁幷革爵，及未封子女，皆遷開封，聽周王約束，國除。

景皇帝一子，懷獻太子見濟。母杭妃。始爲郕王世子。英宗北狩，皇太后命立憲宗爲皇太子，而以郕王監國。及郕王卽位，心欲以見濟代太子，而難於發，皇后汪氏又力以爲不可，遲回久之。太監王誠、舒良爲帝謀，先賜大學士陳循、高穀百金，侍郎江淵、王一寧、蕭鎡，學士商輅半之，用以緘其口，然猶未發也。會廣西土官都指揮使黃玹以私怨戕其弟思明知府㻋，滅其家，所司聞於朝。玹懼罪，急遣千戶袁洪走京師，上疏勸帝早與親信大臣密定大計，易建東宮，以一中外之心，絕覬覦之望。疏入，景帝大喜，亟下廷臣會議，且令釋玹罪，進階都督。時景泰三年四月也。

疏下之明日，禮部尚書胡濙，侍郎薩琦、鄒幹集文武羣臣廷議。衆相顧，莫敢發言。惟都給事中李侃、林聰，御史朱英以爲不可。吏部尚書王直亦有難色。司禮太監興安厲聲曰：「此事不可已，即以爲不可者，勿署名，無持兩端。」羣臣皆唯唯署議。於是濙等暨魏國公徐承宗，寧陽侯陳懋，安遠侯柳溥，武淸侯石亨，〔六〕成安侯郭晟，定西侯蔣琬，駙馬都尉薛桓，襄城伯李瑾，武進伯朱瑛，平鄉伯陳輔，安鄉伯張寧，都督孫鏜、張軏、楊俊，都督同知田禮、范廣、過興、衞穎，都督僉事張輗、劉深、張通、郭瑛、劉鑑、張義，錦衣衞指揮同知畢旺、曹敬，指揮僉事林福，吏部尚書王直，戶部尚書文淵閣大學士陳循，工部尚書東閣大學士高穀，吏部尚書何文淵，戶部尚書金濂，兵部尚書于謙，刑部尚書俞士悅，左都御史王文、王翺、楊善，吏部侍郎江淵、俞山、項文耀，戶部侍郎劉中敷、沈翼、蕭鎡，禮部侍郎王一寧，兵部侍郎李賢，刑部侍郎周瑄，工部侍郎趙榮、張敏，通政使李錫，通政欒惲、王復，參議馮貫，諸寺卿蕭維禎、許彬、蔣守約、齊整、李賓，少卿張固、習嘉言、李宗周、蔚能、陳誠、黃士儁、張翔、齊政，寺丞李茂、李希安、柴望、酈鏞、楊詢、王溢，翰林學士商輅，六科都給事中李讚、李侃、李春、蘇霖、林聰、張文質，十三道御史王震、朱英、涂謙、丁泰亨、强弘、劉琚、陸厚、原傑、嚴樞、沈義、楊宜、王驥、左鼎上言：「陛下膺天明命，中興邦家，統緒之傳宜歸聖子，黃玹奏是。」制曰：「可。」禮部具儀，擇日以聞。」即日，簡置東宮官，公孤詹事僚屬悉備。

五月，廢汪后，立杭妃爲皇后，更封太子爲沂王，立見濟爲太子。詔曰：「天佑下民作之君，實遺安於四海；父有天下傳之子，斯本固於萬年。」大赦天下，令百官朔望朝太子，賜諸親王、公主、邊鎭、文武內外羣臣，又加賜陳循、高穀、江淵、王一寧、蕭鎡、商輅各黃金五十兩。四年二月乙未，太子冠。十一月，以御史張鵬言，簡東宮師傅講讀官。越四日，太子薨，謚曰懷獻，葬西山。天順元年，降稱懷獻世子，諸建議易儲者皆得罪。

憲宗十四子。萬貴妃生皇第一子。柏賢妃生悼恭太子祐極。紀太后生孝宗。邵太后生興獻帝祐杬、岐王祐棆、雍王祐橒。張德妃生益王祐檳、衡王祐楎、汝王祐梈。姚安妃生壽王祐榰。楊恭妃生涇王祐橓、申王祐楷。潘端妃生榮王祐樞。王敬妃生皇第十子。第一子、第十子皆未名殤。

悼恭太子祐極，憲宗次子。成化七年立爲皇太子，薨。

岐惠王祐棆，憲宗第五子。成化二十三年與益、衡、雍三王同日封。弘治八年之藩德安。十四年薨。無子，封除。

益端王祐檳，憲宗第六子。〔七〕弘治八年之藩建昌，故荆邸也。性儉約，巾服澣至再，日一素食。好書史，愛民重士，無所侵擾。嘉靖十八年薨。子莊王厚燁嗣，性樸素，外物無所嗜。三十五年薨。無子，弟恭王厚炫嗣，自奉益儉，辭祿二千石。萬曆五年薨。孫宣王翊鈏嗣，嗜結客，厚炫所積府藏，悉斥以招賓從，通聘問於諸藩，不數年頓盡。三十一年薨。子敬王常遷嗣，四十三年薨。子由本嗣，國亡竄閩中。

衡恭王祐楎，憲宗第七子。弘治十二年之藩青州。嘉靖十七年薨。子莊王厚燆嗣，嘗辭祿五千石以贍宗室，宗人德之。隆慶六年薨。子康王載圭嗣，萬曆七年薨。無子，弟安王載封嗣，十四年薨。子定王翊鏤嗣，二十年薨。子常澵嗣。新樂王載璽，恭王孫也。博雅善文辭，索諸藩所纂述，得數十種，梓而行之。又撰洪武聖政頌、皇明政要諸書，多可傳者。從父高唐王厚煐、齊東王厚炳皆以博學篤行聞。嘉靖中，賜敕獎諭者再。

雍靖王祐橒，憲宗第八子。初封保寧，弘治十二年之藩衡州。地卑濕，宮殿朽敗不可居，邸中數有異，乞移山東東平州。廷臣以擇地別建，勞民傷財，四川敍州有申王故府，宜徙居之。詔可。既而以道遠不可徙。正德二年，地裂，宮室壞，王薨。無子，封除。

壽定王祐榰，憲宗第九子。弘治四年與汝、涇、榮、申四王同日封。十一年就藩保寧。正德元年以岐王世絕，〔八〕改就岐邸於德安。校尉橫擾市民，知府李重抑之，奏逮重。安陸民劉鵬隨重詣大理對簿，重未之識也，訝之。鵬曰：「太守仁，爲民受過，民皆得効死，豈待識乎！」重卒得白。祐榰聞而悔之，後以賢聞。嘉靖二十四年薨。無子，除封。

汝安王祐梈，憲宗第十一子。弘治十四年之藩衞輝。正德十五年請預支食鹽十年爲婚費。詔別給長蘆鹽二千引，食鹽如故。世宗南巡，迓於途，甚恭。加祿五百石，錫金幣。嘉靖二十年薨。無子，封除。

涇簡王祐橓，憲宗第十二子。弘治十五年之藩沂州。嘉靖十六年薨。子厚烇未封而卒。無子，封除。

榮莊王祐樞，憲宗第十三子。正德初尚留京邸，乞霸州信安鎭田，故牧地也。部臣言：「永樂中，設立草場，蕃育馬匹，以資武備。至成化中，近倖始陳乞爲莊。後岐、壽二府相沿，莫之改正。曁孝宗皇帝留神戎務，清理還屯，不以私廢公也。今榮王就國有期，所請宜勿與。」三年之藩常德。祐樞狀貌類高帝，居國稍驕縱。世宗詔以沅江酉港、天心、團坪河泊稅入王邸。嘉靖十八年薨。孫恭王載墐嗣，萬曆二十三年薨。子翊鈐嗣，四十年薨。子常澴嗣，薨。子憲王由枵嗣，薨。子慈炤嗣。張獻忠入湖南，奉母妃姚氏走辰溪，不知所終。

申懿王祐楷，憲宗第十四子。封敍州，未就藩。弘治十六年薨。無子，封除。

孝宗二子。武宗、蔚王厚煒，俱張皇后生。

蔚悼王厚煒，孝宗次子，生三歲薨。追加封謚。

## 校勘記

〔一〕永樂二十二年十月封　十月，原作「九月」，據本書卷八仁宗紀、仁宗實錄卷三上永樂二十二年十月壬子條、國榷卷一八頁一二二七改。

〔二〕次盟津王見濍　盟津，原作「孟津」，據本書卷一一二英宗後紀、卷一〇七功臣世表、卷一七三石亨傳改。按下文亦作「盟津」。

〔三〕襄憲王瞻墡　襄憲王，原作「襄獻王」，據本書卷一〇三諸王世表、憲宗實錄卷一七四成化十四年正月己卯條、國榷卷三八頁二三九五改。「獻」字蒙上文「蘄獻王」、「謚莊獻」而誤。

〔四〕詔逮問長史楊轂　楊轂，明史稿傳五德莊王傳、世宗實錄卷一四一嘉靖十一年八月辛丑條都作「梁轂」。

〔五〕世子慈煇等皆遇害　慈煇，原作「慈輝」。按慈煇同輩之名末一字皆從「火」，作「輝」誤。據明史稿傳五崇王見澤傳改。

〔六〕武清侯石亨　武清侯，原作「石清侯」，據本書卷一二英宗後紀、卷一〇七功臣世表、卷一七三石亨傳改。

〔七〕憲宗第六子　第六子，當作「第四子」。文物一九七三年第三期江西南城出土益端王壙誌作「王諱祐檳，憲宗皇帝第四子」。

〔八〕正德元年以岐王世絕　正德元年，本書卷一〇四及明史稿表五諸王世表都作「弘治十七年」。

# 明史卷一百二十

## 列傳第八

### 諸王五

光宗諸子

簡王由㰒　齊王由楫　懷王由模

湘王由栩　惠王由櫍

熹宗諸子

懷沖太子慈然　悼懷太子慈焴　獻懷太子慈炅

莊烈帝諸子

太子慈烺　懷王慈烜　定王慈炯　永王慈炤

悼靈王慈煥　悼懷王

世宗八子。閻貴妃生哀沖太子載基。王貴妃生莊敬太子載壡。杜太后生穆宗。盧靖妃生景王載圳。江肅妃生潁王載𡒄。趙懿妃生戚王載𡐤。陳雍妃生薊王載壈。趙榮妃生均王載𡑚。

哀沖太子載基，世宗第一子。生二月而殤。

莊敬太子載壡，世宗第二子。嘉靖十八年，世宗將南巡，立爲皇太子，〔一〕甫四歲，命監國，以大學士夏言爲傅。尙書霍韜、郎中鄒守益獻東宮聖學圖册，疑爲謗訕，幾獲罪。帝既得方士段朝用，思習修攝術，諭禮部，具皇太子監國儀。太僕卿楊最諫，杖死，監國之議亦罷。贊善羅洪先、趙時春、唐順之請太子出閣，講學文華殿，皆削籍。太廟成，命太子攝祀。二十八年三月行冠禮，越二日薨。帝命與哀沖太子並建寢園，歲時祭祀，從諸陵後。

景恭王載圳，世宗第四子。嘉靖十八年册立太子，同日封穆宗裕王、載圳景王。其後太子薨，廷臣言裕王次當立。帝以前太子不永，遲之。晚信方士語，二王皆不得見。載圳旣與裕王並出邸，居處衣服無別。載圳年少，左右懷窺覬，語漸聞，中外頗有異論。四十年之國德安。居四年薨。帝謂大學士徐階曰：「此子素謀奪嫡，今死矣。」初，載圳之藩，多請莊田。部議給之。荆州沙市不在請中。中使責市租，知府徐學謨執不與，又取薪稅於漢陽之劉家塥，推官吳宗周持之，皆獲譴。其他土田湖陂侵入者數萬頃。王無子，歸葬西山，妃妾皆還居京邸，封除。

潁殤王載𡒊，世宗第五子。生未踰月殤。

戚懷王載𡑫，世宗第六子。

薊哀王載𡒄，世宗第七子。

均思王載堸，世宗第八子。三王俱未踰歲殤，追加封諡。

穆宗四子。李皇后生憲懷太子翊釴。孝定太后生神宗、潞王翊鏐。其靖王翊鈴，母氏無考。

憲懷太子翊釴，穆宗長子。生五歲殤，贈裕世子。隆慶元年追謚。

靖悼王翊鈴，穆宗第二子。生未踰年殤，贈藍田王。隆慶元年追加封謚。

潞簡王翊鏐，穆宗第四子。隆慶二年生，生四歲而封。萬曆十七年之藩衞輝。初，翊鏐以帝母弟居京邸，王店、王莊徧畿內。比之藩，悉以還官，遂以內臣司之。皇店、皇莊自此益侈。翊鏐居藩，多請贍田、食鹽，無不應者。其後福藩遂緣爲故事。明初，親王歲祿外，量給草場牧地，間有以廢壤河灘請者，多不及千頃。部臣得執奏，不盡從也。景王就藩時，賜予概裁省。楚地曠，多閒田，詔悉予之。景藩除，潞得景故籍田，多至四萬頃，部臣無以難。至福王常洵之國，版籍更定，民力益絀，尺寸皆奪之民間，海內騷然。論者推原事始，頗以翊鏐爲口實云。翊鏐好文，性勤飭，恒以歲入輸之朝，助工助邊無所惜，帝益善之。四十二年，皇太后哀問至，翊鏐悲慟廢寢食，未幾薨。

世子常淓幼，母妃李氏理藩事。時福王奏請，輒取中旨，帝於王妃奏，亦從中下，示無異同。部臣言：「王妃奏陳四事，如軍校月糧之當給發，義和店之預防侵奪，義所當許；至歲祿之欲先給，王莊之欲更設，則不當許。且於王無絲豪益，徒令邸中人日魚肉小民，飽私囊。將來本支千億，請索日頻，盡天府之版章，給王邸而不足也。」不報。四十六年，常淓嗣。崇禎中，流賊擾秦、晉、河北。常淓疏告急，言：「衞輝城卑土惡，請選護衞三千人助守，捐歲入萬金資餉，不煩司農。」朝廷嘉之。盜發王妃塚，常淓上言：「賊延蔓漸及江北，鳳、泗陵寢可虞，宜早行剿滅。」時諸藩中能急國難者，惟周、潞二王云。後賊躪中州，常淓流寓於杭。順治二年六月降於我大清。

神宗八子。王太后生光宗。鄭貴妃生福王常洵、沅王常治。周端妃生瑞王常浩。李貴妃生惠王常潤、桂王常瀛。其邠王常溆、永思王常溥，母氏無考。

邠哀王常溆，神宗第二子。生一歲殤。

福恭王常洵，神宗第三子。初，王皇后無子，王妃生長子，是爲光宗。常洵次之，母鄭貴妃最幸。帝久不立太子，中外疑貴妃謀立己子，交章言其事，竄謫相踵，而言者不止。帝深厭苦之。二十九年始立光宗爲太子，而封常洵福王，婚費至三十萬，營洛陽邸第至二十八萬，十倍常制。廷臣請王之藩者數十百奏。不報。至四十二年，始令就藩。

先是，海內全盛，帝所遣稅使、礦使遍天下，月有進奉，明珠異寶文毳錦綺山積，他搜括贏羨億萬計。至是多以資常洵。臨行出宮門，召還數四，期以三歲一入朝。下詔賜莊田四萬頃。所司力爭，常洵亦奏辭，得減半。中州腴土不足，取山東、湖廣田益之。又奏乞故大學士張居正所沒產，及江都至太平沿江荻洲雜稅，並四川鹽井榷茶銀以自益。伴讀、承奉諸官，假履畝爲名，乘傳出入河南北、齊、楚間，所至騷動。又請淮鹽千三百引，設店洛陽與民市。中使至淮、揚支鹽，乾沒要求輒數倍。而中州舊食河東鹽，以改食淮鹽故，禁非王肆所出不得鬻，河東引遏不行，邊餉由此絀。廷臣請改給王鹽於河東，且無與民市。弗聽。帝深居久，羣臣章奏率不省。獨福藩使通籍中左門，一日數請，朝上夕報可。四方姦人亡命，探風旨，走利如鶩。如是者終萬曆之世。

及崇禎時，常洵地近屬尊，朝廷尊禮之。常洵日閉閣飲醇酒，所好惟婦女倡樂。秦中流賊起，河南大旱蝗，人相食，民間藉藉，謂先帝耗天下以肥王，洛陽富於大內。援兵過洛者，喧言：「王府金錢百萬，而令吾輩枵腹死賊手。」南京兵部尚書呂維祺方家居，聞之懼，以利害告常洵，不爲意。十三年冬，李自成連陷永寧、宜陽。明年正月，參政王胤昌帥衆警備，總兵官王紹禹，副將劉見義、羅泰各引兵至。常洵召三將入，賜宴加禮。越數日，賊大至，攻城。常洵出千金募勇士，縋而出，用矛入賊營，賊稍却。夜半，紹禹親軍從城上呼賊相笑語，揮刀殺守堞者，燒城樓，開北門納賊。常洵縋城出，匿迎恩寺。翌日，賊跡而執之，遂遇害。兩承奉伏尸哭，賊捽之去。承奉呼曰：「王死某不願生，乞一棺收王骨，虀粉無所恨。」賊義而許之。桐棺一寸，載以斷車，兩人即其旁自縊死。王妃鄒氏及世子由崧走懷慶。賊火王宮，三日不絕。事聞，帝震悼，輟朝三日，令河南有司改殯。

十六年秋七月，由崧襲封，帝親擇宮中寶玉帶賜之。明年三月，京師失守，由崧與潞王常淓俱避賊至淮安。四月，鳳陽總督馬士英等迎由崧入南京。五月庚寅，稱監國。〔二〕以兵部尚書史可法、戶部尚書高弘圖及士英俱爲大學士，士英仍督鳳陽軍務。壬寅自立於南京，僞號弘光。史可法督師江北。召士英入，分淮、揚、鳳、廬爲四鎮，以總兵官黃得功、劉良佐、劉澤清、高傑領之。

由崧性闇弱，湛於酒色聲伎，委任士英及士英黨阮大鋮，擢至兵部尚書，巡閱江防。二人日以鬻官爵、報私憾爲事。事詳諸臣傳中。未幾，有王之明者，詐稱莊烈帝太子，下之獄。又有婦童氏，自稱由崧妃，亦下獄。於是中外譁然。明年三月，寧南侯左良玉舉兵武昌，〔三〕以救太子誅士英爲名，順流東下。阮大鋮、黃得功等帥師禦之。而我大清兵以是年五月己丑渡江。辛卯夜，由崧走太平，蓋趨得功軍也。壬辰，士英挾由崧母妃奔杭州。癸巳，由崧至蕪湖。丙申，大兵至南京城北，文武官出降。丙午，執由崧至南京。九月甲寅，以歸京師。

沅懷王常治，神宗第四子。生一歲殤。

瑞王常浩，神宗第五子。初，太子未立，有三王並封之旨，蓋謂光宗、福王及常浩也。尋以羣臣爭，遂寢。二十九年，東宮立，與福、惠、桂三王同日封。常洵以長，先之藩。常浩年已二十有五，尚未選婚。羣臣交章言，率不報，而日索部帑爲婚費，贏十八萬，藏宮中，且言冠服不能備。天啓七年之藩漢中。崇禎時，流寇劇，封地當賊衝。七年上書言：「臣託先帝骨肉，獲奉西藩，未期年而寇至。〔四〕比西賊再渡河，闌入漢興，破洵陽，逼興安，紫陽、平利、白河相繼陷沒。督臣洪承疇單騎裹甲出入萬山，賊始敗遁。臣捐犒軍振飢銀七千餘兩。此時撫臣練國事移兵商、洛，按臣范復粹馳赴漢中，近境稍寧。旣而鳳縣再陷，蜀賊入秦州，楚賊上興安。六月遂犯郡界，幸諸將憑江力拒，賊方稍退。臣在萬山絕谷中，賊四面至，覆亡無日。臣肺腑至親，藩封最僻，而於寇盜至迫，惟陛下哀憐。」常浩在宮中，衣服禮秩降等，好佛不近女色。及寇逼秦中，將吏不能救，乞師於蜀。總兵官侯良柱援之，遂奔重慶。隴西士大夫多挈家以從。十七年，張獻忠陷重慶，被執，遇害。時天無雲而雷者三，從死者甚衆。

惠王常潤，神宗第六子。福王之藩，內廷蓄積爲空。中官藉諸王冠婚，索部帑以實宮中，所需輒數十萬，珠寶稱是。戶部不能給。常潤與弟常瀛年二十，皆未選婚。其後兵事亟，始減殺成禮。天啓七年之藩荊州。崇禎十五年十二月，李自成再破夷陵、荊門，常潤走湘潭，自成入荊州據之。常潤之渡湘也，遇風於陵陽磯，宮人多漂沒，身僅以免，就吉王於長沙。十六年八月，張獻忠陷長沙，常潤走衡州，就桂王。衡州繼陷，與吉王、桂王走永州。巡按御史劉熙祚遣人護三王入廣西，以身當賊。永州陷，熙祚死之。

桂端王常瀛，神宗第七子。天啓七年之藩衡州。崇禎十六年，衡州陷，與吉、惠二王同走廣西，居梧州。

大清順治二年，大兵平江南，福王就擒。在籍尙書陳子壯等將奉常瀛監國，會唐王自立於福建，遂寢。是年，薨於蒼梧。

世子已先卒，次子安仁王由樱亦未幾卒。次由榔，崇禎時，封永明王。

三年八月，大兵取汀州，執唐王聿鍵。於是兩廣總督丁魁楚、廣西巡撫瞿式耜、巡按王化澄與舊臣呂大器等共推由榔監國。母妃王氏曰：「吾兒不勝此，願更擇可者。」魁楚等意益堅，合謀迎於梧。十月十四日監國肇慶，〔三〕以魁楚、大器、式耜爲大學士，餘授官有差。是月大兵取贛州，內侍王坤倉卒奉由榔仍走梧州，式耜等力爭，乃回肇慶。十一月，唐王弟聿鐭自閩浮海至粵。時閩舊臣蘇觀生撤兵奔廣州，與布政使顧元鏡、總兵官林察等謀立聿鐭，僞號紹武，與由榔相拒。是月由榔亦自立於肇慶，僞號永曆，遣兵部侍郎林佳鼎討聿鐭。會大兵由福建取廣州，執聿鐭，觀生自縊，祭酒梁朝鍾、太僕卿霍子衡等俱死。肇慶大震，王坤復奉由榔走梧州。

明年二月，由平樂、潯州走桂林。魁楚棄由榔，走岑溪，降於大軍。既而平樂不守，由榔大恐。會武岡總兵官劉承胤以兵至全州，王坤請赴之。式耜力諫。不聽。乃以式耜及總兵官焦璉留守桂林，封陳邦傳爲思恩侯，〔六〕守昭平，遂趨承胤軍中。三月封承胤安國公，錦衣指揮馬吉翔等爲伯。承胤挾由榔歸武岡，改曰奉天府，政事皆決焉。

是時，長沙、衡、永皆不守，湖廣總督何騰蛟與侍郎嚴起恒走白牙市。六月，由榔遣官召騰蛟至，密使除承胤，顧承胤勢盛，騰蛟復還白牙。大兵由寶慶趨武岡，馬吉翔等挾由榔走靖州，承胤舉城降。由榔又奔柳州。道出古泥，總兵官侯性、太監龐天壽帥舟師來迎。會天雨飢餓，性供帳甚備。九月，土舍覃鳴珂作亂，大掠城中，矢及由榔舟。先是，大兵趨桂林，焦璉拒守甚力，又廣州有警，大兵東向，桂林稍安。既而湖南十三鎮將郝永忠、盧鼎等俱奔赴桂林，騰蛟亦至，與式耜議分地給諸將，使各自爲守。璉已先復陽朔、平樂，陳邦傳復潯州，合兵復梧州，廣西全省略定。十二月，由榔返桂林。

五年二月，大兵至靈川，郝永忠潰於興安，奔還，挾由榔走柳州。大兵攻桂林，式耜、騰蛟拒戰。時南昌金聲桓等叛，降於由榔。八月，由榔至肇慶。六年春，大兵下湘潭，何騰蛟死。明年，由榔走梧州。是年十二月，大兵入桂林，瞿式耜及總督張同敞死焉。由榔聞報大懼，自梧州奔南寧。時孫可望已據滇、黔，受封爲秦王。八年三月，遣兵來衞，殺嚴起恒等。

九年二月，可望迎由榔入安隆所，改曰安龍府。久之，日益窮促，聞李定國與可望有隙，遣使密召定國，以兵來迎。馬吉翔黨於可望，偵知之，大學士吳貞毓以下十餘人皆被殺。事詳貞毓傳。後二年，李定國敗於新會，將由安隆入滇。可望患之，促由榔移貴陽就己。由榔故遲行。定國至，遂奉由榔由安南衞走雲南，居可望署中，封定國晉王。可望以妻子在滇，未敢動。明年，由榔送其妻子還黔，遂舉兵與定國戰於三岔。可望將白文選單騎奔定國軍。可望敗，挈妻子赴長沙大軍前降。

十五年三月，大兵三路入雲南。定國阨雞公背，斷貴州道，別將守七星關，抵生界立營，以牽蜀師。大兵出遵義，由水西取烏撒，守將棄關走，李定國連敗於安隆，由榔走永昌。

明年正月三日，大兵入雲南，由榔走騰越。定國敗於潞江，又走南甸。二十六日，抵囊木河，是爲緬境。緬勒從官盡棄兵仗，始啓關，至蠻莫。二月，緬以四舟來迎，從官自覓舟，隨行者六百四十餘人，陸行者自故岷王子而下九百餘人，期會於緬甸。十八日至井亘。黔國公沐天波等謀奉由榔走戶、獵二河，不果。五月四日，緬復以舟來迎。明日，發井亘，行三日，至阿瓦。阿瓦者，緬酋所居城也。又五日至赭硜。陸行者緬人悉掠爲奴，多自殺。惟岷王子八十餘人流入暹羅。緬人於赭硜置草屋居由榔，遣兵防之。

十七年，定國、文選與緬戰，索其主，連敗緬兵，緬終不肯出由榔。十八年五月，緬酋弟莽猛白代立，紿從官渡河盟。既至，以兵圍之，殺沐天波、馬吉翔、王維恭、魏豹等四十有二人，詳任國璽傳。存者由榔與其屬二十五人。十二月，大兵臨緬，白文選自木邦降，定國走景線，緬人以由榔父子送軍前。明年四月，死於雲南。六月，李定國卒，其子嗣興等降。

永思王常溥，神宗第八子。生二歲殤。

光宗七子。王太后生熹宗、簡王由㰒。王選侍生齊王由楫。李選侍生懷王由模。劉太后生莊烈皇帝。定懿妃生湘王由栩。敬妃生惠王由橏。

簡懷王由欅，光宗第二子。生四歲殤。齊思王由楫，光宗第三子。生八歲殤。懷惠王由模，光宗第四子。生五歲殤。湘懷王由栩，光宗第六子。惠昭王由橏，光宗第七子。俱早殤。五王皆追加封諡。

熹宗三子。懷沖太子慈然，不詳其所生母。皇貴妃范氏生悼懷太子慈焴。容妃任氏生獻懷太子慈炅。

懷沖太子慈然，熹宗第一子。悼懷太子慈焴，熹宗第二子。獻懷太子慈炅，熹宗第三子。與懷沖、悼懷皆殤。

莊烈帝七子。周皇后生太子慈烺、懷隱王慈烜、定王慈炯。田貴妃生永王慈炤、悼靈王慈煥、悼懷王及皇七子。

太子慈烺，莊烈帝第一子。崇禎二年二月生，三年二月立爲皇太子。〔七〕十年預擇東宮侍班講讀官，命禮部尚書姜逢元，詹事姚明恭，少詹王鐸、屈可伸侍班；禮部侍郎方逢年，諭德項煜，修撰劉理順，編修吳偉業、楊廷麟、林曾志講讀；編修胡守恒、楊士聰校書。十一年二月，太子出閣。十五年正月開講，閣臣條上講儀。七月改慈慶宮爲端本宮。慈慶，懿安皇后所居也。時太子年十四，議明歲選婚，故先爲置宮，而移懿安后於仁壽殿。既而以寇警暫停。京師陷，賊獲太子，僞封宋王。及賊敗西走，太子不知所終。由崧時，有自北來稱太子者，驗之，以爲駙馬都尉王昺孫王之明者僞爲之，繫獄中，南京士民譁然不平。袁繼咸及劉良佐、黃得功輩皆上疏爭。左良玉起兵亦以救太子爲名。一時眞僞莫能知也。由崧既奔太平，南京亂兵擁王之明立之。越五日，降於我大淸。

懷隱王慈烜，莊烈帝第二子。殤。

定王慈炯，莊烈帝第三子。崇禎十四年六月諭禮臣：「朕第三子，年已十齡，敬遵祖制，宜加王號。但既受册封，必具冕服，而會典開載，年十二或十五始行冠禮。十齡受封加冠，二禮可並行乎？」於是禮臣歷考經傳及本朝典故以奏。定於是歲册封，越二年行冠禮。九月封爲定王。十一月選新進士爲檢討，國子助教等官爲待詔，充王講讀官，以兩殿中書充侍書。十七年，京師陷，不知所終。

永王慈炤，莊烈帝第四子。崇禎十五年三月封永王。賊陷京師，不知所終。

悼靈王慈煥，莊烈帝第五子。生五歲而病，帝視之，忽云：「九蓮菩薩言，帝待外戚薄，將盡殤諸子。」遂薨。九蓮菩薩者，神宗母，孝定李太后也。太后好佛，宮中像作九蓮座，故云。帝念王靈異，封爲孺孝悼靈王玄機慈應眞君，命禮臣議孝和皇太后、莊妃、懿妃道號。禮科給事中李焻言：「諸后妃，祀奉先殿，不可崇邪教以亂徽稱。」不聽。十六年十二月，改封宣顯慈應悼靈王，去「眞君」號。

悼懷王，莊烈帝第六子，生二歲殤。第七子，生三歲殤。名俱無考。

贊曰：有明諸藩，分封而不錫土，列爵而不臨民，食祿而不治事。蓋矯枉鑒覆，所以杜漢、晉末大之禍，意固善矣。然徒擁虛名，坐糜厚祿，賢才不克自見，知勇無所設施。防閑過峻，法制日增。出城省墓，請而後許，二王不得相見。藩禁嚴密，一至於此。當太祖時，宗藩備邊，軍戎受制，贊儀疎屬，且令遍歷各國，使通親親。然則法網之繁，起自中葉，豈太祖衆建屏藩初計哉！

## 校勘記

〔一〕嘉靖十八年世宗將南巡立爲皇太子　十八年，原脫「十」字。按載壡立爲皇太子及世宗南巡，都在嘉靖十八年，見本書卷一七世宗紀、世宗實録卷二二一嘉靖十八年二月庚子條，據補。

〔二〕五月庚寅稱監國　原脱「五月」二字，而繫于四月下。按四月戊午朔，不得有庚寅日。本書卷二七四史可法傳、國榷卷一〇一頁六〇八二都作「五月」，據補。

〔三〕寧南侯左良玉舉兵武昌　寧南侯，原作「南寧侯」，據本書卷二七三左良玉傳、明史稿傳六下福王由崧傳改。

〔四〕未期年而寇至　期年，原作「幾年」。按常浩於天啓七年至漢中，第二年是崇禎元年，農民起義軍入略陽，逼漢中。明史稿傳六瑞王常浩傳作「期年」，是，據改。

〔五〕十月十四日監國肇慶　十月十四日，本書卷二八〇瞿式耜傳作「十月十日」疑是。明季南略卷一二作「十月初十日監國，十四日丙戌即皇帝位」。

〔六〕封陳邦傳爲思恩侯　陳邦傳，原作「陳邦傅」，據本書卷二七九朱天麟傳、楊畏知傳、吴貞毓傳附李如月傳、卷二八〇瞿式耜傳、明史稿傳六下桂恭王常瀛傳改。

〔七〕三年二月立爲皇太子　二月，原作「九月」，據本書卷二三莊烈帝紀、懷宗實録卷三崇禎三年二月庚申條、國榷卷九一頁五五一八改。

# 明史卷一百二十一

## 列傳第九

### 公主

明制，皇姑曰大長公主，皇姊妹曰長公主，皇女曰公主，俱授金册，祿二千石，壻曰駙馬都尉。親王女曰郡主，郡王女曰縣主，孫女曰郡君，曾孫女曰縣君，玄孫女曰鄉君，壻皆儀賓。郡主祿八百石，餘遞減有差。郡主以下，恩禮既殺，無足書者。今依前史例，作公主傳，而駙馬都尉附焉。

仁祖二女　太祖十六女 福成慶陽二主附　興宗四女

成祖五女　仁宗七女　宣宗二女　英宗八女　景帝一女

憲宗五女　孝宗三女　睿宗二女　世宗五女　穆宗六女

神宗十女　光宗九女　熹宗二女　莊烈帝六女

仁祖二女。

太原長公主，淳皇后所生，嫁王七一，早卒。洪武三年追册，并贈七一榮祿大夫駙馬都尉，遣使具衣冠改葬於盱眙。

曹國長公主，太原主母妹，嫁李貞。主性純孝，助貞理家尤勤儉，早卒。貞攜子文忠避兵，依太祖於滁陽。洪武元年二月追册主爲孝親公主，封貞恩親侯駙馬都尉。先是，兵亂，主未葬，命有司具禮葬於李氏先墓。詔曰：「公主祠堂碑亭，其制悉視功臣之贈爵爲王者。」三年改册主隴西長公主。五年，以文忠貴，加册曹國長公主，并進貞右柱國曹國公。貞性孝友恭謹。初，文忠守嚴州，屢以征伐事出，皆委貞權掌軍務。文忠克桐廬，以所俘卒送嚴。嚴城空虛，俘卒謀叛去。貞饗其衆，醉而縛之，以歸應天。太祖嘉之，累授官如子爵，賜甲第西華門玄津橋之西。帝數臨幸，太子諸王時往起居，親重無與比。晚歲尤折節謙抑，嘗曰：「富貴而忘貧賤，君子不爲也。」十二年冬卒。贈隴西王，謚恭獻。文忠自有傳。

太祖十六女。

臨安公主，洪武九年下嫁李祺，韓國公善長子也。是時始定公主婚禮，先期賜駙馬冠誥並朝服，儀從甚盛。主執婦道甚備。祺，功臣子，帝長壻，頗委任之。四方水旱，每命祺往振濟。二十三年，善長坐事死。祺已前卒，主至永樂十九年薨。

寧國公主，孝慈皇后生。洪武十一年下嫁梅殷。殷字伯殷，汝南侯思祖從子也，天性恭謹，有謀略，便弓馬。太祖十六女諸駙馬中，尤愛殷。時李文忠以上公典國學，而殷視山東學政，賜敕褒美，謂殷精通經史，堪爲儒宗。當世皆榮之。

帝春秋高，諸王强盛。殷嘗受密命輔皇太孫。及燕師日逼，惠帝命殷充總兵官鎭守淮安，悉心防禦，號令嚴明。燕兵破何福軍，執諸將平安等，遣使假道於殷，以進香爲名。殷答曰：「進香，皇考有禁，不遵者爲不孝。」王大怒，復書言：「今興兵誅君側惡，天命有歸，非人所能阻。」殷割使者耳鼻縱之，曰：「留汝口爲殿下言君臣大義。」王爲氣沮。而鳳陽守徐安亦拆浮橋，絕舟檝以遏燕。燕兵乃涉泗，出天長，取道揚州。王卽帝位，殷尚擁兵淮上，帝迫公主齧血爲書投殷。殷得書慟哭，乃還京。既入見，帝迎勞曰：「駙馬勞苦。」殷曰：「勞而無功耳。」帝默然。

永樂二年，都御史陳瑛奏殷畜養亡命，與女秀才劉氏朋邪詛咒。帝曰：「朕自處之。」因諭戶部考定公、侯、駙馬、伯儀仗從人之數，而別命錦衣衞執殷家人送遼東。明年冬十月，殷入朝，前軍都督僉事譚深、錦衣衞指揮趙曦擠殷笪橋下，溺死，以殷自投水聞。都督同知許成發其事。帝怒，命法司治深、曦罪，斬之，籍其家。遣官爲殷治喪，謚榮定，而封許成爲永新伯。

初，公主聞殷死，謂上果殺殷，牽衣大哭，問駙馬安在。帝曰：「爲主跡賊，無自苦。」尋官殷二子，順昌爲中府都督同知，景福爲旗手衞指揮使，賜公主書曰：「駙馬殷雖有過失，兄以至親不問。比聞溺死，兄甚疑之。都督許成來首，已加爵賞，謀害之人悉置重法，特報妹知之。」瓦剌灰者，降人也，事殷久，謂深、曦實殺殷，請於帝，斷二人手足，剖其腸祭殷，遂自經死。十二月進封公主爲寧國長公主。宣德九年八月薨，年七十一。

初，主聞成祖舉兵，貽書責以大義。不答。成祖至淮北，貽主書，命還居太平門外，勿罹兵禍。主亦不答。然成祖故重主，即位後，歲時賜與無算，諸王莫敢望。殷孫紳，成化中舉進士，知定遠縣，忤上官，棄歸。襲武階，爲中都副留守。

崇寧公主，洪武十七年下嫁牛城，未幾薨。

安慶公主，寧國主母妹。洪武十四年下嫁歐陽倫。倫頗不法。洪武末，茶禁方嚴，數遣私人販茶出境，所至繹騷，雖大吏不敢問。有家奴周保者尤橫，輒呼有司科民車至數十

子也。

輛。過河橋巡檢司，擅捶辱司吏。吏不堪，以聞。帝大怒，賜倫死，保等皆伏誅。

汝寧公主，洪武十五年與懷慶、大名二主先後下嫁，而主下嫁陸賢，〔一〕吉安侯仲亨子也。

懷慶公主，母成穆孫貴妃。下嫁王寧。寧，壽州人，既尚主，掌後軍都督府事。建文中，嘗洩中朝事於燕，籍其家，繫錦衣衞獄。成祖卽位，稱寧孝於太祖，忠於國家，正直不阿，橫遭誣搆，封永春侯，予世券。寧能詩，頗好佛。嘗侍帝燕語，勸帝誦佛經飯僧，爲太祖資福。帝不懌，自是恩禮漸衰。久之，坐事下獄，見原，卒。子貞亮，官羽林前衞僉事，先寧卒。宣德十年，貞亮子彝援詔書言公主嫡孫當嗣侯，不許，命以衞僉事帶俸，奉主祀。寧又有子貞慶，工詩，與劉溥等稱「十才子」。

大名公主，下嫁李堅。堅，武陟人。父英，洪武初爲驍騎右衞指揮僉事。從征雲南陣沒，贈指揮使。堅有才勇，既尚主，掌前軍都督府事。建文初，以左副將軍從伐燕。及戰，勝負略相當，封灤城侯，予世券。滹沱河之戰，燕卒薛祿刺堅墮馬被擒，械送北平，道卒。子莊年七歲，嗣侯。成祖卽位，莊父姓名在姦黨中，以主故獲宥。主懼禍，遂納侯誥券。宣德元年，主薨。莊在南京師事劉溥，放浪詩酒，以壽終。

福淸公主，母鄭安妃。洪武十八年下嫁張麟，鳳翔侯龍子也。麟未嗣侯卒。永樂十五年，主薨。

壽春公主，洪武十九年下嫁傅忠，潁國公友德子也。先是，九年二月定制：公主未受封者，歲給紵絲紗絹布線；已封，賜莊田一區，歲徵租一千五百石，鈔二千貫。主爲太祖所愛，賜吳江縣田一百二十餘頃，皆上腴，歲入八千石，踰他主數倍。二十一年薨，賜明器儀仗以葬。

十公主，早薨。

南康公主，洪武二十一年下嫁胡觀，東川侯海子也。海嘗以罪奪祿田。及觀尙主，詔給田如故。觀初在選中，帝命黃巖、徐宗實敎之。既婚，督課益嚴，又爲書數千言，引古義相戒勸。觀執弟子禮甚恭。太祖爲大喜。建文三年，觀從李景隆北征，爲燕兵所執。永樂初，奉使晉府還，科道官劾觀僭乘晉王所賜樓輿。詔姑宥之。已，都御史陳瑛等劾觀强取民間子女，又娶娼爲妾，且言：「預知李景隆逆謀，陛下曲加寬宥，絕無悛心，宜正其罪。」遂罷觀朝請，尋自經死。宣德中，主爲子忠乞嗣，詔授孝陵衞指揮僉事，進同知。正統三年，主薨。

永嘉公主，母郭惠妃。洪武二十二年下嫁郭鎭，武定侯英子也。英卒，鎭不得嗣。宣德十年，主乞以子珍嗣，語在英傳。景泰六年，主薨。世宗卽位，元孫勛有寵，爲主乞追謚，特賜諡貞懿。

十三公主，早薨。

含山公主，母高麗妃韓氏。洪武二十七年下嫁尹清。建文初，清掌後府都督事，先主卒。主至天順六年始薨，年八十有二。

汝陽公主，永嘉主同母妹，與含山主同年下嫁謝達。達父彥，鳳陽人，少育於孫氏，冒其姓。數從征討有功，累官前軍都督僉事，詔復謝姓，選其子尙主。仁宗卽位，主以屬尊，與寧國、懷慶、大名、南康、永嘉、含山、寶慶七主皆進稱大長公主。自後諸帝卽位，公主進封長公主、大長公主皆如制。

寶慶公主，太祖最幼女，下嫁趙輝。輝父和以千戶從征安南陣沒，輝襲父官。先是，成祖卽位，主甫八歲，命仁孝皇后撫之如女。永樂十一年，輝以千戶守金川門，年二十餘，狀貌偉麗，遂選以尙主。主旣爲后所撫，裝齎視他主倍渥，婚夕特詔皇太子送入邸。主性純淑，宣德八年薨。輝至成化十二年始卒。凡事六朝，歷掌南京都督及宗人府事。家故豪侈，姬妾至百餘人，享有富貴者六十餘年，壽九十。

福成公主，南昌王女，母王氏。嫁王克恭。克恭嘗爲福建行省參政，後改福州衞指揮使。

慶陽公主，蒙城王女，嫁黃琛。琛本名寶，武昌人，以帳前參隨舍人擢兵馬副指揮。太祖愛其謹厚，配以王女。累從征討，積功至龍江翼守禦千戶。洪武元年册兩王女爲公主，授克恭、琛爲駙馬都尉，遷琛淮安衞指揮使。四年三月，禮官上言：「皇姪女宜改封郡主，克恭、琛當上駙馬都尉誥。」帝曰：「朕惟姪女二人，不忍遽加降奪，其稱公主駙馬如故。」公主歲給祿米五百石，視他主減三之二，駙馬止食本官俸。擢琛中都留守，卒官。子鉉至都督僉事。主至建文時，改封慶成郡主。燕師南下，主嘗詣軍中議和，蓋成祖從姊。或謂福成、慶陽皆太祖從姊者，誤也。

興宗四女。

江都公主，洪武二十七年下嫁耿璿，長興侯炳文子也。累官前軍都督僉事。主爲懿文太子長女。初稱江都郡主，建文元年進公主，璿爲駙馬都尉。炳文之伐燕也，璿嘗勸直搗北平。會炳文罷歸，謀不用。永樂初，稱疾不出，坐罪死。主復降爲郡主，憂卒。

宜倫郡主，永樂十五年下嫁于禮。

三女，無考。

南平郡主，未下嫁，永樂十年薨，追册。

成祖五女。

永安公主，下嫁袁容。容，壽州人，父洪以開國功，官都督。洪武二十八年選容爲燕府儀賓，配永安郡主。燕兵起，有戰守功。永樂元年進郡主爲公主，容駙馬都尉；再論功，封廣平侯，祿一千五百石，予世券。凡車駕巡幸，皆命容居守。

初，都指揮欵台乘馬過容門，容怒其不下，箠之幾死。帝聞之，賜趙王高燧書曰：「自洪武來，往來駙馬門者，未聞令下馬也。昔晉王敦爲駙馬，縱恣暴橫，卒以滅亡。汝其以書示容，令械辱欵台之人送京師。」容由是斂戢。

十五年，主薨，停容侯祿。宣宗卽位，復故。卒，贈沂國公，謚忠穆。子禎嗣，〔三〕卒，無子。庶弟瑄，正統初乞嗣。帝曰：「容封以公主恩，禎嗣以公主子。瑄庶子，可長陵衞指揮僉事。」天順元年詔復侯爵，卒。弟琇，成化十五年嗣，卒。姪輅乞嗣侯，言官持不可。帝曰：「詔書許子孫嗣。輅，容孫也，輅後毋嗣，仍世衞僉事。」輅卒，子夔，弘治間乞嗣侯。不許。

永平公主，下嫁李讓。讓，舒城人，與袁容同歲選爲燕府儀賓。燕兵起，帥府兵執謝貴等，取大寧，戰白溝河有功，署掌北平布政司事，佐仁宗居守。其父申，官留守左衞指揮同知。惠帝欲誘致讓，曰：「讓來，吾宥爾父。」讓不從，力戰破平安兵。帝遂殺申，籍其家，姻族皆坐死或徙邊。永樂元年進讓駙馬都尉，封富陽侯，食祿千石，掌北京行部事。卒，贈景國公，謚恭敏。子茂芳嗣侯。仁宗卽位，以茂芳母子在先帝時有逆謀，廢爲庶人，追奪其父讓幷三代誥劵毀之。是年，茂芳死。正統九年，主薨。天順元年詔與茂芳子輿伯爵，卒。成化間，授輿子欽長陵衞指揮僉事。

安成公主，文皇后生。成祖卽位，下嫁宋琥，西寧侯晟子也。正統八年，主薨。

咸寧公主，安成主同母妹。永樂九年下嫁宋瑛，琥弟也。襲西寧侯。正統五年，主薨。十四年，瑛與武進伯朱冕禦也先於陽和，戰死。

常寧公主，下嫁沐昕，西平侯英子。主恭愼有禮，通孝經、女則。永樂六年薨，〔三〕年二十二。

仁宗七女。

嘉興公主，昭皇后生。宣德三年下嫁井源。正統四年薨。後十年，源死土木之難。
慶都公主，宣德三年下嫁焦敬。正統五年薨。
清河公主，宣德四年下嫁李銘。八年薨。
眞定公主，母李賢妃，與清河主同年下嫁王誼。景泰元年薨。
德安公主，早薨。仁宗卽位之十月，與蘄王瞻埈同日追封，謚悼簡。册辭謂第四女，蓋早殤，名次未定也。又五女延平公主，六女德慶公主，俱未下嫁薨。

宣宗二女。

順德公主，正統二年下嫁石璟。璟，昌黎人。天順五年，曹欽反，璟帥衆殺賊，擒其黨脫脫。詔獎勞。成化十四年奉祀南京，踰年卒。
常德公主，章皇后生。正統五年下嫁薛桓。成化六年薨。

英宗八女。

重慶公主，與憲宗同母。天順五年下嫁周景。景字德彰，安陽人，好學能書。英宗愛之，閒燕遊幸多從。憲宗立，命掌宗人府事。居官廉愼，詩書之外無所好。主事舅姑甚孝，衣履多手製，歲時拜謁如家人禮。景每早朝，主必親起視飲食。主之賢，近世未有也。弘治八年，景卒。又四年，主薨，年五十四。子賢歷官都指揮僉事，有聲。

嘉善公主，母王惠妃。成化二年下嫁王增，〔四〕兵部尚書驥孫也。弘治十三年薨。

淳安公主，成化二年下嫁蔡震。震行醇謹。正德中，劉瑾下獄，詔廷訊。有問者，瑾輒指其人附己，廷臣無敢詰。震厲聲曰：「我皇家至戚，應不附爾！」趣獄卒考掠之，瑾乃服罪，以是知名。嘉靖中卒，贈太保，謚康僖。

崇德公主，母楊安妃。成化二年下嫁楊偉，興濟伯善孫也。弘治二年薨。

廣德公主，母萬宸妃。成化八年下嫁樊凱。二十年八月薨。

宜興公主，母魏德妃。成化九年下嫁馬誠。正德九年薨。

隆慶公主，母高淑妃。成化九年下嫁游泰。十五年薨。

嘉祥公主，母妃劉氏。成化十三年下嫁黃鏞。後六年薨。

景帝一女。

固安公主，英宗復辟，降稱郡主。成化時，年已長，憲宗以閣臣奏，五年十一月下嫁王憲。禮儀視公主，以故尚書蹇義賜第賜之。

憲宗五女。

仁和公主，弘治二年下嫁齊世美。嘉靖二十三年薨。

永康公主，弘治六年下嫁崔元。元，代州人，世宗入繼，以迎立功封京山侯，給誥券。禮部言：「奉迎乃臣子之分，遽膺封爵，無故事。」帝曰：「永樂初年，太宗入繼大統，駙馬都尉王寧以翊戴功封永春侯，何得言無故事。」給事中底蘊、御史高越等連章論其不可。皆不聽。已，坐張延齡事下詔獄，尋釋。元好交文士，播聲譽，寵幸優渥，勳臣戚畹莫敢望焉。嘉靖二十八年卒。贈左柱國太傅兼太子太傅，謚榮恭。駙馬封侯贈官不以軍功自元始。主先元薨。

德清公主，弘治九年下嫁林岳。岳字鎮卿，應天人，少習舉子業，奉母孝，撫弟巒極友愛。主亦有賢行，事姑如齊民禮。岳卒於正德十三年，主孀居三十一年始薨。

長泰公主，成化二十三年薨，追册。

仙遊公主，弘治五年薨，追册。

孝宗三女。

太康公主，弘治十一年薨，未下嫁。

永福公主，嘉靖二年下嫁鄔景和。景和，崑山人，嘗奉旨直西苑，撰玄文，以不諳玄理辭。帝不悅。時有事清馥殿，在直諸臣俱行祝釐禮，景和不俟禮成而出。已而賞賚諸臣，景和與焉。疏言：「無功受賞，懼增罪戾。乞容辭免，俾洗心滌慮，以效他日馬革裹尸、啣環結草之報。」帝大怒，謂詛咒失人臣禮，削職歸原籍，時主已薨矣。三十五年入賀聖誕畢，因言：「臣自五世祖寄籍錦衣衞，世居北地。今被罪南徙，不勝犬馬戀主之私。扶服入賀，退而私省公主墳墓，丘封翳然，荆棘不剪。臣切自念，狐死尚正首丘，臣託命貴主，獨與逝者魂魄相弔於數千里外，不得春秋祭掃，拊心傷悔，五內崩裂。臣之罪重，不敢祈恩，惟陛下幸哀故主，使得寄籍原衞，長與相依，死無所恨。」帝憐而許之。隆慶二年復官。卒贈少保，謚榮簡。

永淳公主，下嫁謝詔。

睿宗二女。

長寧公主，早薨。善化公主，早薨。嘉靖四年，二主同日追册。

世宗五女。

常安公主，未下嫁。嘉靖二十八年薨，追册。

思柔公主，後常安主二月薨，年十二，追册。

寧安公主，嘉靖三十四年下嫁李和。

歸善公主，嘉靖二十三年薨，追册，葬祭視太康主。

嘉善公主，嘉靖三十六年下嫁許從誠。四十三年薨。

穆宗六女。

蓬萊公主，早薨。

太和公主，早薨。隆慶元年與蓬萊主同日追册。

壽陽公主，萬曆九年下嫁侯拱辰。〔五〕國本議起，拱辰掌宗人府，亦具疏力爭。卒贈太傅，謚榮康。

永寧公主，下嫁梁邦瑞。萬曆三十五年薨。

瑞安公主，神宗同母妹。萬曆十三年下嫁萬煒。崇禎時，主累加大長公主。所產子及庶子長祚、弘祚皆官都督。煒官至太傅，管宗人府印。嘗以親臣侍經筵，每文華進講，佩刀入直。李建泰西征，命煒以太牢告廟，年七十餘矣。國變，同子長祚死於賊。弘祚投水死，長祚妻李氏亦赴井死。

延慶公主，萬曆十五年下嫁王昺。昺嘗救御史劉光復，觸帝怒，削職。光宗立，復官。

神宗十女。

榮昌公主，萬曆二十四年下嫁楊春元。四十四年，春元卒。久之，主薨。

壽寧公主，二十七年下嫁冉興讓。主爲神宗所愛，命五日一來朝，恩澤異他主。崇禎時，洛陽失守，莊烈帝命興讓同太監王裕民、給事中葉高標往慰福世子於河北。都城陷，興讓死於賊。

靜樂、雲和、雲夢、靈丘、仙居、泰順、香山、天台八公主，皆早世，追册。

光宗九女。

懷淑公主，七歲而薨，追册。餘五女皆早世，未封。

寧德公主，下嫁劉有福。

遂平公主，天啓七年下嫁齊贊元。崇禎末，贊元奔南京，主前薨。

樂安公主，下嫁鞏永固。永固，字洪圖，宛平人，好讀書，負才氣。崇禎十六年二月，帝召公、侯、伯於德政殿，言：「祖制，勳臣駙馬入監讀書，習武經弓馬。諸臣各有子弟否？」成國公朱純臣、定國公徐允禎等皆以幼對。而永固獨上疏，請肄業太學。帝褒答之。總督趙光抃以邊事繫獄，特疏申救。又請復建文皇帝廟謚。事雖未行，時論韙焉。甲申春，賊破宣、大，李邦華請太子南遷，爲異議所格。及事急，帝密召永固及新樂侯劉文炳護行。叩頭言：「親臣不藏甲，臣等難以空手搏賊。」皆相向涕泣。十九日，都城陷。時公主已薨，未葬，永固以黃繩縛子女五人繫柩旁，曰：「此帝甥也，不可汙賊手。」舉劍自刎，闔室自焚死。

熹宗二女。皆早世。

莊烈帝六女。

坤儀公主，周皇后生。追謚。

長平公主，年十六，帝選周顯尚主。將婚，以寇警暫停。城陷，帝入壽寧宮，主牽帝衣哭。帝曰：「汝何故生我家！」以劍揮斫之，斷左臂；又斫昭仁公主於昭仁殿。越五日，長平主復甦。大清順治二年上書言：「九死臣妾，跼蹐高天，願髡緇空王，稍申罔極。」詔不許，命顯復尚故主，土田邸第金錢車馬錫予有加。主涕泣。踰年病卒。賜葬廣寧門外。

餘三女，皆早世，無考。

## 校勘記

〔一〕而主下嫁陸賢　陸賢，原作「陸賈」，據明史稿傳七汝寧公主傳、國榷卷首之一頁一〇改。

〔二〕子禎嗣　禎，原作「貞」，據下文及本書卷一〇六功臣世表、明史稿傳七永安公主傳改。

〔三〕永樂六年薨　永樂，原作「正統」，據太宗實錄卷五五永樂六年三月戊午條改。

〔四〕成化二年下嫁王增　王增，本書卷一七一王驥傳作「王添」。

〔五〕萬曆九年下嫁侯拱辰　侯拱辰，本書卷一一三六江東之傳、國榷卷首之一頁一六都作「侯拱宸」。

# 明史卷一百二十二

## 列傳第十

### 郭子興　韓林兒

郭子興，其先曹州人。父郭公，少以日者術遊定遠，言禍福輒中。邑富人有瞽女無所歸，郭公乃娶之，家日益饒。生三子，子興其仲也。始生，郭公卜之吉。及長，任俠，喜賓客。會元政亂，子興散家資，椎牛釃酒，與壯士結納。至正十二年春，集少年數千人，襲據濠州。太祖往從之。門者疑其諜，執以告子興。子興奇太祖狀貌，解縛與語，收帳下，爲十夫長，數從戰有功。子興喜，其次妻小張夫人亦指目太祖曰：「此異人也。」乃妻以所撫馬公女，是爲孝慈高皇后。

始，子興同起事者孫德崖等四人，與子興而五，各稱元帥不相下。四人者粗而戇，日剽掠，子興意輕之。四人不悅，合謀傾子興。子興以是多家居不視事。太祖乘閒說曰：「彼日益合，我益離，久之必爲所制。」子興不能從也。

元師破徐州，徐帥彭大、趙均用帥餘衆奔濠。德崖等以其故盜魁有名，乃共推奉之，使居己上。大有智數，子興與相厚而薄均用。於是德崖等譖諸均用曰：「子興知有彭將軍耳，不知有將軍也。」均用怒，乘間執子興，幽諸德崖家。太祖自他部歸，大驚，急帥子興二子訴於大。大曰：「吾在，孰敢魚肉而翁者。」與太祖偕詣德崖家，破械出子興，挾之歸。元師圍濠州，乃釋故憾，共城守五閱月。圍解，大、均用皆自稱王，而子興及德崖等爲元帥如故。未幾，大死，子早住領其衆。均用專狠益甚，挾子興攻盱眙、泗州，將害之。太祖已取滁，乃遣人說均用曰：「大王窮迫時，郭公開門延納，德至厚也。大王不能報，反聽細人言圖之，自剪羽翼，失豪傑心，竊爲大王不取。且其部曲猶衆，殺之得無悔乎。」均用聞太祖兵甚盛，心憚之，太祖又使人賂其左右，子興用是得免，乃將其所部萬餘就太祖於滁。

子興爲人梟悍善鬬，而性悻直少容。方事急，輒從太祖謀議，親信如左右手。事解，即信讒疏太祖。太祖左右任事者悉召之去，稍奪太祖兵柄。太祖事子興愈謹。將士有所獻，孝慈皇后輒以貽子興妻。子興至滁，欲據以自王。太祖曰：「滁四面皆山，舟楫商旅不通，非可旦夕安者也。」子興乃已。及取和州，子興命太祖統諸將守其地。德崖饑，就食和境，求駐軍城中，太祖納之。有讒於子興者。子興夜至和，太祖來謁，子興怒甚，不與語。太祖曰：「德崖嘗困公，宜爲備。」子興默然。德崖聞子興至，謀引去。前營已發，德崖方留視後軍，而其軍與子興軍鬬，多死者。子興執德崖，太祖亦爲德崖軍所執。子興聞之，大驚，立遣徐達往代太祖，縱德崖還。德崖軍釋太祖，達亦脫歸。子興憾德崖甚，將甘心焉，以太祖故强釋之，邑邑不樂。未幾，發病卒，歸葬滁州。

子興三子。長子前戰死，次天敍、天爵。子興死，韓林兒檄天敍爲都元帥，張天祐及太祖副之。天祐，子興婦弟也。太祖渡江，天敍、天祐引兵攻集慶，陳埜先叛，俱被殺。林兒復以天爵爲中書右丞。已而太祖爲平章政事。天爵失職怨望，久之謀不利於太祖，誅死，子興後遂絕。有一女，小張夫人出者，事太祖爲惠妃，生蜀、谷、代三王。

洪武三年追封子興爲滁陽王，詔有司建廟，用中牢祀，復其鄰宥氏，世世守王墓。十六年，太祖手書子興事蹟，命太常丞張來儀文其碑。滁人郭老舍者，宣德中以滁陽王親，朝京師。弘治中，有郭琥自言四世祖老舍，滁陽王第四子，予冠帶奉祀。已，爲宥氏所訐。禮官言：「滁陽王祀典，太祖所定，曰無後，廟碑昭然，老舍非滁陽王子。」奪奉祀。

韓林兒，欒城人，或言李氏子也。其先世以白蓮會燒香惑衆，謫徙永年。元末，林兒父山童鼓妖言，謂「天下當大亂，彌勒佛下生」。河南、江、淮間愚民多信之。潁州人劉福通與其黨杜遵道、羅文素、盛文郁等復言「山童，宋徽宗八世孫，當主中國」。乃殺白馬黑牛，誓告天地，謀起兵，以紅巾爲號。至正十一年五月，事覺，福通等遽入潁州反，而山童爲吏所捕誅。林兒與母楊氏逃武安山中。福通據朱皐，破羅山、上蔡、眞陽、確山，犯葉、舞陽，陷汝寧、光、息，衆至十餘萬，元兵不能禦。時徐壽輝等起蘄、黃，布王三、孟海馬等起湘、漢，芝蔴李起豐、沛，而郭子興亦據濠應之。時皆謂之「紅軍」，亦稱「香軍」。

十五年二月，福通物色林兒，得諸碭山夾河；迎至亳，僭稱皇帝，又號小明王，建國曰宋，建元龍鳳。拆鹿邑太淸宮材，治宮闕於亳。尊楊氏爲皇太后，遵道、文郁爲丞相，福通、文素平章政事，劉六知樞密院事。劉六者，福通弟也。遵道寵用事。福通嫉之，陰命甲士撾殺遵道，自爲丞相，加太保，事權一歸福通。旣而元師大敗福通於太康，進圍亳，福通挾林兒走安豐。未幾，兵復盛，遣其黨分道略地。

十七年，李武、崔德陷商州，遂破武關以圖關中，而毛貴陷膠、萊、益都、濱州，山東郡邑多下。是年六月，福通帥衆攻汴梁，且分軍三道：關先生、破頭潘、馮長舅、沙劉二、王士誠趨晉、冀；白不信、大刀敖、李喜喜趨關中；毛貴出山東北犯。勢銳甚。田豐者，元鎭守黃河義兵萬戶也，叛附福通，陷濟寧，尋敗走。其秋，福通兵陷大名，遂自曹、濮陷衞輝。白不信、大刀敖、李喜喜陷興元，遂入鳳翔，屢爲察罕帖木兒、李思齊所破，走入蜀。

十八年，田豐復陷東平、濟寧、東昌、益都、廣平、順德。毛貴亦數敗元兵，陷清、滄，據長蘆鎮，尋陷濟南；益引兵北，殺宣慰使董摶霄於南皮，陷薊州，犯漷州，略柳林以逼大都。順帝徵四方兵入衛，議欲遷都避其鋒，大臣諫乃止。貴旋被元兵擊敗，還據濟南。而福通出沒河南北，五月攻下汴梁，守將竹貞遁去，遂迎林兒都焉。關先生、破頭潘等又分其軍爲二，一出絳州，一出沁州。踰太行，破遼、潞，遂陷冀寧；攻保定不克，陷完州，掠大同、興和塞外諸郡，至陷上都，毀諸宮殿，轉掠遼陽，抵高麗。十九年陷遼陽，殺懿州路總管呂震。順帝以上都宮闕盡廢，自此不復北巡。李喜喜餘黨復陷寧夏，略靈武諸邊地。

是時承平久，州郡皆無守備。長吏聞賊來，輒棄城遁，以故所至無不摧破。然林兒本起盜賊，無大志，又聽命福通，徒擁虛名。諸將在外者率不遵約束，所過焚劫，至啖老弱爲糧，且皆福通故等夷，福通亦不能制。兵雖盛，威令不行。數攻下城邑，元兵亦數從其後復之，不能守。惟毛貴稍有智略。其破濟南也，立賓興院，選用元故官姬宗周等分守諸路。又於萊州立屯田三百六十所，每屯相距三十里，造輓運大車百輛，凡官民田十取其二。多所規畫，故得據山東者三年。及察罕帖木兒數破賊，盡復關、隴，是年五月大發秦、晉之師會汴城下，屯杏花營，諸軍環城而壘。林兒兵出戰輒敗，嬰城守百餘日，食將盡。福通計無所出，挾林兒從百騎開東門遁還安豐，後宮官屬子女及符璽印章寶貨盡沒於察罕。時毛貴已爲其黨趙均用所殺，有續繼祖者，又殺均用，所部自相攻擊。獨田豐據東平，勢稍强。

二十年，關先生等陷大寧，復犯上都。田豐陷保定，元遣使招之，被殺。王士誠又躪晉、冀。元將孛羅敗之於臺州，遂入東平與豐合。福通嘗責李武、崔德逗撓，將罪之。二十一年夏，兩人叛去，降於李思齊。時李喜喜、關先生等東西轉戰，已多走死，餘黨自高麗還寇上都，孛羅復擊降之。而察罕既取汴梁，遂遣子擴廓討東平，脅降田豐、王士誠，乘勝定山東。惟陳猱頭者，獨守益都不下，與福通遙爲聲援。

二十二年六月，豐、士誠乘閒刺殺察罕，入益都。元以兵柄付擴廓，圍城數重，猱頭等告急。福通自安豐引兵赴援，遇元師於火星埠，大敗走還。元兵急攻益都，穴地道以入，殺豐、士誠，而械送猱頭於京師，林兒勢大窘。明年，張士誠將呂珍圍安豐，林兒告急於太祖。太祖曰：「安豐破則士誠益强。」遂親帥師往救，而珍已入城殺福通。太祖擊走珍，以林兒歸，居之滁州。明年，太祖爲吳王。又二年，林兒卒。或曰太祖命廖永忠迎林兒歸應天，至瓜步，覆舟沉於江云。

初，太祖駐和陽，郭子興卒，林兒牒子興子天敍爲都元帥，張天祐爲右副元帥，太祖爲左副元帥。時太祖以孤軍保一城，而林兒稱宋後，四方響應，遂用其年號以令軍中。林兒歿，始以明年爲吳元年。其年，遣大將軍定中原，順帝北走，距林兒亡僅歲餘。林兒僭號凡十二年。

贊曰：元之末季，羣雄蜂起。子興據有濠州，地偏勢弱。然有明基業，實肇於滁陽一旅。子興之封王祀廟，食報久長，良有以也。林兒橫據中原，縱兵蹂躪，蔽遮江、淮十有餘年。太祖得以從容締造者，藉其力焉。帝王之興，必有先驅者資之以成其業，夫豈偶然哉。

# 明史卷一百二十三

## 列傳第十一

### 陳友諒　張士誠　方國珍　明玉珍

陳友諒，沔陽漁家子也。本謝氏，祖贅於陳，因從其姓。少讀書，略通文義。有術者相其先世墓地，曰「法當貴」，友諒心竊喜。嘗爲縣小吏，非其好也。徐壽輝兵起，友諒往從之，依其將倪文俊爲簿掾。

壽輝，羅田人，又名眞一，業販布。元末盜起，袁州僧彭瑩玉以妖術與麻城鄒普勝聚衆爲亂，用紅巾爲號，奇壽輝狀貌，遂推爲主。至正十一年九月陷蘄水及黃州路，敗元威順王寬徹不花。遂卽蘄水爲都，稱皇帝，國號天完，建元治平，以普勝爲太師。未幾，陷饒、信。明年分兵四出，連陷湖廣、江西諸郡縣。遂破昱嶺關，陷杭州。別將趙普勝等陷太平諸路。勢大振。然無遠志，所得不能守。明年爲元師所破，壽輝走免。已而復熾，遷都漢陽，爲其丞相倪文俊所制。

十七年九月，文俊謀弑壽輝，不克，奔黃州。時友諒隸文俊麾下，數有功，爲領兵元帥。遂乘釁殺文俊，并其兵，自稱宣慰使，〔二〕尋稱平章政事。

明年陷安慶，又破龍興、瑞州，分兵取邵武、吉安，而自以兵入撫州。已，又破建昌、贛、汀、信、衢。

當是時，江以南惟友諒兵最强。太祖之取太平也，與爲鄰。友諒陷元池州，太祖遣常遇春擊取之，由是數相攻擊。趙普勝者，故驍將，號「雙刀趙」。初與俞通海等屯巢湖，同歸太祖，叛去歸壽輝。至是爲友諒守安慶，數引兵爭池州、太平，往來掠境上。太祖患之，啗普勝客，使潛入友諒軍間普勝。普勝不之覺，見友諒使者輒訴功，悻悻有德色。友諒銜之，疑其貳於己，以會師爲名，自江州猝至。普勝以燒羊逆於雁汊。甫登舟，友諒卽殺普勝，并其軍。乃以輕兵襲池州，爲徐達等擊敗，師盡覆。

始友諒破龍興，壽輝欲徙都之，友諒不可。未幾，壽輝遽發漢陽，次江州。江州，友諒治所也，伏兵郭外，迎壽輝入，卽閉城門，悉殺其所部。卽江州爲都，奉壽輝以居，而自稱漢王，置王府官屬。遂挾壽輝東下，攻太平。太平城堅不可拔，乃引巨舟薄城西南。士卒緣舟尾攀堞而登，遂克之。志益驕。進駐采石磯，遣部將陽白事壽輝前，戒壯士挾鐵撾擊碎其首。壽輝既死，以采石五通廟爲行殿，卽皇帝位，國號漢，改元大義，太師鄒普勝以下皆仍故官。會大風雨，羣臣班沙岸稱賀，不能成禮。

友諒性雄猜，好以權術馭下。既僭號，盡有江西、湖廣之地，恃其兵强，欲東取應天。太祖患友諒與張士誠合，乃設計令其故人康茂才爲書誘之，令速來。友諒果引舟師東下，至江東橋，呼茂才不應，始知爲所紿。戰於龍灣，大敗。潮落舟膠，死者無算，亡戰艦數百，乘輕舸走。張德勝追敗之慈湖，焚其舟。馮國勝以五翼軍蹙之，友諒出皂旗軍迎戰，又大敗。遂棄太平，走江州。太祖兵乘勝取安慶，其將于光、歐普祥皆降。明年，友諒遣兵復陷安慶。太祖自將伐之，復安慶，長驅至江州。友諒戰敗，夜挈妻子奔武昌。其將吳宏以饒降，王溥以建昌降，胡廷瑞以龍興降。

友諒忿疆土日蹙，乃大治樓船數百艘，皆高數丈，飾以丹漆，每船三重，置走馬棚，上下人語聲不相聞，艣箱皆裹以鐵。載家屬百官，盡銳攻南昌，飛梯衝車，百道並進。太祖從子文正及鄧愈堅守，三月不能下，太祖自將救之。友諒聞太祖至，撤圍，東出鄱陽湖，遇於康郎山。友諒集巨艦，連鎖爲陣，太祖兵不能仰攻，連戰三日，幾殆。已，東北風起，乃縱火焚友諒舟，其弟友仁等皆燒死。友仁號五王，眇一目，有勇略，既死，友諒氣沮。是戰也，太祖舟雖小，然輕駛，友諒軍俱艨艟巨艦，不利進退，以是敗。

太祖所乘舟檣白，友諒約軍士明日併力攻白檣舟。太祖知之，令舟檣盡白。翌日復戰，自辰至午，友諒軍大敗。友諒欲退保鞵山，太祖已先扼湖口，邀其歸路。持數日，友諒謀於衆。右金吾將軍曰：「出湖難，宜焚舟登陸，直趨湖南圖再舉。」左金吾將軍曰：「此示弱也，彼以步騎躡我，進退失所據，大事去矣。」友諒不能決，既而曰：「右金吾言是也。」左金吾以言不用，舉所部來降。右金吾知之，亦降。友諒益困。太祖凡再移友諒書，其略曰：「吾欲與公約從，各安一方，以俟天命。公失計，肆毒於我。我輕師間出，奄有公龍興十一郡，猶不自悔禍，復搆兵端。一困於洪都，再敗於康郎，骨肉將士重罹塗炭。公即倖生還，亦宜却帝號，坐待眞主，不則喪家滅姓，悔晚矣。」友諒得書忿恚，不報。久之乏食，突圍出湖口。諸將自上流邀擊之，大戰涇江口。漢軍且鬭且走，日暮猶不解。友諒從舟中引首出，有所指撝，驟中流矢，貫睛及顱死。軍大潰，太子善兒被執。太尉張定邊夜挾友諒次子理，載其屍遁還武昌。友諒豪侈，嘗造鏤金牀甚工，宮中器物類是。既亡，江西行省以牀進。太祖歎曰：「此與孟昶七寶溺器何異！」命有司毀之。友諒僭號凡四年。

子理既還武昌，嗣僞位，改元德壽。是冬，太祖親征武昌。明年二月再親征。其丞相張必先自岳州來援，次洪山。常遇春擊擒之，徇於城下。必先，驍將也，軍中號「潑張」，倚爲重。及被擒，城中大懼，由是欲降者衆。太祖乃遣其故臣羅復仁入城招理。理遂降，入軍門，俯伏不敢視。太祖見理幼弱，掖之起，握其手曰：「吾不汝罪也。」府庫財物恣理取，旋應天，授爵歸德侯。

友諒之從徐壽輝也，其父普才止之。不聽。及貴，往迎之。普才曰：「汝違吾命，吾不知死所矣。」普才五子：長友富，次友直，又次友諒，又次友仁、友貴。友仁、友貴前死鄱陽。太祖平武昌，封普才承恩侯，友富歸仁伯，友直懷恩伯，贈友仁康山王，命所司立廟祀之，以友貴祔。理居京師，邑邑出怨望語。帝曰：「此童孺小過耳，恐細人蠱惑，不克全朕恩，宜處之遠方。」洪武五年，理及歸義侯明昇並徙高麗，遣元降臣樞密使延安答理護行。賜高麗王羅綺，俾善視之。亦徙普才等滁陽。

熊天瑞者，本荊州樂工，從徐壽輝抄略江、湘間。後受陳友諒命，攻陷臨江、吉安，又陷贛州。友諒俾以參知政事，守贛，兼統吉安、南安、南雄、韶州諸路。久之，陽言東下，署其幟曰「無敵」，自稱金紫光祿大夫、司徒、平章軍國重事。友諒不能制。陰圖取廣東，造戰艦於南雄，帥數萬衆趨廣州。元將何眞以兵迎於胥江。會天大雷雨，震其艦檣折，天瑞懼而還。太祖兵克臨江，遣常遇春等攻贛，天瑞拒守五越月，二十五年正月，乃帥其養子元震肉袒詣軍門降。太祖宥之，授指揮使。明年從攻浙西，叛降於張士誠，教士誠飛礮擊外軍。城中木石俱盡，外軍多傷者。士誠滅，天瑞伏誅。

有周時中者，龍泉人，嘗爲壽輝平章。後帥所部降，策天瑞必叛。後果如其言。時中累官吏部尙書，出爲鎭江知府，歷福建鹽運副使。

元震本姓田氏，善戰有名。遇春之圍贛也，元震竊出覘兵，遇春亦引數騎出，猝與遇。元震不知爲遇春也，過之。及遇春還，始覺，遂單騎前襲遇春。遇春遣從騎揮刀擊之，元震奮鐵撾且鬬且走。遇春曰：「壯男子也。」舍之。由是喜其才勇。旣從天瑞降，薦以爲指揮使。天瑞誅，復故姓云。

張士誠，小字九四，泰州白駒場亭人。有弟三人，並以操舟運鹽爲業，緣私作姦利。頗輕財好施，得羣輩心。常鬻鹽諸富家，富家多陵侮之，或負其直不酬。而弓手丘義尤窘辱士誠甚。士誠忿，卽帥諸弟及壯士李伯昇等十八人殺義，幷滅諸富家，縱火焚其居。入旁郡場，招少年起兵。鹽丁方苦重役，遂共推爲主，陷泰州。高郵守李齊諭降之，復叛。殺行省參政趙璉，幷陷興化，結砦德勝湖，有衆萬餘。元以萬戶告身招之。不受。紿殺李齊，襲據高郵，自稱誠王，僭號大周，建元天祐。是歲至正十三年也。

明年，元右丞相脫脫總大軍出討，數敗士誠，圍高郵，隳其外城。城且下，順帝信讒，解脫脫兵柄，削官爵，以他將代之。士誠乘間奮擊，元兵潰去，由是復振。踰年，淮東饑，士誠乃遣弟士德由通州渡江入常熟。

十六年二月陷平江，并陷湖州、松江及常州諸路。改平江爲隆平府，士誠自高郵來都之。卽承天寺爲府第，踞坐大殿中，射三矢於棟以識。是歲，太祖亦下集慶，遣楊憲通好於士誠。其書曰：「昔隗囂稱雄於天水，今足下亦擅號於姑蘇，事勢相等，吾深爲足下喜。睦鄰守境，古人所貴，竊甚慕焉。自今信使往來，毋惑讒言，以生邊釁。」士誠得書，留憲不報。已，遣舟師攻鎭江。徐達敗之於龍潭。太祖遣達及湯和攻常州。士誠兵來援，大敗，失張、湯二將，乃以書求和，請歲輸粟二十萬石，黃金五百兩，白金三百觔。太祖答書，責其歸楊憲，歲輸五十萬石。士誠復不報。

初，士誠既得平江，卽以兵攻嘉興。元守將苗帥楊完者數敗其兵。乃遣士德間道破杭州。完者還救，復敗歸。明年，耿炳文取長興，徐達取常州，吳良等取江陰，士誠兵不得四出，勢漸蹙。亡何，徐達兵徇宜興，攻常熟。士德迎戰敗，爲前鋒趙德勝所擒。士德，小字九六，善戰有謀，能得士心，浙西地皆其所略定。既被擒，士誠大沮。太祖欲留士德以招士誠。士德間道貽士誠書，俾降元。士誠遂決計請降。江浙右丞相達識帖睦邇爲言於朝，授士誠太尉，官其將吏有差。士德在金陵竟不食死。士誠雖去僞號，擅甲兵土地如故。達識帖睦邇在杭與楊完者有隙，陰召士誠兵。士誠遣史文炳襲殺完者，遂有杭州。順帝遣使徵糧，賜之龍衣御酒。士誠自海道輸糧十一萬石於大都，歲以爲常。既而益驕，令其下頌功德，邀王爵。不許。

二十三年九月，士誠復自立爲吳王，尊其母曹氏爲王太妃，置官屬，別治府第於城中，以士信爲浙江行省左丞相，幽達識帖睦邇於嘉興。元徵糧不復與。參軍俞思齊者，字中孚，泰州人，諫士誠曰：「向爲賊，可無貢；今爲臣，不貢可乎！」士誠怒，抵案仆地，思齊即引疾去。當是時，士誠所據，南抵紹興，北踰徐州，達於濟寧之金溝，西距汝、潁、濠、泗，東薄海，二千餘里，帶甲數十萬。以士信及女夫潘元紹爲腹心，左丞徐義、李伯昇、呂珍爲爪牙，參軍黃敬夫、蔡彥文、葉德新主謀議，元學士陳基、右丞饒介典文章。又好招延賓客，所贈遺輿馬、居室、什器甚具。諸僑寓貧無籍者爭趨之。

士誠爲人，外遲重寡言，似有器量，而實無遠圖。既據有吳中，吳承平久，戶口殷盛，士誠漸奢縱，怠於政事。士信、元紹尤好聚斂，金玉珍寶及古法書名畫，無不充牣。日夜歌舞自娛。將帥亦偃蹇不用命，每有攻戰，輒稱疾，邀官爵田宅然後起。甫至軍，所載婢妾樂器踵相接不絕，或大會遊談之士，樗蒲蹴踘，皆不以軍務爲意。及喪師失地還，士誠概置不問。

已，復用爲將。上下嬉娛，以至於亡。

太祖與士誠接境。士誠數以兵攻常州、江陰、建德、長興、諸全，輒不利去。而太祖遣邵榮攻湖州，胡大海攻紹興，常遇春攻杭州，亦皆不能下。廖永安被執，謝再興叛降士誠，會太祖與陳友諒相持，未暇及也。友諒亦遣使約士誠夾攻太祖，而士誠欲守境觀變，許使者，卒不行。太祖既平武昌，師還，卽命徐達等規取淮東，克泰州、通州，圍高郵。士誠以舟師溯江來援，太祖自將擊走之。達等遂拔高郵，取淮安，悉定淮北地。於是移檄平江，數士誠八罪。徐達、常遇春帥兵自太湖趨湖州，吳人迎戰於毗山，又戰於七里橋，皆敗，遂圍湖州。士誠遣朱暹、五太子等以六萬衆來援，屯於舊館，築五砦自固。達、遇春築十壘以遮之，斷其糧道。士誠知事急，親督兵來戰，敗於皂林。其將徐志堅敗於東遷，潘元紹敗於烏鎭，昇山水陸寨皆破，舊館援絕，五太子、朱暹、呂珍皆降。五太子者，士誠養子，短小精悍，能平地躍丈餘，又善沒水，珍、暹皆宿將善戰，至是降。達等以徇於湖州。守將李伯昇等以城降，嘉興、松江相繼降。潘原明亦以杭州降於李文忠。

二十六年十一月，大軍進攻平江，築長圍困之。士誠距守數月。太祖貽書招之曰：「古之豪傑，以畏天順民爲賢，以全身保族爲智，漢竇融、宋錢俶是也。爾宜三思，勿自取夷滅，爲天下笑。」士誠不報，數突圍決戰，不利。李伯昇知士誠困甚，遣所善客踰城說士誠曰：

「初公所恃者，湖州、嘉興、杭州耳，今皆失矣。獨守此城，恐變從中起，公雖欲死，不可得也。莫若順天命，遣使金陵，稱公所以歸義救民之意，開城門，幅巾待命，當不失萬戶侯。且公之地，譬如博者，得人之物而復失之，於公何損。」士誠仰觀良久曰：「吾將思之。」乃謝客，竟不降。士誠故有勇勝軍號「十條龍」者，皆驍猛善鬭，每被銀鎧錦衣出入陣中，至是亦悉敗，溺萬里橋下死。最後丞相士信中礮死，城中洶洶無固志。二十七年九月，城破，士誠收餘衆戰於萬壽寺東街，衆散走。倉皇歸府第，拒戶自縊。故部將趙世雄解之。大將軍達數遣李伯昇、潘元紹等諭意，士誠暝目不答。舁出葑門，入舟，不復食。至金陵，竟自縊死，年四十七。命具棺葬之。

方士誠之被圍也，語其妻劉曰：「吾敗且死矣，若曹何爲？」劉答曰：「君無憂，妾必不負君。」積薪齊雲樓下。城破，驅羣妾登樓，令養子辰保縱火焚之，亦自縊。有二幼子匿民間，不知所終。先是，黃敬夫等三人用事，吳人知士誠必敗，有「黃菜葉」十七字之謠，其後卒驗云。

莫天祐者，元末聚衆保無錫州，士誠招之，不從。以兵攻之，亦不克。士誠既受元官，天祐乃降。士誠累表爲同僉樞密院事。及平江既圍，他城皆下，惟天祐堅守。士誠破，胡廷瑞急攻之，乃降。太祖以其多傷我兵，誅之。

李伯昇仕士誠至司徒，旣降，命仍故官，進中書平章同知詹事府事。嘗將兵討平湖廣慈利蠻，又爲征南右副將軍，同吳良討靖州蠻。後坐胡黨死。潘元明以平章守杭州降，〔三〕仍爲行省平章，與伯昇俱歲食祿七百五十石，不治事。雲南平，以元明署布政司事，卒官。士誠自起至亡，凡十四年。

方國珍，黃巖人。長身黑面，體白如瓠，力逐奔馬。世以販鹽浮海爲業。元至正八年，有蔡亂頭者，行剽海上，有司發兵捕之。國珍怨家告其通寇。國珍殺怨家，遂與兄國璋、弟國瑛、國珉亡入海，聚衆數千人，劫運艘，梗海道。行省參政朶兒只班討之，兵敗，爲所執，脅使請於朝，授定海尉。尋叛，寇溫州。元以孛羅帖木兒爲行省左丞，督兵往討，復敗，被執。乃遣大司農達識帖睦邇招之降。已而汝、潁兵起，元募舟師守江。國珍疑懼，復叛。誘殺台州路達魯花赤泰不華，亡入海。使人潛至京師，賂諸權貴，仍許降，授徽州路治中。國珍不聽命，陷台州，焚蘇之太倉。元復以海道漕運萬戶招之，乃受官。尋進行省參政，俾以兵攻張士誠。士誠遣將禦之崑山。國珍七戰七捷。會士誠亦降，乃罷兵。

先是，天下承平，國珍兄弟始倡亂海上，有司憚於用兵，一意招撫。惟都事劉基以國珍首逆，數降數叛，不可赦。朝議不聽。國珍既授官，據有慶元、溫、台之地，益強不可制。國珍之初作亂也，元出空名宣敕數十道募人擊賊。海濱壯士多應募立功。所司邀重賄，不輒與，有一家數人死事卒不得官者。而國珍之徒，一再招諭，皆至大官。由是民慕爲盜，從國珍者益衆。元既失江、淮，資國珍舟以通海運，重以官爵羈縻之，而無以難也。有張子善者，好縱橫術，說國珍以師泝江窺江東，北略青、徐、遼海。國珍曰：「吾始志不及此。」謝之去。

太祖已取婺州，使主簿蔡元剛使慶元。國珍謀於其下曰：「江左號令嚴明，恐不能與抗。況爲我敵者，西有吳，南有閩。莫若姑示順從，藉爲聲援以觀變。」衆以爲然。於是遣使奉書進黃金五十斤，白金百斤，文綺百匹。太祖復遣鎮撫孫養浩報之。國珍請以溫、台、慶元三郡獻，且遣次子關爲質。太祖却其質，厚賜而遣之；復使博士夏煜往，拜國珍福建行省平章事，弟國瑛參知政事，國珉樞密分院僉事。國珍名獻三郡，實陰持兩端。煜既至，乃詐稱疾，自言老不任職，惟受平章印誥而已。太祖察其情，以書諭曰：「吾始以汝豪傑識時務，故命汝專制一方。汝顧中懷叵測，欲覘我虛實則遣侍子，欲却我官爵則稱老病。夫智者轉敗爲功，賢者因禍成福，汝審圖之。」是時國珍歲歲治海舟，爲元漕張士誠粟十餘萬石於京師，元累進國珍官至江浙行省左丞相衢國公，分省慶元。國珍受之如故，特以甘言謝太祖，絕無內附意。及得所諭書，竟不省。太祖復以書諭曰：「福基於至誠，禍生於反覆，隗囂、公孫述故轍可鑒。大軍一出，不可虛辭解也。」國珍詐窮，復陽爲惶懼謝罪，以金寶飾鞍馬獻。太祖復却之。

已而苗帥蔣英等叛，殺胡大海，持首奔國珍，國珍不受，自台州奔福建。國璋守台，邀擊之，爲所敗，被殺，太祖遣使弔祭。踰年，溫人周宗道以平陽來降。國珍從子明善守溫以兵爭。參軍胡深擊敗之，遂下瑞安，進兵溫州。國珍恐，請歲輸白金三萬兩給軍，俟杭州下，卽納土來歸。太祖詔深班師。

吳元年克杭州。國珍據境自如，遣間諜假貢獻名覘勝負，又數通好於擴廓帖木兒及陳友定，圖爲掎角。太祖聞之怒，貽書數其十二罪，復責軍糧二十萬石。國珍集衆議，郎中張本仁、〔三〕左丞劉庸等皆言不可從。有丘楠者，獨爭曰：「彼所言均非公福也。惟智可以決事，惟信可以守國，惟直可以用兵。公經營浙東十餘年矣，遷延猶豫，計不早定，不可謂智。既許之降，抑又倍焉，不可謂信。彼之徵師，則有詞矣，我實負彼，不可謂直。幸而扶服請命，庶幾可視錢俶乎。」國珍不聽，惟日夜運珍寶，治舟楫，爲航海計。

九月，太祖已破平江，〔四〕命參政朱亮祖攻台州，國瑛迎戰敗走。進克溫州。征南將軍湯和以大軍長驅抵慶元。〔五〕國珍帥所部遁入海。追敗之盤嶼，其部將相次降。和數令人示以順逆，國珍乃遣子關奉表乞降曰：「臣聞天無所不覆，地無所不載。王者體天法地，於人無所不容。臣荷主上覆載之德舊矣，不敢自絕於天地，故一陳愚衷。臣本庸才，遭時多故，起身海島，非有父兄相藉之力，又非有帝制自爲之心。方主上霆擊電掣，至於婺州，臣愚卽遣子入侍，固已知主上有今日矣，將以依日月之末光，望雨露之餘潤。而主上推誠布公，俾守鄉郡，如故吳越事。臣遵奉條約，不敢妄生節目。子姓不戒，潛搆釁端，猥勞問罪之師，私心戰兢，用是俾守者出迎。然而未免浮海，何也？孝子之於親，小杖則受，大杖則走，臣之情事適與此類。卽欲面縛待罪闕廷，復恐嬰斧鉞之誅，使天下後世不知臣得罪之深，將謂主上不能容臣，豈不累天地大德哉。」蓋幕下士詹鼎詞也。

太祖覽而憐之，賜書曰：「汝違吾諭，不卽斂手歸命，次且海外，負恩實多。今者窮蹙無聊，情詞哀懇，吾當以汝此誠爲誠，不以前過爲過，汝勿自疑。」遂促國珍入朝，面讓之曰：「若來得毋晚乎！」國珍頓首謝。授廣西行省左丞，〔六〕食祿不之官。數歲，卒於京師。

子禮，官廣洋衞指揮僉事；關，虎賁衞千戶所鎭撫。關弟行，字明敏，善詩，承旨宋濂嘗稱之。

劉仁本，字德元，國珍同縣人。元末進士乙科，歷官浙江行省郎中，與張本仁俱入國珍幕。數從名士趙俶、謝理、朱右等賦詩，有稱於時。國珍海運輸元，實仁本司其事。朱亮祖之下溫州也，獲仁本。〔七〕太祖數其罪，鞭背潰爛死。餘官屬從國珍降者皆徙滁州，獨赦丘楠，以爲韶州知府。

詹鼎者，寧海人，有才學。爲國珍府都事，判上虞，有治聲。旣至京，未見用，草封事萬言，候駕出獻之。帝爲立馬受讀，命丞相官鼎。楊憲忌其才，沮之。憲敗，除留守經歷，遷刑部郎中，坐累死。

明玉珍，隨州人。身長八尺餘，目重瞳子。徐壽輝起，玉珍與里中父老團結千餘人，屯青山。及壽輝稱帝，使人招玉珍曰：「來則共富貴，不來擧兵屠之。」玉珍引衆降，以元帥守沔陽。與元將哈麻禿戰湖中，飛矢中右目，遂眇。久之，玉珍帥斗船五十艘掠糧川、峽間，將引還。時元右丞完者都募兵重慶，義兵元帥楊漢應募至，欲殺之而幷其軍，不克。漢走出峽，遇玉珍爲言：「重慶無重兵，完者都與左丞哈麻禿不相能，若回船出不意襲之，可取而有也。」玉珍意未決，部將戴壽曰：「機不可失也。可分船爲二，半貯糧歸沔陽，半因漢兵攻重慶，不濟則掠財物而還。」玉珍從其策，襲重慶，走完者都，執哈麻禿獻壽輝。壽輝授玉珍隴蜀行省右丞。至正十七年也。

已而完者都自果州來，會平章朗革歹、參政趙資，謀復重慶，屯嘉定之大佛寺，玉珍遣萬勝禦之。勝，黃陂人，有智勇，玉珍寵愛之，使從己姓，衆呼爲明二，後乃復姓名。勝攻嘉定，半年不下。玉珍帥衆圍之，遣勝以輕兵襲陷成都，虜朗革歹及資妻子。朗革歹妻自沉於江。以資妻子徇嘉定，招資降。資引弓射殺妻。俄城破，執資及完者都、朗革歹歸於重慶，館諸治平寺，欲使爲己用。三人者執不可，乃斬於市，以禮葬之，蜀人謂之「三忠」。於是諸郡縣相次來附。

二十年，陳友諒弒徐壽輝自立。玉珍曰：「與友諒俱臣徐氏，顧悖逆如此。」命以兵塞瞿塘，絕不與通。立壽輝廟於城南隅，歲時致祀。自立爲隴蜀王，以劉楨爲參謀。

楨，字維周，瀘州人。元進士。嘗爲大名路經歷，棄官家居。玉珍之攻重慶也，道瀘，部將劉澤民薦之。玉珍往見，與語大悅，卽日延至舟中，尊禮備至。次年，楨屛人說曰：「西蜀形勝地，大王撫而有之，休養傷殘，用賢治兵，可以立不世業。不於此時稱大號以係人心，一旦將士思鄉土，瓦解星散，大王孰與建國乎。」玉珍善之，乃謀於衆，以二十二年春僭卽皇帝位於重慶，國號夏，建元天統。立妻彭氏爲皇后，子昇爲太子。倣周制，設六卿，以劉楨爲宗伯。分蜀地爲八道，更置府州縣官名。蜀兵視諸國爲弱，勝兵不滿萬人。玉珍素無遠略，然性節儉，頗好學，折節下士。既卽位，設國子監，教公卿子弟，設提舉司教授，〔六〕建社稷宗廟，求雅樂，開進士科，定賦稅，以十分取一。蜀人悉便安之。皆劉楨爲之謀也。

明年，遣萬勝由界首，鄒興由建昌，又指揮李某者由八番，分道攻雲南。兩路皆不至，惟勝兵深入，元梁王走營金馬山。踰年，王挾大理兵擊勝，勝以孤軍無繼引還。復遣興取巴州。久之，復更六卿爲中書省樞密院，改冢宰戴壽、司馬萬勝爲左、右丞相，司寇向大亨、司空張文炳知樞密院事，司徒鄒興鎭成都，吳友仁鎭保寧，司寇莫仁壽鎭夔關，皆平章事。

是歲，遣勝取興元，使參政江儼通好於太祖。太祖遣都事孫養浩報聘，遺玉珍書曰：「足下處西蜀，予處江左，蓋與漢季孫、劉相類。近者王保保以鐵騎勁兵，虎踞中原，其志殆不在曹操下，使有謀臣如攸、彧，猛將如遼、郃，予兩人能高枕無憂乎。予與足下實脣齒邦，願以孫、劉相吞噬爲鑒。」自後信使往返不絕。

二十六年春，玉珍病革，召壽等諭曰：「西蜀險固，若協力同心，左右嗣子，則可以自守。不然，後事非所知也。」遂卒。凡立五年，年三十六。

子昇嗣，改元開熙，葬玉珍於江水之北，號永昌陵，廟號太祖。尊母彭氏爲皇太后，同聽政。昇甫十歲，諸大臣皆粗暴，不肯相下。而萬勝與張文炳有隙，勝密遣人殺之。文炳所善玉珍養子明昭，復矯彭氏旨縊殺勝。勝於明氏功最多，其死，蜀人多憐之。吳友仁自保寧移檄，以淸君側爲名。昇命戴壽討之。友仁遺壽書謂：「不誅昭，則國必不安，衆必不服。昭朝誅，吾當夕至。」壽乃奏誅昭，友仁入朝謝罪。於是諸大臣用事，而友仁尤專恣，國柄旁落，遂益不振。萬勝旣死，劉楨爲右丞相，後三年卒。是歲，昇遣使告哀於太祖，已，又遣使入聘。太祖亦遣侍御史蔡哲報之。

洪武元年，太祖克元都，昇奉書稱賀。明年，太祖遣使求大木。昇遂幷獻方物。帝答以璽書。其冬，遣平章楊璟諭昇歸命。昇不從。璟復遺昇書曰：

古之爲國者，同力度德，同德度義，故能身家兩全，流譽無窮，反是者輒敗。足下幼沖，席先人業，據有巴、蜀，不咨至計，而聽羣下之議，以瞿塘、劍閣之險，一夫負戈，萬人無如之何。此皆不達時變以誤足下之言也。昔據蜀最盛者，莫如漢昭烈。且以諸葛武侯佐之，綜核官守，訓練士卒，財用不足，皆取之南詔。然猶朝不謀夕，僅能自保。今足下疆埸，南不過播州，北不過漢中，以此準彼，相去萬萬，而欲藉一隅之地，延命頃刻，可謂智乎？

我主上仁聖威武，神明響應，順附者無不加恩，負固者然後致討。以足下先人通好之故，不忍加師，數使使諭意。又以足下年幼，未歷事變，恐惑於狂瞽，失遠大計，故復遣璟面諭禍福。深仁厚德，所以待明氏者不淺，足下可不深念乎？

且向者如陳、張之屬，竊據吳、楚，造舟塞江河，積糧過山岳，强將勁兵，自謂無敵。然鄱陽一戰，友諒授首，旋師東討，張氏面縛。此非人力，實天命也。足下視此何如？友諒子竄歸江夏，王師致伐，勢窮銜璧。主上宥其罪愆，剖符錫爵，恩榮之盛，天下所知。足下無彼之過，而能翻然覺悟，自求多福，則必享茅土之封，保先人之祀，世世不絕，豈不賢智矣哉？若必欲崛强一隅，假息頃刻，魚遊沸鼎，燕巢危幕，禍害將至，恬不自知。璟恐天兵一臨，凡今爲足下謀者，他日或各自爲身計，以取富貴。當此之時，老母弱子，將安所歸？禍福利害，瞭然可覩，在足下審之而已。

昇終不聽。

又明年，興元守將以城降。吳友仁數往攻之，不克。是歲，太祖遣使假道征雲南，昇不奉詔。

四年正月命征西將軍湯和帥副將軍廖永忠等以舟師由瞿塘趨重慶，前將軍傅友德帥副將軍顧時等以步騎由秦、隴趨成都，伐蜀。初，壽言於昇曰：「以王保保、李思齊之强，猶莫能與明抗，况吾蜀乎！一旦有警，計安出？」友仁曰：「不然，吾蜀襟山帶江，非中原比，莫若外交好而內修備。」昇以爲然，遣莫仁壽以鐵索橫斷瞿塘峽口。至是又遣壽、友仁、鄒興等益兵爲助。北倚羊角山，南倚南城砦，鑿兩岸石壁，引鐵索爲飛橋，用木板置礮以拒敵。

和軍至，不能進。傅友德覘階、文無備，進破之，又破綿州。壽乃留興等守瞿塘，而自與友仁還，會向大亨之師以援漢州。數戰皆大敗，壽、大亨走成都，友仁走保寧。時永忠亦破瞿塘關。飛橋鐵索皆燒斷，興中矢死，夏兵皆潰。遂下夔州，師次銅羅峽。昇大懼，右丞劉仁勸奔成都。昇母彭泣曰：「成都可到，亦僅延旦夕命。大軍所過，勢如破竹，不如早降以活民命。」於是遣使齎表乞降。昇面縛銜璧輿櫬，與母彭及官屬降於軍門。和受璧，永忠解縛，承旨撫慰，下令諸將不得有所侵擾。而壽、大亨亦以成都降於友德。昇等悉送京師，禮臣奏言：「皇帝御奉天殿，明昇等俯伏待罪午門外，有司宣制赦，如孟昶降宋故事。」帝曰：「昇幼弱，事由臣下，與孟昶異，宜免其伏地上表待罪之儀。」是日授昇爵歸義侯，賜第京師。

冬十月，和等悉定川、蜀諸郡縣，執友仁於保寧，遂班師。壽、大亨、仁壽皆鑿舟自沉死。丁世貞者，〔五〕文州守將也，友德攻文州，據險力戰，汪興祖死焉。文州破，遁去。已復以兵破文州，殺朱顯忠，友德擊走之。夏亡，復集餘衆圍秦州五十日。兵敗，夜宿梓潼廟，爲其下所殺。友仁至京師，帝以其寇漢中，首造兵端，令明氏失國，僇於市。戍他將校於徐州。明年徙昇於高麗。

贊曰：友諒、士誠起刀筆負販，因亂僭竊，恃其富强，而卒皆敗於其所恃。迹其始終成敗之故，太祖料之審矣。國珍首亂，反覆無信，然竟獲良死，玉珍乘勢，割據一隅，僭號二世，皆不可謂非幸也。國珍又名谷珍，蓋降後避明諱云。

## 校勘記

〔一〕自稱宣慰使　宣慰使，原作「宣慰司」。按宣慰司是機構名稱，宣慰使是官名。友諒自稱，自當以官名爲是。明史稿傳八陳友諒傳、太祖實錄卷一三癸卯八月壬戌條均作「宣慰使」，據改。

〔二〕潘元明以平章守杭州降　元明，本書卷一二六李文忠傳、卷一三〇耿炳文傳、卷一三一梅思祖傳、卷一三四郭雲傳同。本卷上文、本書卷一太祖紀、太祖實錄卷一六丙午八月辛亥條及國榷卷二頁三二八至三二九作「原明」。

〔三〕郎中張本仁　張本仁，原作「張仁本」，因涉下文「劉仁本」而誤。據同卷下文及明史稿傳九方國珍傳、太祖實錄卷八八洪武七年三月壬辰條改。

〔四〕九月太祖已破平江　「九月」上原衍「二十七年」四字。按上文已見「吴元年」，至正二十七年即吴元年。據删。

〔五〕征南將軍湯和以大軍長驅抵慶元　征南，原作「平南」，據本書卷一太祖紀、卷一二六湯和傳及太祖實録卷二一吳元年十月癸丑條改。

〔六〕授廣西行省左丞　「西」上原衍「州」字。按本書卷四五地理志、太祖實録卷八八洪武七年三月壬辰條都無「州」字，據刪。

〔七〕實仁本司其事朱亮祖之下温州也獲仁本　二「仁本」原皆誤作「本仁」，因涉上文「張本仁」而誤，今改正。

〔八〕設提舉司教授　明史稿傳九明玉珍傳、太祖實録卷一六丙午二月「是月」條都作「提舉司教授所」。

〔九〕丁世貞者　本書卷一二九傅友德傳、國朝獻徵録卷六潁國公傅友德傳作「丁世珍」。

# 明史卷一百二十四

## 列傳第十二

### 擴廓帖木兒 蔡子英

### 陳友定 伯顏子中等

### 把匝剌瓦爾密

擴廓帖木兒，沈丘人。本王姓，小字保保，元平章察罕帖木兒甥也。察罕養爲子，順帝賜名擴廓帖木兒。汝、潁盜起，中原大亂，元師久無功。至正十二年，察罕起義兵，戰河南北，擊賊關中、河東，復汴梁，走劉福通，平山東，降田豐，滅賊幾盡。既而總大軍圍益都，田豐叛，察罕爲王士誠所刺，事具元史。察罕既死，順帝即軍中拜擴廓太尉、中書平章政事、知樞密院事，如察罕官。帥兵圍益都，穴地而入，克之。執豐、士誠，剖其心以祭察罕，縛陳猱頭等二十餘人獻闕下。〔一〕東取莒州，山東地悉定。至正二十二年也。

初，察罕定晉、冀，孛羅帖木兒在大同，以兵爭其地，數相攻，朝廷下詔和解，終不聽。

擴廓既平齊地，引軍還，駐太原，與孛羅搆難如故。會朝臣老的沙、禿堅獲罪於太子，出奔孛羅，孛羅匿之。詔削孛羅官，解其兵柄。孛羅遂舉兵反，犯京師，殺丞相搠思監，自爲左丞相，老的沙爲平章，禿堅知樞密院。太子求援於擴廓，擴廓遣其將白鎖住以萬騎入衞，戰不利，奉太子奔太原。踰年，擴廓以太子令舉兵討孛羅，入大同，進薄大都。順帝乃襲殺孛羅於朝。擴廓從太子入覲，以爲太傅、左丞相。當是時，微擴廓，太子幾殆。擴廓功雖高，起行間，驟至相位，中朝舊臣多忌之者。而擴廓久典軍，亦不樂在內，居兩月，卽請出治兵，南平江、淮。詔許之，封河南王，俾總天下兵，代皇太子出征，分省中官屬之半以自隨。鹵簿甲仗亙數十里，軍容甚盛。時太祖已滅陳友諒，盡有江、楚地，張士誠據淮東、浙西。擴廓知南軍强，未可輕進，乃駐軍河南，檄關中四將軍會師大舉。四將軍者，李思齊、張思道、孔興、脫列伯也。

思齊，羅山人，與察罕同起義兵，齒位略相埒。得檄大怒曰：「吾與若父交，若髮未燥，敢檄我耶！」令其下一甲不得出武關。思道等亦皆不聽調。擴廓歎曰：「吾奉詔總天下兵，而鎮將不受節制，何討賊爲！」乃遣其弟脫因帖木兒以一軍屯濟南，防遏南軍，而自引兵西入關，攻思齊等。思齊等會兵長安，盟於含元殿舊基，併力拒擴廓。相持經年，數百戰未能決。順帝使使諭令罷兵，專事江、淮。擴廓欲遂定思齊等，然後引軍東。乃遣其驍將貊高趨河中，欲出不意擣鳳翔，覆思齊巢穴。貊高所將多孛羅部曲，行至衞輝，軍變，脅貊高叛擴廓，襲衞輝、彰德據之，罪狀擴廓於朝。

初，太子之奔太原也，欲用唐肅宗靈武故事自立。擴廓不可。及還京師，皇后諭指令以重兵擁太子入城，脅順帝禪位。擴廓未至京三十里，留其軍，以數騎入朝。由是太子銜之，而順帝亦心忌擴廓。廷臣譁言擴廓受命平江、淮，乃西攻關中，今罷兵不奉詔，跋扈有狀。及貊高奏至，順帝乃削擴廓太傅、中書左丞相，令以河南王就食邑汝南，分其軍隸諸將；而以貊高知樞密院事兼平章，總河北軍，賜其軍號「忠義功臣」。太子開撫軍院於京師，總制天下兵馬，專備擴廓。

擴廓既受詔，退軍澤州，其部將關保亦歸於朝。朝廷知擴廓勢孤，乃詔李思齊等東出關，與貊高合攻擴廓，而令關保以兵戍太原。擴廓憤甚，引軍據太原，盡殺朝廷所置官吏。於是順帝下詔盡削擴廓官爵，令諸軍四面討之。是時明兵已下山東，收大梁。梁王阿魯溫，察罕父也，以河南降。〔三〕脫因帖木兒敗走，餘皆望風降遁，無一人抗者。既迫潼關，思齊等倉皇解兵西歸，而貊高、關保皆爲擴廓所擒殺。順帝大恐，下詔歸罪於太子，罷撫軍院，悉復擴廓官，令與思齊等分道南討。詔下一月，明兵已逼大都，順帝北走。擴廓入援不及，大都遂陷，距察罕死時僅六年云。

明兵已定元都，將軍湯和等自澤州徇山西。擴廓遣將禦之，戰於韓店，明師大敗。會順帝自開平命擴廓復大都，擴廓乃北出雁門，將由保安徑居庸以攻北平。徐達、常遇春乘虛擣太原，擴廓還救。部將豁鼻馬潛約降於明。明兵夜劫營，營中驚潰。擴廓倉卒以十八騎北走，明兵遂西入關。思齊以臨洮降。思道走寧夏，其弟良臣以慶陽降，既而復叛，明兵破誅之。於是元臣皆入於明，唯擴廓擁兵塞上，西北邊苦之。

洪武三年，太祖命大將軍徐達總大兵出西安，擣定西。擴廓方圍蘭州，趨赴之。戰於沈兒峪，大敗，盡亡其衆，獨與妻子數人北走，至黃河，得流木以渡，遂奔和林。時順帝崩，太子嗣立，復任以國事。踰年，太祖復遣大將軍徐達、左副將軍李文忠、征西將軍馮勝將十五萬衆，分道出塞取擴廓。大將軍至嶺北，與擴廓遇，大敗，死者數萬人。劉基嘗言於太祖曰：「擴廓未可輕也。」至是帝思其言，謂晉王曰：「吾用兵未嘗敗北。今諸將自請深入，敗於和林，輕信無謀，致多殺士卒，不可不戒。」明年，擴廓復攻雁門，命諸將嚴爲之備，自是明兵希出塞矣。其後，擴廓從其主徙金山，卒於哈剌那海之衙庭，其妻毛氏亦自經死，蓋洪武八年也。

初，察罕破山東，江、淮震動。太祖遣使通好。元遣戶部尚書張昶、郎中馬合謀浮海如江東，授太祖榮祿大夫、江西等處行中書省平章政事，賜以龍衣御酒。甫至而察罕被刺，太祖遂不受，殺馬合謀，以張昺才，留官之。及擴廓視師河南，太祖乃復遣使通好，擴廓輒留使者不遣。凡七致書，皆不答。既出塞，復遣人招諭，亦不應。最後使李思齊往。始至，則待以禮。尋使騎士送歸，至塞下，辭曰：「主帥有命，請公留一物爲別。」思齊曰：「吾遠來無所齎。」騎士曰：「願得公一臂。」思齊知不免，遂斷與之。還，未幾死。太祖以是心敬擴廓。一日，大會諸將，問曰：「天下奇男子誰也？」皆對曰：「常遇春將不過萬人，橫行無敵，眞奇男子。」太祖笑曰：「遇春雖人傑，吾得而臣之。吾不能臣王保保，其人奇男子也。」竟册其妹爲秦王妃。

張昺仕明，累官中書省參知政事，有才辨，明習故事，裁決如流，甚見信任。自以故元臣，心嘗戀戀。會太祖縱降人北還，昺附私書訪其子存亡。楊憲得書稿以聞，下吏按問。昺大書牘背曰：「身在江南，心思塞北。」太祖乃殺之。而擴廓幕下士不屈節縱出塞者，有蔡子英。

子英，永寧人，元至正中進士。察罕開府河南，辟參軍事，累薦至行省參政。元亡，從擴廓走定西。明兵克定西，擴廓軍敗，子英單騎走關中，亡入南山。太祖聞其名，使人繪形求得之，傳詣京師。至江濱，亡去，變姓名，賃舂。久之，復被獲。械過洛陽，見湯和，長揖不拜。抑之跪，不肯。和怒，爇火焚其鬚，不動。其妻適在洛，請與相見，子英避不肯見。至京，太祖命脫械以禮遇之，授以官，不受。退而上書曰：「陛下乘時應運，削平羣雄，薄海內外，莫不賓貢。臣鼎魚漏網，假息南山。曩者見獲，復得脫亡。七年之久，重煩有司追跡。而陛下以萬乘之尊，全匹夫之節，不降天誅，反療其疾，易冠裳，賜酒饌，授以官爵，陛下之量包乎天地矣。臣感恩無極，非不欲自竭犬馬，但名義所存，不敢輒渝初志。自惟身本韋布，智識淺陋，過蒙主將知薦，仕至七命，躍馬食肉十有五年，愧無尺寸以報國士之遇。及國家破亡，又復失節，何面目見天下士。管子曰：『禮義廉恥，國之四維。』今陛下創業垂統，正當挈持大經大法，垂示子孫臣民。奈何欲以無禮義、寡廉恥之俘囚，而厠諸維新之朝、賢士大夫之列哉！臣日夜思維，咎往昔之不死，至於今日，分宜自裁。陛下待臣以恩禮，臣固不敢賣死立名，亦不敢偷生苟祿。若察臣之愚，全臣之志，禁錮海南，畢其餘命，則雖死之日，猶生之年。昔王蠋閉戶以自縊，李芾闔門以自屠，彼非惡榮利而樂死亡，顧義之所在，雖湯鑊有不得避也。渺焉之軀，上愧古人，死有餘恨，惟陛下裁察。」帝覽其書，益重之，館之儀曹。忽一夜大哭不止。人問其故，曰：「無他，思舊君耳。」帝知不可奪，洪武九年十二月命有司送出塞，令從故主於和林。

陳友定，一名有定，字安國，福清人，徙居汀之清流。世業農。爲人沉勇，喜遊俠。鄉里皆畏服。至正中，汀州府判蔡公安至清流募民兵討賊，友定應募。公安與語，奇之，使掌所募兵，署爲黃土砦巡檢。以討平諸山寨功，遷清流縣尹。陳友諒遣其將鄧克明等陷汀、邵，略杉關。行省授友定汀州路總管禦之。戰於黃土，大捷，走克明。踰年，克明復取汀州，急攻建寧。守將完者帖木兒檄友定入援，連破賊，悉復所失郡縣。行省上其功第一，進參知政事。已，置分省於延平，以友定爲平章，於是友定盡有福建八郡之地。

友定以農家子起傭伍，目不知書。及據八郡，數招致文學知名士，如閩縣鄭定、廬州王翰之屬，留置幕下。粗涉文史，習爲五字小詩，皆有意理。然頗任威福，所屬違令者輒承制誅竄不絕。漳州守將羅良不平，以書責之曰：「郡縣者，國家之土地。官司者，人主之臣役。而僭廩者，朝廷之外府也。今足下視郡縣如室家，驅官僚如圉僕，擅僭廩如私藏，名雖報國，實有鷹揚跋扈之心。不知足下欲爲郭子儀乎，抑爲曹孟德乎？」友定怒，竟以兵誅良。而福清宣慰使陳瑞孫、崇安令孔楷、建陽人詹翰拒友定不從，皆被殺。於是友定威震八閩，然事元未嘗失臣節。是時張士誠據浙西，方國珍據浙東，名爲附元，歲漕粟大都輒不至。而友定歲輸粟數十萬石，海道遼遠，至者嘗十三四。順帝嘉之，下詔褒美。

太祖既定婺州，與友定接境。友定侵處州。參政胡深擊走之，遂下浦城，克松溪，獲友定將張子玉，與朱亮祖進攻建寧，破其二柵。友定遣阮德柔以兵四萬屯錦江，繞出深後，斷其歸路，而自帥牙將賴政等以銳師搏戰，德柔自後夾擊。深兵敗，被執死。太祖既平方國珍，即發兵伐友定。將軍胡廷美、何文輝由江西趨杉關，湯和、廖永忠由明州海道取福州，李文忠由浦城取建寧，而別遣使至延平，招諭友定。友定置酒大會諸將及賓客，殺明使者，瀝其血酒甕中，與衆酌飲之。酒酣，誓於衆曰：「吾曹並受元厚恩，有不以死拒者，身磔，妻子戮。」遂往視福州，環城作壘。距壘五十步，輒築一臺，嚴兵爲拒守計。已而聞杉關破，急分軍爲二，以一軍守福，而自帥一軍守延平，以相掎角。及湯和等舟師抵福之五虎門，平章曲出引兵逆戰敗，明兵緣南臺蟻附登城。守將遁去，參政尹克仁、宣政使朶耳麻不屈死，僉院柏帖木兒積薪樓下，殺妻妾及二女，縱火自焚死。

廷美克建寧，湯和進攻延平。友定欲以持久困之，諸將請出戰，不許。數請不已，友定疑所部將叛，殺蕭院判。軍士多出降者。會軍器局災，城中礮聲震地，明師知有變，急攻城。友定呼其屬訣曰：「大事已去，吾一死報國，諸君努力。」因退入省堂，衣冠北面再拜，仰藥死。所部爭開城門納明師。師入，趨視之，猶未絕也。舁出水東門，適天大雷雨，友定復甦。械送京師。入見，帝詰之。友定厲聲曰：「國破家亡，死耳，尚何言。」遂併其子海殺之。

海，一名宗海，工騎射，亦喜禮文士。友定既被執，自將樂歸於軍門，至是從死。元末所在盜起，民間起義兵保障鄉里，稱元帥者不可勝數，元輒因而官之。其後或去爲盜，或事元不終，惟友定父子死義，時人稱完節焉。友定既死，興化、泉州皆望風納欵。獨漳州路達魯花赤迭里彌實具公服，北面再拜，引斧斫印章，以佩刀剚喉而死。時云「閩有三忠」，謂友定、柏帖木兒、迭里彌實也。

鄭定，字孟宣。好擊劍，爲友定記室。及敗，浮海入交、廣間。久之，還居長樂。洪武末，累官至國子助教。王翰，字用文，仕元爲潮州路總管。友定敗，爲黃冠，棲永泰山中者十載。太祖聞其賢，强起之，自刎死，有子偁知名。

爲友定所辟者，又有伯顏子中。子中，其先西域人，後仕江西，因家焉。子中明春秋，五舉有司不第，行省辟授東湖書院山長，遷建昌教授。子中雖儒生，慷慨喜談兵。江西盜起，授分省都事，使守贛州，而陳友諒兵已破贛。子中倉卒募吏民，與鬬城下，不勝，脫身間道走閩。陳友定素知之，辟授行省員外郎。出奇計，以友定兵復建昌，浮海如元都獻捷。累遷吏部侍郎。持節發廣東何眞兵救閩，至則眞已降於廖永忠。子中跳墮馬，折一足，致軍前。永忠欲脅降之，不屈。永忠義而舍之。乃變姓名，冠黃冠，遊行江湖間。太祖求之不得，籍錄其妻子，子中竟不出。嘗齎鴆自隨，久之事寖解，乃還鄉里。洪武十二年詔郡縣舉元遺民。布政使沈立本密言子中於朝，以幣聘。使者至，子中太息曰：「死晚矣。」爲歌七章，哭其祖父師友，飲鴆而死。

當元亡時，守土臣仗節死者甚衆。明兵克太平，總管靳義赴水死。攻集慶，行臺御史大夫福壽戰敗，嬰城固守。城破，猶督兵巷戰，坐伏龜樓指揮。左右或勸之遁，福壽叱而射之，遂死於兵。參政伯家奴、達魯花赤達尼達思等皆戰死。克鎭江，守將段武、平章定定戰死。克寧國，百戶張文貴殺妻妾自刎死。克徽州，萬戶吳訥戰敗自殺。克婺州，浙東廉訪使楊惠、婺州達魯花赤僧住戰死。克衢州，總管馬浩赴水死。〔三〕石抹宜孫守處州，其母與弟厚孫先爲明兵所獲，令爲書招之。不聽。比克處，宜孫戰敗，走建寧，收集士卒，欲復處州。攻慶元，爲耿再成所敗，還走建寧。半道遇鄉兵，被殺，部將李彥文葬之龍泉。太祖嘉其忠，遣使致祭，復其處州生祠。又祠福壽於應天，余闕於安慶，李黼於江州。闕、黼事具元史。

其後大軍北克益都，平章普顏不花不屈死。克東昌，平章申榮自經死。眞定路達魯花赤鈒納錫彰聞王師取元都，朝服登城西崖，北面再拜，投崖死。克奉元，西臺御史桑哥失里與妻子俱投崖死，左丞拜泰古逃入終南山，郎中王可仰藥死，檢校阿失不花自經死。三原縣尹朱春謂其妻曰：「吾當死以報國。」妻曰：「君能盡忠，妾豈不能盡節。」亦俱投繯死。又大軍攻永州，右丞鄧祖勝固守，食盡力窮，仰藥死。克梧州，吏部尚書普顏帖木兒戰死，張翙赴水死。克靖江，都事趙元隆、陳瑜、劉永錫，廉訪使僉事帖木兒不花，元帥元禿蠻，萬戶董丑漢，府判趙世傑皆自殺。至如劉福通、徐壽輝、陳友諒等所破郡縣，守吏將帥多死節者，已見元史，不具載，載其見明實錄者。

又有劉諶，江西人，爲仁壽教官。明玉珍入蜀，棄官隱瀘州。玉珍欲官之，不就。鳳山趙善璞隱深山，明玉珍聘爲學士，亦不就。而張士誠破平江時，參軍楊椿挺身戰，刃交於胸，瞋目怒罵死，妻亦自經。士誠又以書幣徵故左司員外郎楊乘於松江，乘具酒醴告祖禰，顧西日晴明，曰：「人生晚節，如是足矣。」夜分自經死。其親藩死事最烈者，有雲南梁王。

梁王把匝剌瓦爾密，元世祖第五子雲南王忽哥赤之裔也。封梁王，仍鎭雲南。順帝之世，天下多故，雲南僻遠，王撫治有威惠。至正二十三年，明玉珍僭號於蜀，遣兵三道來攻，王走營金馬山。明年以大理兵迎戰，〔四〕玉珍兵敗退。久之，順帝北去，大都不守，中國無元尺寸地，而王守雲南自若；歲遣使自塞外達元帝行在，執臣節如故。

未幾，明師平四川，天下大定。太祖以雲南險僻，不欲用兵。明年正月，北平守將以所得王遣往漠北使者蘇成來獻，太祖乃命待制王禕齎詔偕成往招諭。王待禕以禮。會元嗣君遣使脫脫來徵餉，脫脫疑王有他意，因脅以危語。王遂殺禕而以禮斂之。踰三年，太祖復遣湖廣參政吳雲偕大軍所獲雲南使臣鐵知院等往。知院以己奉使被執，誘雲改制書給王。雲不從，被殺。王聞雲死，收其骨，送蜀給孤寺。

太祖知王終不可以諭降，乃命傅友德爲征南將軍，藍玉、沐英爲副，帥師征之。洪武十四年十二月下普定。王遣司徒平章達里麻率兵駐曲靖。沐英引軍疾趨，乘霧抵白石江。霧解，達里麻望見大驚。友德等率兵進擊，達里麻兵潰被擒。先是，王以女妻大理酋段得功，嘗倚其兵力，後以疑殺之，遂失大理援。至是達里麻敗，失精甲十餘萬。王知事不可爲，走普寧州之忽納砦，焚其龍衣，驅妻子赴滇池死。遂與左丞達的、右丞驢兒夜入草舍，俱自經。太祖遷其家屬於耽羅。

贊曰：洪武九年，方谷珍死，宋濂奉敕撰墓碑，於一時羣雄，皆直書其名，獨至察罕，曰齊國李忠襄王，順逆之理昭然可見矣。擴廓百戰不屈，欲繼先志，而齎恨以死。友定不作何眞之偸生，梁王恥爲納哈出之背國，要皆元之忠臣也。詩曰「其儀一兮，心如結兮」，易曰「苦節悔亡」，其伯顏子中、蔡子英之謂歟。嘗謂元歸塞外，一時從臣必有賦式微之章於沙漠之表者，惜其姓字湮沒，不得見於人間。然則若子英者，又豈非厚幸哉！

## 校勘記

〔一〕縛陳猱頭等二十餘人獻闕下　二十餘人，明史稿傳一〇擴廓帖木兒傳作「二百餘人」。

〔二〕梁王阿魯溫察罕父也以河南降　河南，原作「河東」，據本書卷一二五徐達傳、明史稿傳一〇擴廓帖木兒傳改。按太祖實錄卷二七洪武元年三月戊申條，阿魯溫是河南行省平章，作「河南」是。

〔三〕總管馬浩赴水死　馬浩，明史稿傳一〇陳友定傳、太祖實錄卷七己亥七月丁未條均作「馮浩」。

〔四〕至正二十三年明玉珍僭號於蜀遣兵三道來攻王走營金馬山明年以大理兵迎戰　二十三年，原作「二十九年」。按明玉珍于至正二十二年稱帝後發兵三道入雲南攻梁王，事在至正二十三年，據本書卷一二三明玉珍傳、太祖實錄卷一六丙午二月「是月」條改。又據同上太祖實錄，梁王走營金馬山在至正二十四年春三月，其以大理兵迎戰在同年夏四月，與傳文之分繫于兩年互異。

# 明史卷一百二十五

## 列傳第十三

### 徐達　常遇春

徐達，字天德，濠人，世業農。達少有大志，長身高顴，剛毅武勇。太祖之爲郭子興部帥也，達時年二十二，往從之，一見語合。及太祖南略定遠，帥二十四人往，達首與焉。尋從破元兵於滁州澗，從取和州，子興授達鎭撫。子興執孫德崖，德崖軍亦執太祖，達挺身詣德崖軍請代，太祖乃得歸，達亦獲免。從渡江，拔采石，取太平，與常遇春皆爲軍鋒冠。從破擒元將陳埜先，別將兵取溧陽、溧水，從下集慶。太祖身居守，而命達爲大將，帥諸軍東攻鎭江，拔之。號令明肅，城中宴然。授淮興翼統軍元帥。

時張士誠已據常州，挾江東叛將陳保二以舟師攻鎭江。達敗之於龍潭，遂請益兵以圍常州。士誠遣將來援。達以敵狡而銳，未易力取，乃離城設二伏以待，別遣將王均用爲奇兵，而自督軍戰。敵退走遇伏，大敗之，獲其張、湯二將，進圍常州。明年克之。進僉樞密院事。繼克寧國，徇宜興，使前鋒趙德勝下常熟，擒士誠弟士德。明年復攻宜興，克之。太祖自將攻婺州，命達留守應天，別遣兵襲破天完將趙普勝，復池州。遷奉國上將軍、同知樞密院事。進攻安慶，自無爲陸行，夜掩浮山寨，破普勝部將於青山，遂克潛山。還鎭池州，與遇春設伏，敗陳友諒軍於九華山下，斬首萬人，生擒三千人。遇春曰：「此勁旅也，不殺爲後患。」達不可，乃以狀聞。而遇春先以夜阬其人過半，太祖不懌，悉縱遣餘衆。於是始命達盡護諸將。陳友諒犯龍江，達軍南門外，與諸將力戰破之，追及之慈湖，焚其舟。

明年，從伐漢，取江州。友諒走武昌，達追之。友諒出戰艦沔陽，達營漢陽沌口以遏之。進中書右丞。明年，太祖定南昌，降將祝宗、康泰叛。達以沌口軍討平之。從援安豐，破吳將呂珍，遂圍廬州。會漢人寇南昌，太祖召達自廬州來會師，遇於鄱陽湖。友諒軍甚盛，達身先諸將力戰，敗其前鋒，殺千五百人，獲一巨舟。太祖知敵可破，而慮士誠內犯，即夜遣達還守應天，自帥諸將鏖戰，竟斃友諒。

明年，太祖稱吳王，以達爲左相國。復引兵圍廬州，克其城。略下江陵、辰州、衡州、寶慶諸路，湖、湘平。召還，帥遇春等徇淮東，克泰州。吳人陷宜興，達還救復之。復引兵渡江，克高郵，俘吳將士千餘人。會遇春攻淮安，破吳軍於馬騾港，守將梅思祖以城降。進破安豐，獲元將忻都，走左君弼，盡得其運艘。元兵侵徐州，迎擊，大破之，俘斬萬計。淮南、北悉平。

師還，太祖議征吳。右相國李善長請緩之。達曰：「張氏汰而苛，大將李伯昇輩徒擁子女玉帛，易與耳。用事者，黃、蔡、葉三參軍，書生不知大計。臣奉主上威德，以大軍蹙之，三吳可計日定。」太祖大悅，拜達大將軍，平章遇春爲副將軍，帥舟師二十萬人薄湖州。敵三道出戰，達亦分三軍應之，別遣兵扼其歸路。敵戰敗返走，不得入城。還戰，大破之，擒將吏二百人，圍其城。士誠遣呂珍等以兵六萬赴救，屯舊館，築五寨自固。達使遇春等爲十壘以遮之。士誠自以精兵來援，大破之於皂林。士誠走，遂拔昇山水陸寨。五太子、朱暹、呂珍等皆降，以徇於城下，湖州降。遂下吳江州，從太湖進圍平江。達軍葑門，遇春軍虎丘，郭子興軍婁門，華雲龍軍胥門，湯和軍閶門，王弼軍盤門，張溫軍西門，康茂才軍北門，耿炳文軍城東北，仇成軍城西南，何文輝軍城西北，築長圍困之。架木塔與城中浮屠等。別築臺三成，瞰城中，置弓弩火筒。臺上又置巨礮，所擊輒糜碎。城中大震。達遣使請事，太祖敕勞之曰：「將軍謀勇絕倫，故能遏亂略，削羣雄。今事必稟命，此將軍之忠，吾甚嘉之。然將在外，君不御。軍中緩急，將軍其便宜行之，吾不中制。」既而平江破，執士誠，傳送應天，得勝兵二十五萬人。城之將破也，達與遇春約曰：「師入，我營其左，公營其右。」又令將士曰：「掠民財者死，毁民居者死，離營二十里者死。」既入，吳人安堵如故。師還，封信國公。

尋拜征虜大將軍，以遇春爲副，帥步騎二十五萬人，北取中原，太祖親餞於龍江。是時稱名將，必推達、遇春。兩人才勇相類，皆太祖所倚重。遇春剽疾敢深入，而達尤長於謀略。遇春下城邑不能無誅僇，達所至不擾，卽獲壯士與諜，結以恩義，俾爲己用。由此，多樂附大將軍者。至是，太祖諭諸將御軍持重有紀律，戰勝攻取得爲將之體者，莫如大將軍達。又謂達，進取方略，宜自山東始。師行，克沂州，降守將王宣。進克嶧州，王宣復叛，擊斬之。莒、密、海諸州悉下。乃使韓政分兵扼河，張興祖取東平、濟寧，而自帥大軍拔益都，徇下濰、膠諸州縣。濟南降，分兵取登、萊。齊地悉定。

洪武元年，太祖卽帝位，以達爲右丞相。册立皇太子，以達兼太子少傅。副將軍遇春克東昌，會師濟南，擊斬樂安反者。還軍濟寧，引舟師泝河，趨汴梁，守將李克彝走，左君弼、竹貞等降。〔一〕遂自虎牢關入洛陽，與元將脫因帖木兒大戰洛水北，破走之。梁王阿魯溫以河南降，略定嵩、陝、陳、汝諸州，遂擣潼關。李思齊奔鳳翔，張思道奔鄜城，遂入關，西至華州。

捷聞，太祖幸汴梁，召達詣行在所，置酒勞之，且謀北伐。達曰：「大軍平齊魯，掃河洛，王保保逡巡觀望；潼關既克，思齊輩狼狽西奔。元聲援已絕，今乘勢直擣元都，可不戰有也。」帝曰：「善。」達復進曰：「元都克，而其主北走，將窮追之乎？」帝曰：「元運衰矣，行自澌滅，不煩窮兵。出塞之後，固守封疆，防其侵軼可也。」達頓首受命。遂與副將軍會師河陰，遣裨將分道徇河北地，連下衞輝、彰德、廣平。師次臨清，使傅友德開陸道通步騎，顧時浚河通舟師，遂引而北。遇春已克德州，合兵取長蘆，扼直沽，作浮橋以濟師。水陸並進，大敗元軍於河西務，進克通州。順帝帥后妃太子北去。踰日，達陳兵齊化門，填濠登城。監國淮王帖木兒不花，左丞相慶童，平章迭兒必失、朴賽因不花，〔二〕右丞張康伯，御史中丞滿川等不降，斬之，其餘不戮一人。封府庫，籍圖書寶物，令指揮張勝以兵千人守宮殿門，〔三〕使宦者護視諸宮人、妃、主，禁士卒毋所侵暴。吏民安居，市不易肆。

捷聞，詔以元都為北平府，置六衞，留孫興祖等守之，而命達與遇春進取山西。遇春先下保定、中山、真定，馮勝、湯和下懷慶，度太行，取澤、潞，達以大軍繼之。時擴廓帖木兒方引兵出雁門，將由居庸以攻北平。達聞之，與諸將謀曰：「擴廓遠出，太原必虛。北平有孫都督在，足以禦之。今乘敵不備，直擣太原，使進不得戰，退無所守，所謂批亢擣虛者也。彼若西還自救，此成擒耳。」諸將皆曰：「善。」乃引兵趨太原。擴廓至保安，果還救。達選精兵夜襲其營。擴廓以十八騎遁去。盡降其衆，遂克太原。乘勢收大同，分兵徇未下州縣。

山西悉平。

二年引兵西渡河。至鹿臺，張思道遁，遂克奉元。時遇春下鳳翔，李思齊走臨洮，達會諸將議所向。皆曰：「張思道之才不如李思齊，而慶陽易於臨洮，請先慶陽。」達曰：「不然，慶陽城險而兵精，猝未易拔也。臨洮北界河、湟，西控羌、戎，得之，其人足備戰鬬，物產足佐軍儲。蹙以大兵，思齊不走，則束手縛矣。臨洮既克，於旁郡何有。」遂渡隴，克秦州，下伏羌、寧遠，入鞏昌，遣右副將軍馮勝逼臨洮，思齊果不戰降。分兵克蘭州，襲走豫王，盡收其部落輜重。還出蕭關，下平涼。思道走寧夏，爲擴廓所執，其弟良臣以慶陽降。達遣薛顯受之。良臣復叛，夜出兵襲傷顯。達督軍圍之。擴廓遣將來援，逆擊敗去，遂拔慶陽。良臣父子投於井，引出斬之。盡定陝西地。詔達班師，賜白金文綺甚厚。

將論功大封，會擴廓攻蘭州，殺指揮使，副將軍遇春已卒，三年春帝復以達爲大將軍，平章李文忠爲副將軍，分道出兵。達自潼關出西道，擣定西，取擴廓。文忠自居庸出東道，絕大漠，追元嗣主。達至定西，〔四〕擴廓退屯沈兒峪，進軍薄之。隔溝而壘，日數交。擴廓遣精兵從閒道劫東南壘，左丞胡德濟倉卒失措，軍驚擾，達帥兵擊却之。德濟，大海子也，達以其功臣子，械送之京師，而斬其下指揮等數人以徇。明日，整兵奪溝，殊死戰，大破擴廓兵。擒郯王、文濟王及國公、平章以下文武僚屬千八百六十餘人，〔五〕將士八萬四千五百餘人，馬駝雜畜以巨萬計。擴廓僅挾妻子數人奔和林。德濟至京，帝釋之，而以書諭達：「將軍效衞青不斬蘇建耳，獨不見穰苴之待莊賈乎？將軍誅之，則已。今下廷議，吾且念其信州、諸暨功，不忍加誅。繼自今，將軍毋事姑息。」

達既破擴廓，即帥師自徽州南一百八渡至略陽，克沔州，入連雲棧，攻興元，取之。而副將軍文忠亦克應昌，獲元嫡孫妃主將相。先後露布聞，詔振旅還京師。帝迎勞於龍江。乃下詔大封功臣，授達開國輔運推誠宣力武臣，特進光祿大夫、左柱國、太傅、中書右丞相參軍國事，改封魏國公，歲祿五千石，予世券。明年帥盛熙等赴北平練軍馬，修城池，徙山後軍民實諸衞府，置二百五十四屯，墾田一千三百餘頃。其冬，召還。

五年復大發兵征擴廓。達以征虜大將軍出中道，左副將軍李文忠出東道，征西將軍馮勝出西道，各將五萬騎出塞。達遣都督藍玉擊敗擴廓於土剌河。擴廓與賀宗哲合兵力拒，達戰不利，死者數萬人。帝以達功大，弗問也。時文忠軍亦不利，引還。獨勝至西涼獲全勝，坐匿駝馬，賞不行，事具文忠、勝傳。明年，達復帥諸將行邊，破敵於答剌海，還軍北平，留三年而歸。十四年，復帥湯和等討乃兒不花。已，復還鎮。

每歲春出，冬暮召還，以爲常。還輒上將印，賜休沐，宴見歡飲，有布衣兄弟稱，而達愈恭慎。帝嘗從容言：「徐兄功大，未有寧居，可賜以舊邸。」舊邸者，太祖爲吳王時所居也。

達固辭。一日，帝與達之邸，强飲之醉，而蒙之被，舁臥正寢。達醒，驚趨下階，俯伏呼死罪。帝覘之，大悅。乃命有司卽舊邸前治甲第，表其坊曰「大功」。胡惟庸爲丞相，欲結好於達，達薄其人，不答，則賂達閽者福壽使圖達。福壽發之，達亦不問；惟時時爲帝言惟庸不任相。後果敗，帝益重達。十七年，太陰犯上將，帝心惡之。達在北平病背疽，稍愈，帝遣達長子輝祖齎勅往勞，尋召還。明年二月，病篤，遂卒，年五十四。帝爲輟朝，臨喪悲慟不已。追封中山王，謚武寧，贈三世皆王爵。賜葬鍾山之陰，御製神道碑文。配享太廟，肖像功臣廟，位皆第一。

達言簡慮精。在軍，令出不二。諸將奉持凜凜，而帝前恭謹如不能言。善拊循，與下同甘苦，士無不感恩效死，以故所向克捷。尤嚴戢部伍，所平大都二，省會三，郡邑百數，閭井宴然，民不苦兵。歸朝之日，單車就舍，延禮儒生，談議終日，雍雍如也。帝嘗稱之曰：「受命而出，成功而旋，不矜不伐，婦女無所愛，財寶無所取，中正無疵，昭明乎日月，大將軍一人而已。」

子四：輝祖、添福、膺緒、增壽。長女爲文皇帝后，次代王妃，次安王妃。

輝祖，初名允恭，長八尺五寸，有才氣，以勳衞署左軍都督府事。達薨，嗣爵。以避皇太孫諱，賜今名。數出練兵陝西、北平、山東、河南。元將阿魯帖木兒隸燕府，有異志，捕誅之。還領中軍都督府。建文初，加太子太傅。燕王子高煦，輝祖甥也。王將起兵，高煦方留京師，竊其善馬而逃。輝祖大驚，遣人追之，不及，乃以聞，遂見親信。久之，命帥師援山東，敗燕兵於齊眉山。燕人大懼。俄被詔還，諸將勢孤，遂相次敗績。及燕兵渡江，輝祖猶引兵力戰。成祖入京師，輝祖獨守父祠弗迎。於是下吏命供罪狀，惟書其父開國勳及券中免死語。成祖大怒，削爵幽之私第。永樂五年卒。萬曆中錄建文忠臣，廟祀南都，以輝祖居首。後追贈太師，謚忠貞。

輝祖死踰月，成祖詔羣臣：「輝祖與齊、黃輩謀危社稷。朕念中山王有大功，曲赦之。今輝祖死，中山王不可無後。」遂命輝祖長子欽嗣。九年，欽與成國公勇、定國公景昌、永康侯忠等，俱以縱恣爲言官所劾。帝宥勇等，而令欽歸就學。十九年來朝，遽辭歸。帝怒，罷爲民。仁宗卽位，復故爵，傳子顯宗、承宗。承宗，天順初，守備南京，兼領中軍府，公廉恤士有賢聲。卒，子俌嗣。俌字公輔，持重，善容止。南京守備體最隆，懷柔伯施鑑以協同守備位俌上。俌不平，言於朝，詔以爵爲序，著爲令。弘治十二年，給事中胡易、御史胡獻以災異陳言下獄，俌上章救之。正德中，上書諫遊畋，語切直。嘗與無錫民爭田，賄劉瑾，爲時所譏。俌嗣五十二年而卒，贈太傅，謚莊靖。孫鵬舉嗣，嬖其妾，冒封夫人，欲立其子爲嫡，坐奪祿。傳子邦瑞，孫維志，曾孫弘基。自承宗至弘基六世，皆守備南京，領軍府事。弘基累加太傅，卒，諡莊武，子文爵嗣。明亡，爵除。

增壽以父任仕至左都督。建文帝疑燕王反，嘗以問增壽。增壽頓首曰：「燕王先帝同氣，富貴已極，何故反。」及燕師起，數以京師虛實輸於燕。帝覺之，未及問。比燕兵渡江，帝召增壽詰之，不對，手劍斬之殿廡下。王入，撫屍哭。卽位，追封武陽侯，諡忠愍。尋進封定國公，祿二千五百石。以其子景昌嗣。驕縱，數被劾，成祖輒宥之。成祖崩，景昌坐居喪不出宿，奪冠服歲祿，已而復之。三傳至玄孫光祚，累典軍府，加太師，嗣四十五年卒，諡榮僖。傳子至孫文璧，萬曆中，領後軍府。以小心謹畏見親於帝，數代郊天，加太師。累上書請建儲，罷礦稅，釋逮繫。嗣三十五年卒，諡康惠。再傳至曾孫允禎，崇禎末爲流賊所殺。

洪武諸功臣，惟達子孫有二公，分居兩京。魏國之後多賢，而累朝恩數，定國常倍之。嘉靖中詔裁恩澤世封，有言定國功弗稱者，竟弗奪也。

添福早卒。膺緒，授尙寶司卿，累遷中軍都督僉事，奉朝請，世襲指揮使。

常遇春，字伯仁，懷遠人。貌奇偉，勇力絕人，猿臂善射。初從劉聚爲盜，察聚終無成，歸太祖於和陽。未至，困臥田間，夢神人被甲擁盾呼曰：「起起，主君來。」驚寤，而太祖適至，卽迎拜。時至正十五年四月也。無何，自請爲前鋒。太祖曰：「汝特饑來就食耳，吾安得汝留也。」遇春固請。太祖曰：「俟渡江，事我未晚也。」及兵薄牛渚磯，元兵陳磯上，舟距岸且三丈餘，莫能登。遇春飛舸至，太祖麾之前。遇春應聲，奮戈直前。敵接其戈，乘勢躍而上，大呼跳蕩，元軍披靡。諸將乘之，遂拔采石，進取太平。授總管府先鋒，進總管都督。〔六〕

時將士妻子輜重皆在和州，元中丞蠻子海牙復以舟師襲據采石，道中梗。太祖自將攻之，遣遇春多張疑兵分敵勢。戰旣合，遇春操輕舸，衝海牙舟爲二。左右縱擊，大敗之，盡得其舟。江路復通。尋命守溧陽，從攻集慶，功最。從元帥徐達取鎭江，進取常州。吳兵圍達於牛塘，遇春往援，破解之，擒其將，進統軍大元帥。克常州，遷中翼大元帥。從達攻寧國，中流矢，裹創鬭，克之。別取馬駝沙，以舟師攻池州，下之，進行省都督馬步水軍大元帥。從取婺州，轉同僉樞密院事，守婺。移兵圍衢州，以奇兵突入南門甕城，毁其戰具，急攻之，遂下，得甲士萬人，進僉樞密院事。攻杭州，失利，召還應天。從達拔趙普勝之水寨，從守池州，大破漢兵於九華山下，語具達傳。友諒薄龍灣，遇春以五翼軍設伏，大破之，遂復太平，功最。太祖追友諒於江州，命遇春留守，用法嚴，軍民肅然無敢犯，進行省參知政事。從取安慶。漢軍出江游徼，遇春擊之，皆反走，乘勝取江州。還守龍灣，援長興，俘殺吳兵五千餘人，其將李伯昇解圍遁。命甓安慶城。

先是，太祖所任將帥最著者，平章邵榮、右丞徐達與遇春爲三。而榮尤宿將善戰，至是驕蹇有異志，與參政趙繼祖謀伏兵爲變。事覺，太祖欲宥榮死，遇春直前曰：「人臣以反名，尙何可宥，臣義不與共生。」太祖乃飲榮酒，流涕而戮之，以是益愛重遇春。

池州帥羅友賢據神山寨，〔三〕通張士誠，遇春破斬之。從援安豐。比至，呂珍已陷其城，殺劉福通，聞大軍至，盛兵拒守。太祖左右軍皆敗，遇春橫擊其陣，三戰三破之，俘獲士馬無算。遂從達圍廬州。城將下，陳友諒圍洪都，召還。會師伐漢，遇於彭蠡之康郎山。漢軍舟大，乘上流，鋒銳甚。遇春偕諸將大戰，呼聲動天地，無不一當百。友諒驍將張定邊直犯太祖舟，舟膠於淺，幾殆。遇春射中定邊，太祖舟得脫，而遇春舟復膠於淺。有敗舟順流下，觸遇春舟乃脫。轉戰三日，縱火焚漢舟，湖水皆赤，友諒不敢復戰。諸將以漢軍尙強，欲縱之去，遇春獨無言。比出湖口，諸將欲放舟東下，太祖命扼上流。遇春乃泝江而上，諸將從之。友諒窮蹙，以百艘突圍。諸將邀擊之，漢軍遂大潰，友諒死。師還，第功最，賚金帛土田甚厚。從圍武昌，太祖還應天，留遇春督軍困之。

明年，太祖卽吳王位，進遇春平章政事。太祖復視師武昌。漢丞相張必先自岳來援。遇春乘其未集，急擊擒之。城中由是氣奪，陳理遂降，盡取荆、湖地。從左相國達取廬州，別將兵略定臨江之沙坑、麻嶺、牛陂諸寨，擒僞知州鄧克明，遂下吉安。圍贛州，熊天瑞固守不下。太祖使使諭遇春：「克城無多殺。苟得地，無民何益？」於是遇春浚壕立柵以困之。頓兵六月，天瑞力盡乃降，遇春果不殺。太祖大喜，賜書褒勉。遇春遂因兵威諭降南雄、韶州，還定安陸、襄陽。復從徐達克泰州，敗士誠援兵，督水軍壁海安壩以遏之。

其秋拜副將軍，伐吳。敗吳軍於太湖，於毗山，於三里橋，遂薄湖州。士誠遣兵來援，屯於舊館，出大軍後。遇春將奇兵由大全港營東阡，更出其後。敵出精卒搏戰，奮擊破之。襲其右丞徐義於平望，盡燔其赤龍船，復敗之於烏鎭，逐北至昇山，破其水陸寨，悉俘舊館兵，湖州遂下。進圍平江，軍虎丘。士誠潛師趨遇春，遇春與戰北濠，破之，幾獲士誠。久之，諸將破葑門，遇春亦破閶門以入，吳平。進中書平章軍國重事，封鄂國公。

復拜副將軍，與大將軍達帥兵北征。帝親諭曰：「當百萬衆，摧鋒陷堅，莫如副將軍。不慮不能戰，慮輕戰耳。身爲大將，顧好與小校角，甚非所望也。」遇春拜謝。旣行，以遇春兼太子少保，從下山東諸郡，取汴梁，進攻河南。元兵五萬陳洛水北。遇春單騎突其陣，敵二十餘騎攢槊刺之。遇春一矢殪其前鋒，大呼馳入，麾下壯士從之。敵大潰，追奔五十餘里。降梁王阿魯溫，河南郡邑以次下。謁帝於汴梁，遂與大將軍下河北諸郡。先驅取德州，將舟師並河而進，破元兵於河西務，克通州，遂入元都。別下保定、河間、眞定。

與大將軍攻太原，擴廓帖木兒來援。遇春言於達曰：「我騎兵雖集，步卒未至，驟與戰必多殺傷，夜劫之可得志。」達曰：「善。」會擴廓部將豁鼻馬來約降，且請爲內應，乃選精騎夜銜枚往襲。擴廓方燃燭治軍書，倉卒不知所出，跣一足，乘孱馬，以十八騎走大同。豁鼻馬降，得甲士四萬，遂克太原。遇春追擴廓至忻州而還。詔改遇春左副將軍，居右副將軍馮勝上。北取大同，轉徇河東，下奉元路，與勝軍合，西拔鳳翔。

會元將也速攻通州，詔遇春還備，以平章李文忠副之，帥步騎九萬，發北平，徑會州，敗敵將江文淸於錦州，〔六〕敗也速於全寧。進攻大興州，分千騎爲八伏。守將夜遁，盡擒之，遂拔開平。元帝北走，追奔數百里。獲其宗王慶生及平章鼎住等將士萬人，〔七〕車萬輛，馬三千匹，牛五萬頭，子女寶貨稱是。師還，次柳河川，暴疾卒，年僅四十。太祖聞之，大震悼。喪至龍江，親出奠，命禮官議天子爲大臣發哀禮。議上，用宋太宗喪韓王趙普故事。制曰「可」。賜葬鍾山原，給明器九十事納墓中。贈翊運推誠宣德靖遠功臣、開府儀同三司、上柱國、太保、中書右丞相，追封開平王，諡忠武。配享太廟，肖像功臣廟，位皆第二。

遇春沉鷙果敢，善撫士卒，摧鋒陷陣，未嘗敗北。雖不習書史，用兵輒與古合。長於大將軍達二歲，數從征伐，聽約束惟謹，一時名將稱徐、常。遇春嘗自言能將十萬衆，橫行天下，軍中又稱「常十萬」云。

遇春從弟榮，積功爲指揮同知，從李文忠出塞，戰死臚朐河。遇春二子，茂、昇。

茂以遇春功，封鄭國公，食祿二千石，予世券，驕稚不習事。洪武二十年命從大將軍馮勝征納哈出於金山。勝，茂婦翁也。茂多不奉勝約束，勝數誚責之。茂應之慢，勝益怒，未有以發也。會納哈出請降，詣右副將軍藍玉營，酒次，與玉相失，納哈出取酒澆地，顧其下咄咄語。茂方在坐，麾下趙指揮者，解蒙古語，密告茂：「納哈出將遁矣。」茂因出不意，直前搏之。納哈出大驚，起欲就馬。茂拔刀，砍其臂傷。納哈出所部聞之，有驚潰者。勝故怒茂，增飾其狀，奏茂激變，遂械繫至京。茂亦言勝諸不法事。帝收勝總兵印，而安置茂於龍州，二十四年卒。初，龍州土官趙貼堅死，從子宗壽當襲。貼堅妻黃以愛女予茂爲小妻，擅州事。茂旣死，黃與宗壽爭州印，相告訐。或搆蜚語，謂茂實不死，宗壽知狀。帝怒，責令獻茂自贖，命楊文、韓觀出師討龍州。已而知茂果死，宗壽亦輸欵，乃罷兵。

茂無子，弟昇，改封開國公，數出練軍，加太子太保。昇之沒，實錄不載。其他書紀傳謂，建文末，昇及魏國公輝祖力戰浦子口，死於永樂初。或謂昇洪武中坐藍玉黨，有告其聚兵三山者，誅死。常氏爲興宗外戚，建文時恩禮宜厚，事遭革除，無可考，其死亦遂傳聞異詞。昇子繼祖，永樂元年遷雲南之臨安衞，時甫七歲。繼祖子寧，寧子復。弘治五年詔曰：「太廟配享諸功臣，其贈王者，皆佐皇祖平定天下，有大功。而子孫或不沾寸祿，淪於氓隸。朕不忍，所司可求其世嫡，量授一官，奉先祀。」乃自雲南召復，授南京錦衣衞世指揮使。嘉靖十一年紹封四王後，封復孫玄振爲懷遠侯，傳至曾孫延齡，有賢行。崇禎十六年，全楚淪陷，延齡請統京兵赴九江協守。又言江都有地名常家沙，族丁數千皆其始祖遠裔，請鼓以忠義，練爲親兵。帝嘉之，不果行。南都諸勳戚多恣睢自肆，獨延齡以守職稱。國亡，身自灌園，蕭然布衣終老。

贊曰：明太祖奮自滁陽，戡定四方，雖曰天授，蓋二王之力多焉。中山持重有謀，功高不伐，自古名世之佐無以過之。開平摧鋒陷陣，所向必克，智勇不在中山下；而公忠謙遜，善持其功名，允爲元勳之冠。身依日月，剖符錫土，若二王者，可謂極盛矣。顧中山賞延後裔，世叨榮寵；而開平天不假年，子孫亦復衰替。貴匹勳齊，而食報或爽，其故何也？太祖嘗語諸將曰：「爲將不妄殺人，豈惟國家之利，爾子孫實受其福。」信哉，可爲爲將帥者鑑矣。

# 校勘記

〔一〕左君弼竹貞等降　竹貞，當作「竹昌」。按太祖實録卷二七洪武元年三月己亥條稱：「大將軍徐達至陳橋，左君弼、竹昌迎降。」同卷四月壬寅條稱：「大將軍徐達遣千户王鎮送左君弼、竹君祥等赴京師。」是洪武元年三月在汴梁東北陳橋迎降徐達的元將是左君弼、竹昌等，不是「左君弼、竹貞等」。元平章竹貞在洪武三年二月在察罕腦兒才被李文忠所擒，見本書卷二太祖紀、太祖實録卷四九、國榷卷四頁四〇九。傳文作「竹貞」誤。又本書卷一三〇韓政傳的「竹貞」，也應作「竹昌」。

〔二〕朴賽因不花　朴，原作「樸」，誤。按「朴」係一高麗姓，朴賽因不花是高麗人，元史卷一九六有傳，字正作「朴」，據改。

〔三〕令指揮張勝以兵千人守宫殿門　張勝，太祖實録卷三〇洪武元年八月庚午條、卷一七一洪武十八年二月己未條都作「張焕」。

〔四〕達至定西　定西，原作「安定」，據本書卷一二六鄧愈傳、明史稿傳一一徐達傳、太祖實録卷一七一洪武十八年二月己未條改。

〔五〕擒鄭王文濟王及國公平章以下文武僚屬千八百六十餘人　文濟王，原脱「文」字，據太祖實録卷一七一洪武十八年二月己未條補。按元史卷一〇八諸王表有「濟王」，也有「文濟王」，濟王已於皇慶元年改封吴王，不得於洪武三年與鄭王同時被擒。而文濟王則是與鄭王同時的人。

〔六〕進總管都督　太祖實録卷四丙申十月丁未條作「管軍總管」。

〔七〕池州帥羅友賢據神山寨　神山寨，原作「賢山寨」，據太祖實録卷一一壬寅十月壬申條、卷一二癸卯正月庚戌條改。按池州府無「賢山」而有神山，見讀史方輿紀要卷二七。

〔八〕敗敵將江文清於錦州　江文清，原作「汪文清」，據本書卷一二六李文忠傳，太祖實録卷五六洪武三年九月戊申條、卷一六〇洪武十七年三月戊戌條改。

〔九〕獲其宗王慶生及平章鼎住等將士萬人　慶生，本書卷三二七韃靼傳作「慶孫」，太祖實録卷四二洪武二年六月己卯條作「慶生」。

# 明史卷一百二十六

## 列傳第十四

### 李文忠　鄧愈　湯和　沐英

李文忠，字思本，小字保兒，盱眙人，太祖姊子也。年十二而母死，父貞攜之轉側亂軍中，瀕死者數矣。踰二年乃謁太祖於滁陽。太祖見保兒，喜甚，撫以爲子，令從己姓。讀書穎敏如素習。年十九，以舍人將親軍，從援池州，破天完軍，驍勇冠諸將。別攻青陽、石埭、太平、旌德，皆下之。敗元院判阿魯灰於萬年街，復敗苗軍於於潛、昌化。進攻淳安，夜襲洪元帥，降其衆千餘，授帳前左副都指揮兼領元帥府事。尋會鄧愈、胡大海之師，取建德，以爲嚴州府，守之。

苗帥楊完者以苗、僚數萬水陸奄至。文忠將輕兵破其陸軍，取所馘首，浮巨筏上。水軍見之亦遁。完者復來犯，與鄧愈擊却之。進克浦江，禁焚掠，示恩信。義門鄭氏避兵山谷，招之還，以兵護之。民大悅。完者死，其部將乞降，撫之，得三萬餘人。與胡大海拔諸暨。張士誠寇嚴州，禦之東門，使別將出小北門，間道襲其後，夾擊大破之。踰月，復來攻，又破之大浪灘，乘勝克分水。士誠遣將據三溪，復擊敗之，斬陸元帥，焚其壘。士誠自是不敢窺嚴州。進同僉行樞密院事。

胡大海得漢將李明道、王漢二，送文忠所，釋而禮之，使招建昌守將王溥。溥降。苗將蔣英、劉震殺大海，以金華叛。文忠遣將擊走之，親撫定其衆。處州苗軍亦殺耿再成叛。文忠遣將屯縉雲以圖之。拜浙東行省左丞，總制嚴、衢、信、處、諸全軍事。

吳兵十萬方急攻諸全，守將謝再興告急，遣同僉胡德濟往援。再興復請益兵，文忠兵少無以應。會太祖使邵榮討處州亂卒，文忠乃揚言徐右丞、邵平章將大軍刻日進。吳軍聞之懼，謀夜遁。德濟與再興帥死士夜半開門突擊，大破之，諸全遂完。

明年，再興叛降於吳，以吳軍犯東陽。文忠與胡深迎戰於義烏，將千騎橫突其陣，大敗之。已，用深策去諸全五十里別築一城，以相犄角。士誠遣司徒李伯昇以十六萬衆來攻，不克。踰年，復以二十萬衆攻新城。文忠帥朱亮祖等馳救，去新城十里而軍。德濟使人告賊勢盛，宜少駐以俟大軍。文忠曰：「兵在謀不在衆。」乃下令曰：「彼衆而驕，我少而銳，以銳遇驕，必克之矣。彼軍輜重山積，此天以富汝曹也。勉之。」會有白氣自東北來覆軍上，占之曰「必勝」。詰朝會戰，天大霧晦冥，文忠集諸將仰天誓曰：「國家之事在此一舉，文忠不敢愛死以後三軍。」乃使元帥徐大興、湯克明等將左軍，嚴德、王德等將右軍，而自以中軍當敵衝。會處州援兵亦至，奮前搏擊。霧稍開，文忠橫槊引鐵騎數十，乘高馳下，衝其中堅。敵以精騎圍文忠數重。文忠手所格殺甚衆，縱騎馳突，所向皆披靡。大軍乘之，城中兵亦鼓譟出，敵遂大潰。逐北數十里，斬首數萬級，溪水盡赤，獲將校六百，甲士三千，鎧仗芻粟收數日不盡，伯昇僅以身免。捷聞，太祖大喜，召歸，宴勞彌日，賜御衣名馬，遣還鎮。

明年秋，大軍伐吳，令攻杭州以牽制之。文忠帥亮祖等克桐廬、新城、富陽，遂攻餘杭。守將謝五，再興弟也，諭之降，許以不死。五與再興子五人出降。諸將請僇之，文忠不可。遂趨杭州，守將潘元明亦降，整軍入。元明以女樂迎，麾去之。營於麗譙，下令曰：「擅入民居者死。」一卒借民釜，斬以徇，城中帖然。得兵三萬，糧二十萬。就加榮祿大夫、浙江行省平章事，復姓李氏。大軍征閩，文忠別引軍屯浦城以逼之。師還，餘寇金子隆等聚衆剽掠，文忠復討擒之，遂定建、延、汀三州。命軍中收養道上棄兒，所全活無算。

洪武二年春，以偏將軍從右副將軍常遇春出塞，薄上都，走元帝，語具遇春傳。遇春卒，命文忠代將其軍，奉詔會大將軍徐達攻慶陽。行次太原，聞大同圍急，謂左丞趙庸曰：「我等受命而來，閫外之事苟利於國，專之可也。今大同甚急，援之便。」遂出雁門，次馬邑，敗元游兵，擒平章劉帖木，進至白楊門。天雨雪，已駐營，文忠令移前五里，阻水自固。元兵乘夜來劫，文忠堅壁不動。質明，敵大至。以二營委之，殊死戰，度敵疲，乃出精兵左右擊，大破之，擒其將脫列伯，俘斬萬餘人，窮追至莽哥倉而還。

明年拜征虜左副將軍。與大將軍分道北征，以十萬人出野狐嶺，至興和，降其守將。進兵察罕腦兒，擒平章竹真。〔一〕次駱駝山，走平章沙不丁。次開平，降平章上都罕等。時元帝已崩，太子愛猷識里達臘新立。文忠諜知之，兼程趨應昌。元嗣君北走，獲其嫡子買的立八剌暨后妃宮人諸王將相官屬數百人，及宋、元玉璽金寶十五，玉册二，鎮圭、大圭、玉帶、玉斧各一。出精騎窮追至北慶州而還。道興州，擒國公江文淸等，降三萬七千人。至紅羅山，又降楊思祖之衆萬六千餘人。獻捷京師，帝御奉天門受朝賀。大封功臣，文忠功最，授開國輔運推誠宣力武臣，特進榮祿大夫、右柱國、大都督府左都督，封曹國公，同知軍國事，食祿三千石，予世券。

四年秋，傅友德等平蜀，令文忠往拊循之。築成都新城，發軍戍諸郡要害，乃還。明年復以左副將軍由東道北征，出居庸，趨和林，至口溫，元人遁。進至臚朐河，令部將韓政等守輜重，而自帥大軍，人齎二十日糧，疾馳至土剌河。元太師蠻子哈剌章悉衆渡河，列騎以待。文忠引軍薄之，敵稍卻。至阿魯渾河，敵來益衆。文忠馬中流矢，下馬持短兵鬭。指揮李榮以所乘馬授文忠，而自奪敵馬乘之。文忠得馬，益殊死戰，遂破敵，虜獲萬計。追奔至稱海，敵兵復大集。文忠乃斂兵據險，椎牛饗士，縱所獲馬畜於野。敵疑有伏，稍稍引去。文忠亦引還，失故道。至桑哥兒麻，乏水，渴甚，禱於天。所乘馬跑地，泉湧出，三軍皆給，乃刑牲以祭。遂還。是役也，兩軍勝負相當，而宣寧侯曹良臣，指揮使周顯、常榮、張耀俱戰死，以故賞不行。

六年行北平、山西邊，敗敵於三角村。七年遣部將分道出塞。至三不剌川，俘平章陳安禮。至順寧、楊門，斬眞珠驢。至白登，擒太尉不花。〔二〕其秋帥師攻大寧、高州，克之，斬宗王朶朶失里，擒承旨百家奴。追奔至氈帽山，擊斬魯王，獲其妃及司徒答海等。進師豐州，擒元故官十二人，馬駝牛羊甚衆，窮追至百干兒乃還。〔三〕是後屢出備邊。

十年命與韓國公李善長議軍國重事。十二年，洮州十八番族叛，與西平侯沐英合兵討平之，築城東籠山南川，置洮州衞。還言西安城中水鹹鹵不可飲，請鑿地引龍首渠入城以便汲，從之。還掌大都督府兼領國子監事。

文忠器量沉宏，人莫測其際。臨陣踔厲風發，遇大敵益壯。頗好學問，常師事金華范祖幹、胡翰，通曉經義，爲詩歌雄駿可觀。初，太祖定應天，以軍興不給，增民田租，文忠請之，得減額。其釋兵家居，恂恂若儒者，帝雅愛重之。家故多客，嘗以客言，勸帝少誅僇，又諫帝征日本，及言宦者過盛，非天子不近刑人之義。以是積忤旨，不免譴責。十六年冬遂得疾。帝親臨視，使淮安侯華中護醫藥。明年三月卒，年四十六。帝疑中毒之，貶中爵，放其家屬於建昌衞，諸醫並妻子皆斬。親爲文致祭，追封岐陽王，謚武靖。配享太廟，肖像功臣廟，位皆第三。父貞前卒，贈隴西王，謚恭獻。

文忠三子，長景隆，次增枝、芳英，皆帝賜名。增枝初授勳衞，擢前軍左都督。芳英官至中都正留守。

景隆，小字九江。讀書通典故。長身，眉目疎秀，顧盼偉然。每朝會，進止雍容甚都，太祖數目屬之。十九年襲爵，屢出練軍湖廣、陝西、河南，市馬西番。進掌左軍都督府事，加太子太傅。

建文帝卽位，景隆以肺腑見親任，嘗被命執周王橚。及燕兵起，長興侯耿炳文討燕失利，齊泰、黃子澄等共薦景隆。乃以景隆代炳文爲大將軍，將兵五十萬北伐。賜通天犀帶，帝親爲推輪，餞之江滸，令一切便宜行事。景隆貴公子，不知兵，惟自尊大，諸宿將多怏怏不爲用。景隆馳至德州，會兵進營河間。燕王聞之喜，語諸將曰：「李九江，紈綺少年耳，易與也。」遂命世子居守，戒勿出戰，而自引兵援永平，直趨大寧。景隆聞之，進圍北平。都督瞿能攻張掖門，垂破。景隆忌能功，止之。及燕師破大寧，還軍擊景隆。景隆屢大敗，奔德州，諸軍皆潰。明年正月，燕王攻大同，景隆引軍出紫荆關往救，無功而還。帝慮景隆權尙輕，遣中官齎璽書賜黃鉞弓矢，專征伐。方渡江，風雨舟壞，賜物盡失，乃更製以賜。四月，景隆大誓師於德州，會武定侯郭英、安陸侯吳傑等於眞定，合軍六十萬，進營白溝河。與燕軍連戰，復大敗，璽書斧鉞皆委棄，走德州，復走濟南。斯役也，王師死者數十萬人，南軍遂不支，帝始詔景隆還。黃子澄慚憤，執景隆於朝班，請誅之以謝天下。燕師渡江，帝旁皇甚，方孝孺復請誅景隆。帝皆不問。使景隆及尙書茹瑺、都督王佐如燕軍，割地請和。燕兵屯金川門，景隆與谷王橞開門迎降。

燕王卽帝位，授景隆奉天輔運推誠宣力武臣、特進光祿大夫、左柱國，增歲祿千石。朝廷有大事，景隆猶以班首主議，諸功臣咸不平。永樂二年，周王發其建文時至邸受賂事，刑部尙書鄭賜等亦劾景隆包藏禍心，蓄養亡命，謀爲不軌。詔勿問。已，成國公朱能、吏部尙書蹇義與文武羣臣，廷劾景隆及弟增枝逆謀有狀，六科給事中張信等復劾之。詔削勳號，絕朝請，以公歸第，奉長公主祀。亡何，禮部尙書李至剛等復言：「景隆在家，坐受閽人伏謁如君臣禮，大不道；增枝多立莊田，蓄僮僕無慮千百，意叵測。」於是奪景隆爵，並增枝及妻子數十人錮私第，沒其財產。景隆嘗絕食旬日不死，至永樂末乃卒。

正統十三年始下詔令增枝等啓門第，得自便。弘治初，錄文忠後，以景隆曾孫璿爲南京錦衣衛世指揮使。卒，子濂嗣。卒，子性嗣。嘉靖十一年詔封性爲臨淮侯，祿千石。踰年卒，無子，復以濂弟沂紹封。卒，子庭竹嗣。屢典軍府，提督操江，佩平蠻將軍印，鎭湖廣。卒，子言恭嗣。守備南京，入督京營，累加少保。言恭，字惟寅，好學能詩，折節寒素。子宗城，少以文學知名。萬曆中，倭犯朝鮮，兵部尚書石星主封貢，薦宗城才，授都督僉事，充正使，持節往，指揮楊方亨副之。宗城至朝鮮釜山，倭來益衆，道路籍籍，言且劫二使。宗城恐，變服逃歸。而方亨渡海，爲倭所辱。宗城下獄論戍，〔四〕以其子邦鎭嗣侯。明亡，爵絕。

鄧愈，虹人。初名友德，太祖爲賜名。父順興據臨濠，與元兵戰死，兄友隆代之，復病死，衆推愈領軍事。愈年甫十六，每戰必先登陷陣，軍中咸服其勇。太祖起滁陽，愈自盱眙來歸，授管軍總管。從渡江。克太平，破擒陳埜先，略定溧陽、溧水，下集慶，取鎭江，皆有功。進廣興翼元帥，出守廣德州，破長鎗帥謝國璽於城下，俘其總管武世榮，獲甲士千人。移鎭宣州，以其兵取績溪，與胡大海克徽州，遷行樞密院判官守之。

苗帥楊完者以十萬衆來攻，守禦單弱，愈激厲將士，與大海合擊，破走之。進拔休寧、婺源，獲卒三千，徇下高河壘。與李文忠、胡大海攻建德，道遂安，破長鎗帥余子貞，逐北至淳安，又破其援兵，遂克建德。楊完者來攻，破擒其將李副樞，降溪洞兵三萬。踰月，復破完者於烏龍嶺。再遷僉行樞密院事。

略臨安，李伯昇來援，敗之閑林寨。遣使說降饒州守將于光，遂移守饒。饒濱彭蠡湖，與友諒接境，數來侵，輒擊却之。進江南行省參政，總制各翼軍馬。取浮梁，徇樂平，餘干、建昌皆下。

友諒撫州守將鄧克明爲吳宏所攻，遣使僞降以緩師。愈知其情，卷甲夜馳二百里，比明入其城。克明出不意，單騎走。愈號令嚴肅，秋毫不犯，遂定撫州。克明不得已降。會友諒丞相胡廷瑞獻龍興路，改洪都府，以愈爲江西行省參政守之，而命降將祝宗、康泰以所部從。二人初不欲降，及奉命從徐達攻武昌，遂反。舟次女兒港，趨還，乘夜破新城門而入。愈倉卒聞變，以數十騎走，數與賊遇。從騎死且盡，窘甚。連易三馬，馬輒踣。最後得養子馬乘之，始得奪撫州門以出，奔還應天。太祖弗之罪也。既而徐達還師復洪都，復命愈佐大都督朱文正鎮之。其明年，友諒衆六十萬入寇，樓船高與城等，乘漲直抵城下，圍數百重。愈分守撫州門，當要衝。友諒親督衆來攻，城壞且三十餘丈，愈且築且戰。敵攻益急，晝夜不解甲者三月。太祖自將來援，圍始解，論功與克敵等。太祖已平武昌，使愈帥兵徇江西未附州縣。鄧克明之弟志清據永豐，有卒二萬。愈擊破之，擒其大帥五十餘人。從常遇春平沙坑、麻嶺諸寨，進兵取吉安，圍贛州，五月乃克之。進江西行省右丞，時年二十八。兵興，諸將早貴未有如愈與李文忠者。

愈爲人簡重愼密，不憚危苦，將軍嚴，善撫降附。其徇安福也，部卒有虜掠者。判官潘樞入謁，面責之。愈驚起謝，趣下令掠民者斬，索軍中所得子女盡出之。樞因閉置空舍中，自坐舍外，作糜食之。卒有謀乘夜劫取者，愈鞭之以徇。樞悉護遣還其家，民大悅。已而遇春克襄陽，以愈爲湖廣行省平章鎭其地，賜以書曰：「爾戍襄陽，宜謹守法度。山寨來歸者，兵民悉仍故籍，小校以下悉令屯種，且耕且戰。爾所戍地鄰擴廓，若爾愛加於民，法行於軍，則彼所部皆將慕義來歸，如脫虎口就慈母。我賴爾如長城，爾其勉之。」愈披荊棘，立軍府營屯，拊循招徠，威惠甚著。

吳元年建御史臺，召爲右御史大夫，領臺事。洪武元年兼太子諭德。大軍經略中原，愈爲征戍將軍，帥襄、漢兵取南陽以北未附州郡。遂克唐州，進攻南陽，敗元兵於瓦店，逐北抵城下，遂克之，擒史國公等二十六人。隨、葉、舞陽、魯山諸州縣相繼降。攻下牛心、光石、洪山諸山寨，均、房、金、商之地悉定。三年，以征虜左副副將軍從大將軍出定西。擴廓屯車道峴，愈直抵其壘，立柵逼之，擴廓敗走。分兵自臨洮進克河州，招諭吐蕃諸酋長，宣慰何鎖南普等皆納印請降。〔五〕追豫王至西黄河，抵黑松林，破斬其大將。河州以西朵甘、烏斯藏諸部悉歸附。出甘肅西北數千里而還。論功授開國輔運推誠宣力武臣、特進榮祿大夫、右柱國，封衞國公，同參軍國事，歲祿三千石，予世券。

四年伐蜀，命愈赴襄陽練軍馬，運糧給軍士。五年，辰、澧諸蠻作亂，以愈爲征南將軍，江夏侯周德興、江陰侯吳良爲副，討之。愈帥楊璟、黄彬出澧州，克四十八洞，又捕斬房州反者。六年，以右副將軍從徐達巡西北邊。十年，吐番川藏爲梗，剽貢使，愈以征西將軍偕副將軍沐英討之。分兵爲三道，窮追至崑崙山，俘斬萬計，獲馬牛羊十餘萬，留兵戍諸要害乃還。道病，至壽春卒，年四十一。追封寧河王，謚武順。

長子鎭嗣，改封申國公，以征南副將軍平永新龍泉山寇。再出塞，有功。其妻，李善長外孫也，善長敗，坐姦黨誅。弟銘錦衣衞指揮僉事，征蠻，卒於軍。有子源爲鎭後。弘治中，授源孫炳爲南京錦衣衞世指揮使。嘉靖十一年詔封炳子繼坤定遠侯。五傳至文明，崇禎末，死流賊之難。

湯和，字鼎臣，濠人，與太祖同里閈。幼有奇志，嬉戲嘗習騎射，部勒羣兒。及長，身長七尺，倜儻多計略。郭子興初起，和帥壯士十餘人歸之，以功授千戶。從太祖攻大洪山，克滁州，授管軍總管。從取和州。時諸將多太祖等夷，莫肯爲下。和長太祖三歲，獨奉約束甚謹，太祖甚悅之。從定太平，獲馬三百。從擊陳埜先，流矢中左股，拔矢復鬭，卒與諸將破擒埜先。別下溧水、句容，從定集慶。從徐達取鎭江，進統軍元帥。徇奔牛、呂城，降陳保二。取金壇、常州，以和爲樞密院同僉守之。

常與吳接境，張士誠間諜百出，和防禦嚴密，敵莫能窺。再寇，再擊却之，俘斬千計。進攻無錫，大破吳軍於錫山，走莫天祐，獲其妻子，進中書左丞。以舟師徇黃楊山，敗吳水軍，獲千戶四十九人，拜平章政事。援長興，與張士信戰城下。城中兵出夾擊，大敗之，俘卒八千，解圍而還。討平江西諸山寨。永新守將周安叛，進擊敗之，連破其十七寨，圍城三月，克之，執安以獻，還守常州。從大軍伐士誠，克太湖水寨，下吳江州，圍平江，戰於閶門，飛礮傷左臂，召還應天，創愈復往，攻克之，論功賜金帛。

初建御史臺，以和爲左御史大夫兼太子諭德。尋拜征南將軍，與副將軍吳禎帥常州、長興、江陰諸軍，討方國珍。渡曹娥江，下餘姚、上虞，取慶元。國珍走入海，追擊敗之，獲其大帥二人、海舟二十五艘，斬馘無算，還定諸屬城。遣使招國珍，國珍詣軍門降，得卒二萬四千，海舟四百餘艘。浙東悉定。遂與副將軍廖永忠伐陳友定，自明州由海道乘風抵福州之五虎門，駐師南臺，使人諭降。不應，遂圍之。敗平章曲出於城下。參政袁仁請降，遂乘城入。分兵徇興化、漳、泉及福寧諸州縣。進拔延平，執友定送京師。時洪武元年正月也。

大軍方北伐，命造舟明州，運糧輸直沽。海多颶風，輸鎮江而還。拜偏將軍。從大將軍西征，與右副將軍馮勝自懷慶踰太行，取澤、潞、晉、絳諸州郡。從大將軍拔河中。明年，渡河入潼關，分兵趨涇州，使部將招降張良臣，既而叛去。會大軍圍慶陽，執斬之。又明年，復以右副副將軍從大將軍敗擴廓於定西，〔六〕遂定寧夏，逐北至察罕腦兒，擒猛將虎陳，獲馬牛羊十餘萬。徇東勝、大同、宣府皆有功。還，授開國輔運推誠宣力武臣、榮祿大夫、柱國，封中山侯，歲祿千五百石，予世券。

四年拜征西將軍，與副將軍廖永忠帥舟師溯江伐夏。夏人以兵扼險，攻不克。江水暴漲，駐師大溪口，久不進，而傅友德已自秦、隴深入，取漢中。永忠先驅破瞿塘關，入夔州。和乃引軍繼之，入重慶，降明昇。師還，友德、永忠受上賞，而和不及。明年從大將軍北伐，遇敵於斷頭山，戰敗，亡一指揮，帝不問。尋與李善長營中都宮闕。鎮北平，甓彰德城。征察罕腦兒，大捷。九年，伯顏帖木兒爲邊患，以征西將軍防延安。伯顏乞和，乃還。十一年春，進封信國公，歲祿三千石，議軍國事。數出中都、臨清、北平練軍伍，完城郭。十四年以左副將軍出塞，征乃兒不花，破敵灰山營，獲平章別里哥、樞密使久通而還。十八年，思州蠻叛，以征虜將軍從楚王討平之，俘獲四萬，擒其酋以歸。

和沉敏多智數，頗有酒過。守常州時，嘗請事於太祖，不得，醉出怨言曰：「吾鎮此城，如坐屋脊，左顧則左，右顧則右。」太祖聞而銜之。平中原師還論功，以和征閩時放遣陳友定餘孽，八郡復擾，師還，爲秀蘭山賊所襲，失二指揮，故不得封公。伐蜀還，面數其逗撓罪。頓首謝，乃已。其封信國公也，猶數其常州時過失，鐫之券。於時，帝春秋寖高，天下無事，魏國、曹國皆前卒，意不欲諸將久典兵，未有以發也。和以間從容言：「臣犬馬齒長，不堪復任驅策，願得歸故鄉，爲容棺之墟，以待骸骨。」帝大悅，立賜鈔治第中都，並爲諸公、侯治第。

既而倭寇上海，帝患之，顧謂和曰：「卿雖老，強爲朕一行。」和請與方鳴謙俱。鳴謙，國珍從子也，習海事，常訪以禦倭策。鳴謙曰：「倭海上來，則海上禦之耳。請量地遠近，置衞所，陸聚步兵，水具戰艦，則倭不得入，入亦不得傅岸。近海民四丁籍一以爲軍，戍守之，可無煩客兵也。」帝以爲然。和乃度地浙西東，並海設衞所城五十有九，選丁壯三萬五千人築之，盡發州縣錢及籍罪人貲給役。役夫往往過望，而民不能無擾，浙人頗苦之。或謂和曰：「民讟矣，奈何？」和曰：「成遠算者不恤近怨，任大事者不顧細謹，復有讟者，齒吾劍。」踰年而城成。稽軍次，定考格，立賞令。浙東民四丁以上者，戶取一丁戍之，凡得五萬八千七百餘人。明年，閩中並海城工竣，和還報命，中都新第亦成。和帥妻子陛辭，賜黃金三百兩、白金二千兩、鈔三千錠、彩幣四十有副，夫人胡氏賜亦稱是。並降璽書褒諭，諸功臣莫得比焉。自是和歲一朝京師。

二十三年朝正旦，感疾失音。帝卽日臨視，惋嘆久之，遣還里。疾小間，復命其子迎至都，俾以安車入內殿，宴勞備至，賜金帛御膳法酒相屬。二十七年，病寖篤不能興。帝思見之，詔以安車入覲，手拊摩之，與敍里閈故舊及兵興艱難事甚悉。和不能對，稽首而已。帝爲流涕，厚賜金帛爲葬費。明年八月卒，年七十，追封東甌王，謚襄武。

和晚年益爲恭愼，入聞國論，一語不敢外泄。媵妾百餘，病後悉資遣之。所得賞賜，多分遺鄉曲，見布衣時故交遺老，歡如也。當時公、侯諸宿將坐姦黨，先後麗法，稀得免者，而和獨享壽考，以功名終。嘉靖間，東南苦倭患，和所築沿海城戍，皆堅緻，久且不圮，浙人賴以自保，多歌思之。巡按御史請於朝，立廟以祀。

和五子。長子鼎爲前軍都督僉事，從征雲南，道卒。少子醴，積功至左軍都督同知，征五開，卒於軍。鼎子晟，晟子文瑜，皆早世，不得嗣。英宗時，文瑜子傑乞嗣爵，竟以歷四十餘年未襲，罷之。傑無子，以弟倫之子紹宗爲後。孝宗錄功臣後，授紹宗南京錦衣衞世指揮使。嘉靖十一年封靈璧侯，食祿千石。傳子至孫世隆，隆慶中協守南京，兼領後府，改提督漕運，歷四十餘年，以勞加太子太保，進少保。卒，謚僖敏。傳爵至明亡乃絕。

和曾孫胤勣，字公讓。爲諸生，工詩，負才使氣。巡撫尚書周忱使作啓事，即席具數萬言。忱薦之朝。少保于謙召詢古今將略及兵事，胤勣應對如響。累授錦衣千戶。偕中書舍人趙榮通問英宗於沙漠，脫脫不花問中朝事，慷慨酬答不少屈。景泰中，用尚書胡濙薦，署指揮僉事。天順中，錦衣偵事者摭胤勣舊事以聞，謫爲民。成化初，復故官。三年擢署都指揮僉事，爲延綏東路參將，分守孤山堡。孤山最當寇衝，胤勣奏請築城聚糧，增兵戍守。未報，寇大至。胤勣病，力疾上馬，陷伏死。事聞，贈祭如例。

沐英，字文英，定遠人。少孤，從母避兵，母又死。太祖與孝慈皇后憐之，撫爲子，從朱姓。年十八，授帳前都尉，守鎮江。稍遷指揮使，守廣信。已，從大軍征福建，破分水關，略崇安，別破閔溪十八寨，縛馮谷保。始命復姓。移鎮建寧，節制邵武、延平、汀州三衛。尋遷大都督府僉事，進同知。府中機務繁積，英年少明敏，剖決無滯。后數稱其才，帝亦器重之。

洪武九年命乘傳詣關、陝，抵熙河，問民疾苦，事有不便，更置以聞。明年充征西副將軍，從衞國公鄧愈討吐番，西略川、藏，耀兵崑崙。功多，封開國輔運推誠宣力武臣、榮祿大夫、柱國、西平侯，食祿二千五百石，予世券。明年拜征西將軍，討西番，敗之土門峽。徑洮州，獲其長阿昌失納，築城東籠山，擊擒酋長三副使瘿嗉子等，平朵甘納兒七站，拓地數千里，俘男女二萬、雜畜二十餘萬，乃班師。元國公脫火赤等屯和林，數擾邊。十三年命英總陝西兵出塞，略亦集乃路，渡黃河，登賀蘭山，涉流沙，七日至其境。分四翼夜擊之，而自以驍騎衝其中堅。擒脫火赤及知院愛足等，獲其全部以歸。明年，又從大將軍北征，異道出塞，略公主山長寨，克全寧四部，度臚朐河，執知院李宣，盡俘其衆。

尋拜征南右副將軍，同永昌侯藍玉從將軍傅友德取雲南。元梁王遣平章達里麻以兵十餘萬拒於曲靖。英乘霧趨白石江。霧霽，兩軍相望，達里麻大驚。友德欲渡江，英曰：「我兵罷，懼爲所扼。」乃帥諸軍嚴陳，若將渡者。而奇兵從下流濟，出其陳後，張疑幟山谷間，人吹一銅角。元兵驚擾。英急麾軍渡江，以善泅者先之，長刀斫其軍。軍却，師畢濟。鏖戰良久，復縱鐵騎，遂大敗之，生擒達里麻，僵屍十餘里。長驅入雲南，梁王走死，右丞觀音保以城降，屬郡皆下。獨大理倚點蒼山、洱海，扼龍首、龍尾二關。關故南詔築，土酋段世守之。英自將抵下關，遣王弼由洱水東趨上關，胡海由石門間道渡河，扳點蒼山而上，立旗幟。英亂流斬關進，山上軍亦馳下，夾擊，擒段世，遂拔大理。分兵收未附諸蠻，設官立衞守之。回軍，與友德會滇池，分道平烏撒、東川、建昌、芒部諸蠻，立烏撒、畢節二衞。土酋楊苴等復煽諸蠻二十餘萬圍雲南城。英馳救，蠻潰竄山谷中，分兵捕滅之，斬級六萬。明年詔友德及玉班師，而留英鎭滇中。

十七年，曲靖亦佐酋作亂，討降之。因定普定、廣南諸蠻，通田州糧道。二十年平浪穹蠻，奉詔自永寧至大理，六十里設一堡，留軍屯田。明年，百夷思倫發叛，誘羣蠻入寇摩沙勒寨，遣都督甯正擊破之。二十二年，思倫發復寇定邊，衆號三十萬。英選騎三萬馳救，置火礮勁弩爲三行。蠻敺百象，被甲荷欄楯，左右挾大竹爲筒，筒置摽鎗，銳甚。英分軍爲三，都督馮誠將前軍，甯正將左，都指揮同知湯昭將右。將戰，令曰：「今日之事，有進無退。」因乘風大呼，礮弩並發，象皆反走。昔剌亦者，寇梟將也，殊死鬭，左軍小却。英登高望之，取佩刀，命左右斬帥首來。左帥見一人握刀馳下，恐，奮呼突陣。大軍乘之，斬馘四萬餘人，生獲三十七象，餘象盡殪。賊渠帥各被百餘矢，伏象背以死。思倫發遁去，諸蠻震慴，麓川始不復梗。已，會潁國公傅友德討平東川蠻，又平越州酋阿資及廣西阿赤部。是年冬，入朝，賜宴奉天殿，賚黃金二百兩、白金五千兩、鈔五百錠、綵幣百疋，遣還。陛辭，帝親拊之曰：「使我高枕無南顧憂者，汝英也。」還鎮，再敗百夷於景東。思倫發乞降，貢方物。阿資又叛，擊降之。南中悉定。使使以兵威諭降諸番，番部有重譯入貢者。

二十五年六月，聞皇太子薨，哭極哀。初，高皇后崩，英哭至嘔血。至是感疾，卒於鎮，年四十八。軍民巷哭，遠夷皆爲流涕。歸葬京師，追封黔寧王，謚昭靖，侑享太廟。

英沉毅寡言笑，好賢禮士，撫卒伍有恩，未嘗妄殺。在滇，百務具舉，簡守令，課農桑，歲較屯田增損以爲賞罰，墾田至百萬餘畝。滇池隘，浚而廣之，無復水患。通鹽井之利以來商旅，辨方物以定貢稅，視民數以均力役。疏節濶目，民以便安。居常讀書不釋卷，暇則延諸儒生講說經史。太祖初起時，數養他姓爲子，攻下郡邑，輒遣之出守，多至二十餘人，惟英在西南勳最大。子春、晟、昂皆鎮雲南。昕駙馬都尉，尚成祖女常寧公主。

春，字景春，材武有父風。年十七，從英征西番，又從征雲南，從平江西寇，皆先登。積功授後軍都督府僉事。羣臣請試職，帝曰：「兒，我家人，勿試也。」遂予實授。嘗命錄烈山囚，又命鞫叛黨於蔚州，所開釋各數百人。英卒，命嗣爵，鎮雲南。洪武二十六年，維摩十一寨亂，遣瞿能討平之。明年平越巂蠻，立瀾滄衞。其冬，阿資復叛，與何福討之。春曰：「此賊積年逋誅者，以與諸土酋姻婭，輾轉亡匿。今悉發諸酋從軍，縻縶之，而多設營堡，制其出入，授首必矣。」遂趨越州，分道逼其城，伏精兵道左，以羸卒誘賊，縱擊大敗之。阿資亡山谷中，春陰結旁近土官，詗知所在，樹壘斷其糧道。賊困甚。已，出不意擣其巢，遂擒阿資，並誅其黨二百四十人。越州遂平。廣南酋儂貞佑糾黨蠻拒官軍，破擒之，俘斬千計。寧遠酋刀拜爛依交阯不順命，遣何福討降之。

三十年，麓川宣慰使思倫發爲其屬刀幹孟所逐，來奔。春挾與俱朝，受上方略，遂拜春爲征虜前將軍，帥何福、徐凱討之。先以兵送思倫發於金齒，檄幹孟來迎。不應。乃選卒五千，令福與瞿能將，踰高良公山，〔七〕直擣南甸，大破之，斬其酋刀名孟。回軍擊景罕寨。賊乘高堅守，官軍糧且盡，福告急。春帥五百騎救之，夜渡怒江，旦抵寨，下令騎騁，揚塵蔽天。賊大驚潰。乘勝擊崆峒寨，亦潰。前後降者七萬人。將士欲屠之，春不可。幹孟乞降，帝不許，命春總滇、黔、蜀兵攻之。未發而春卒，年三十六。諡惠襄。

春在鎭七年，大修屯政，闢田三十餘萬畝，鑿鐵池河，灌宜良涸田數萬畝，民復業者五千餘戶，爲立祠祀之。無子，弟晟嗣。

晟，字景茂，少凝重，寡言笑，喜讀書。太祖愛之。歷官後軍左都督。建文元年嗣侯。比就鎭，而何福已破擒刀幹孟，歸思倫發。亡何，思倫發死，諸蠻分據其地，晟討平之。以其地爲三府二州五長官司，又於怒江西置屯衞千戶所戍之，麓川遂定。初，岷王封雲南，不法，爲建文帝所囚。成祖卽位，遣歸藩，益驕恣。晟稍持之。王怒，譖晟。帝以王故詔誡晟，貽書岷王，稱其父功，毋督過。

永樂三年，八百大甸寇邊，遏貢使，晟會車里、木邦討定之。明年大發兵討交阯，拜晟征夷左副將軍，與大將軍張輔異道自雲南入。遂由蒙自徑野蒲斬木通道，奪猛烈、栅華諸關隘。舁舟夜出洮水，渡富良江，與輔會師。共破多邦城，擣其東西二都，盪諸巢，擒僞王黎季犛，語在輔傳。論功封黔國公，歲祿三千石，予世劵。

交阯簡定復叛，命晟佩征夷將軍印討之，戰生厥江，敗績。輔再出帥師合討，擒定送京師。輔還，晟留捕陳季擴，連戰不能下。輔復出帥師會晟，窮追至占城，獲季擴，乃班師，晟亦受上賞。十七年，富州蠻叛，晟引兵臨之，弗攻，使人譬曉，竟下之。

仁宗立，加太傅，鑄征南將軍印給之。沐氏繼鎭者，輒予印以爲常。宣德元年，交阯黎利勢熾，詔晟會安遠侯柳升進討。升敗死，晟亦退兵。羣臣交劾晟，帝封其章示之。正統三年，麓川思任發反。晟抵金齒，與弟昂及都督方政會兵。政爲前鋒，破賊沿江諸寨，大軍逐北至高黎共山下，再破之。明年復破其舊寨。政中伏死，官軍敗績。晟引還，慚懼發病，至楚雄卒。贈定遠王，謚忠敬。

晟席父兄業，用兵非所長，戰數不利。朝廷以其絕遠，且世將，寬假之。而滇人慴晟父子威信，莊事如朝廷。片楮下，土酋具威儀出郭迎，盥而後啓，曰：「此令旨也。」晟久鎭，置田園三百六十區，資財充牣，善事朝貴，賂遺不絕，以故得中外聲。晟有子斌，字文輝，幼嗣公爵，居京師，而以昂代鎭。

昂，字景高，初爲府軍左衞指揮僉事。成祖將使晟南討，乃擢昂都指揮同知，領雲南都司，累遷至右都督。正統四年佩將印，討麓川，抵金齒。畏賊盛，遷延者久之。參將張榮前驅至芒部敗，昂不救，引還，貶秩二級。已，思任發入寇，擊却之，又捕斬師宗反者。六年，兵部尚書王驥、定西伯蔣貴將大軍討思任發，昂主餽運。賊破，復昂職，命督軍捕思任發，不能得。十年，昂卒。贈定邊伯，謚武襄。

斌始之鎭，會緬甸執思任發送京師，其子思機發來襲，斌擊却之。思機發復據孟養。十三年復大發兵，使驥等討之，而斌爲後拒，督餉無乏。卒，贈太傅，謚榮康。

子琮幼，景泰初，命昂孫璘以都督同知代鎭。璘字廷章，素儒雅，滇人易之，既而號令肅然不可犯，天順初卒。琮猶幼，擢璘弟錦衣副千戶瓚爲都督同知，往代。居七年，先後討平霑祿諸寨及土官之搆兵者，降思卜發，勒還諸蠻侵地。功多，然頗黷貨。

成化三年春，琮始之鎮，而以瓚爲副總兵，移鎮金齒。琮字廷芳，通經義，能詞章，屬夷餽贄無所受。尋甸酋殺兄子，求爲守，琮捕誅之。廣西土官虐，所部爲亂，琮請更設流官，民大便。以次討平馬龍、麗江、劍川、順寧、羅雄諸叛蠻，捕擒橋甸、南窩反者。卒，贈太師，謚武僖。無子，以瓚孫崑嗣。

崑字元中，初襲錦衣指揮僉事。琮撫爲子，朝議以崑西平侯裔孫當嗣侯，而守臣爭之，謂滇人知黔國公不知西平侯也，侯之恐爲所輕。孝宗以爲然，令嗣公，佩印如故。弘治十二年平龜山、竹箐諸蠻，又平普安賊，再益歲祿。正德二年，師宗民阿本作亂，與都御史吳文度督兵分三道進。一出師宗，一出羅雄，一出彌勒，而別遣一軍伏盤江，截賊巢，遂大破之。七年，安南長官司那代爭襲，殺土官，復與都御史顧源討擒之，再加太子太傅。崑初喜文學，自矜厲，其後通賂權近，所請無不得。寖驕，凌三司，使從角門入。諸言官論劾者，輒得罪去。卒，贈太師，謚莊襄。

子紹勛嗣。尋甸土舍安銓叛，都御史傅習討之，敗績。武定土舍鳳朝文亦叛，與銓連兵攻雲南，大擾。世宗遣尚書伍文定將大軍征之。未至，而紹勛督所部先進，告土官子弟當襲者，先予冠帶，破賊後當爲請。衆多奮戰，賊大敗。朝文絕普渡河走，追斬之東川。銓還尋甸，列砦數十，官軍攻破之，擒銓於芒部。先後擒賊黨千餘人，俘斬無算。時嘉靖七年也。捷聞，加太子太傅，益歲祿。而是時老撾、木邦、孟養、緬甸、孟密相仇殺，師宗、納樓、思陀、八寨皆亂，久不解。紹勛使使者偏歷諸蠻，諷以武定、尋甸事，皆慴伏，願還侵地，而木邦、孟養俱貢方物謝罪。南中悉定。紹勛有勇略，用兵輒勝。卒，贈太師，謚敏靖。

子朝輔嗣。都御史劉渠索賂，朝輔與之，因上章言：「臣家世守茲土，上下相承。今有司紛更典制，斸臣職守，卒不與聞，接見不循故例。臣踈遠孤危，動作掣肘，無以彈壓蠻方。乞申敕諸臣，悉如其舊。」詔許之。給事中萬虞愷劾朝輔，並論渠。詔罷渠而令朝輔治事如故。卒，贈太保，謚恭僖。

二子融、鞏皆幼。詔視琮、璘故事，令融嗣公，給半祿，而授朝輔弟朝弼都督僉事，佩印代鎭。居三年，融卒，鞏當嗣，朝弼心害之，於是朝弼嫡母李請護鞏居京師，待其長而還鎭。報可。鞏未至京卒，朝弼遂得嗣。嘉靖三十年，元江土舍那鑑叛。詔朝弼與都御史石簡討之，分五軍薄其城。城垂拔，以瘴發引還。詔罷簡，將再出師。鑑懼仰藥死，乃已。四十四年討擒叛蠻阿方李向陽。隆慶初，平武定叛酋鳳繼祖，破賊巢三十餘。朝弼素驕，事母嫂不如禮，奪兄田宅，匿罪人蔣旭等，用調兵火符遣人詗京師。乃罷朝弼，以其子昌祚嗣，給半祿。朝弼怏怏，益放縱。葬母至南京，都御史請留之。詔許還滇，毋得預滇事。朝弼恚，欲殺昌祚。撫、按交章言狀，並發其殺人通番諸不法事，逮繫詔獄論死。援功，錮之南京，卒。

昌祚初以都督僉事總兵官鎮守，久之嗣公爵。萬曆元年，姚安蠻羅思等叛，殺郡守。昌祚與都御史鄒應龍發土、漢兵討之，破向寧、鲊摩等十餘寨，犁其巢，盡得思等。十一年，隴川賊岳鳳叛附緬甸，挾其兵侵旁近土司。昌祚壁洱海，督裨將鄧子龍、劉綎等斬木邦叛酋罕虔，以暑瘴退師。明年復攻罕虔故巢，三道並入，擒其酋罕招等，又破緬兵於猛臉。岳鳳降。論功加太子太保，悉食故祿。復以次平羅雄諸叛蠻，再賜銀幣。緬兵攻猛廣，昌祚會師壁永昌，緬人遁，追擊至那莫江，瘴作而還。二十一年，緬人復入寇，昌祚逐之。連戰俱捷，遂傅於緬，會羣蠻內亂乃還。

沐氏在滇久，威權日盛，尊重擬親王。昌祚出，僉事楊寅秋不避道，昌祚笞其輿人。寅秋訴於朝，下詔切責。已，以病，命子叡代鎮。武定土酋阿克叛，攻會城，脅府印去。叡被逮下獄，昌祚復理鎮事。卒，孫啓元嗣。卒，子天波嗣。十餘年而土司沙定洲作亂，天波奔永昌。亂定，復歸於滇。永明王由榔入滇，天波任職如故。已，從奔緬甸。緬人欲劫之，不屈死。初，沙定洲之亂，天波母陳氏、妻焦氏自焚死。後天波奔緬，妾夏氏不及從，自縊死。踰數十日收葬，支體不壞，人以爲節義所感焉。

贊曰：明興諸將，以六王爲稱首。非獨功茂，亦由其忠誠有以契主知焉。親莫如岐陽，舊莫如東甌，而寧河、黔寧皆以英年膺腹心之寄。汗馬宣勞，純勤不二，旂常炳燿，洵無愧矣。岐陽敦詩說禮，以儒雅見重，東甌乞身歸第，以明哲自全，皆卓然非人所能及。獨黔寧威震遐荒，剖符弈世，勳名與明相始終。而寧河盡瘁馳驅，功高齡促，後嗣亦少所表見。論者謂諸王之遺澤，隆替有殊，然而中山有增壽，與岐陽之有景隆，追溯先烈，不無遺憾。榮遇之弗齊，亦安見其有幸有不幸哉。

## 校勘記

〔一〕擒平章竹真　竹真，明史稿傳一一二李文忠傳作「祝真」，本書卷二太祖紀、卷三二七韃靼傳，太祖實錄卷四九洪武三年二月戊子條作「竹貞」，均係同名異譯。

〔二〕至白登擒太尉不花　不花，太祖實錄卷八八洪武七年四月甲辰條、卷一六〇洪武十七年三月戊戌條作「伯顏不花」。

〔三〕窮追至百干兒乃還　百干兒，原作「百千兒」，據明史稿傳一一二李文忠傳，太祖實錄卷一六〇洪武十七年三月戊戌條改。

〔四〕宗城下獄論戍　論戍，本書卷一〇五功臣世表作「論死」。

〔五〕宣慰何鎖南普等皆納印請降　何鎖南普，原作「何鎖南」，脫「普」字，據太祖實錄卷五九洪武三年十二月辛巳條、卷六〇洪武四年正月辛卯條、卷一一六洪武十年十一月壬午條、國榷卷四頁四三八補。本書卷三三〇西番傳作「鎖南普」。

〔六〕復以右副副將軍從大將軍敗擴廓於定西　右副副將軍，原脫一「副」字。太祖實錄卷四八洪武三年正月癸巳條稱，「上以王保保爲西北邊患，復命右丞相信國公徐達爲征虜大將軍，浙江行省平章李文忠爲左副將軍，都督馮勝爲右副將軍，御史大夫鄧愈爲左副副將軍，湯和爲右副副將軍，征沙漠。」按本卷中鄧愈傳稱愈爲「左副副將軍」，亦可證。據補。

〔七〕高良公山　本書內又作「高黎共山」或「高黎貢山」。

# 明史卷一百二十七

## 列傳第十五

### 李善長　汪廣洋

李善長，字百室，定遠人。少讀書有智計，習法家言，策事多中。太祖略地滁陽，善長迎謁。知其爲里中長者，禮之，留掌書記。嘗從容問曰：「四方戰鬭，何時定乎？」對曰：「秦亂，漢高起布衣，豁達大度，知人善任，不嗜殺人，五載成帝業。今元綱旣紊，天下土崩瓦解。公濠產，距沛不遠。山川王氣，公當受之。法其所爲，天下不足定也。」太祖稱善。從下滁州，爲參謀，預機畫，主饋餉，甚見親信。太祖威名日盛，諸將來歸者，善長察其材，言之太祖。復爲太祖布款誠，使皆得自安。有以事力相齟齬者，委曲爲調護。郭子興中流言，疑太祖，稍奪其兵柄。又欲奪善長自輔，善長固謝弗往。太祖深倚之。太祖軍和陽，自將擊雞籠山寨，少留兵佐善長居守。元將諜知來襲，設伏敗之，太祖以爲能。

太祖得巢湖水師，善長力贊渡江。既拔采石，趨太平，善長預書榜禁戢士卒。城下，即揭之通衢，肅然無敢犯者。太祖爲太平興國翼大元帥，以爲帥府都事。從克集慶。將取鎭江，太祖慮諸將不戢下，乃佯怒欲置諸法，善長力救得解。鎭江下，民不知有兵。太祖爲江南行中書省平章，以爲參議。時宋思顏、李夢庚、郭景祥等俱爲省僚，而軍機進退，賞罰章程，多決於善長。改樞密院爲大都督府，命兼領府司馬，進行省參知政事。

太祖爲吳王，拜右相國。善長明習故事，裁決如流，又嫻於辭命。太祖有所招納，輒令爲書。前後自將征討，皆命居守，將吏帖服，居民安堵，轉調兵餉無乏。嘗請榷兩淮鹽，立茶法，皆斟酌元制，去其弊政。既復制錢法，開鐵冶，定魚稅，國用益饒，而民不困。吳元年九月論平吳功，封善長宣國公。改官制，尚左，以爲左相國。太祖初渡江，頗用重典，一日，謂善長：「法有連坐三條，不已甚乎？」善長因請自大逆而外皆除之，遂命與中丞劉基等裁定律令，頒示中外。

太祖即帝位，追帝祖考及册立后妃太子諸王，皆以善長充大禮使。置東宮官屬，以善長兼太子少師，授銀青榮祿大夫、上柱國，錄軍國重事，餘如故。已，帥禮官定郊社宗廟禮。帝幸汴梁，善長留守，一切聽便宜行事。尋奏定六部官制，議官民喪服及朝賀東宮儀。奉命監修元史，編祖訓錄、大明集禮諸書。定天下嶽瀆神祇封號，封建諸王，爵賞功臣，事無巨細，悉委善長與諸儒臣謀議行之。

洪武三年大封功臣。帝謂：「善長雖無汗馬勞，然事朕久，給軍食，功甚大，宜進封大國。」乃授開國輔運推誠守正文臣、特進光祿大夫、左柱國、太師、中書左丞相，封韓國公，歲祿四千石，子孫世襲。予鐵券，免二死，子免一死。時封公者，徐達、常遇春子茂、李文忠、馮勝、鄧愈及善長六人。而善長位第一，制詞比之蕭何，褒稱甚至。

善長外寬和，內多忮刻。參議李飲冰、楊希聖，稍侵善長權，即按其罪奏黜之。與中丞劉基爭法而詬。基不自安，請告歸。太祖所任張昶、楊憲、汪廣洋、胡惟庸皆獲罪，善長事寄如故。貴富極，意稍驕，帝始微厭之。四年以疾致仕，賜臨濠地若干頃，置守冢戶百五十，給佃戶千五百家，儀仗士二十家。踰年，病愈，命董建臨濠宮殿。徙江南富民十四萬田濠州，以善長經理之，留濠者數年。七年擢善長弟存義爲太僕丞，存義子伸、佑皆爲羣牧所官。九年以臨安公主歸其子祺，拜駙馬都尉。初定婚禮，公主修婦道甚肅。光寵赫奕，時人豔之。祺尙主後一月，御史大夫汪廣洋、陳寧疏言：「善長狎寵自恣，陛下病不視朝幾及旬，不問候。駙馬都尉祺六日不朝，宣至殿前，又不引罪，大不敬。」坐削歲祿千八百石。尋命與曹國公李文忠總中書省大都督府御史臺，同議軍國大事，督圜丘工。

丞相胡惟庸初爲寧國知縣，以善長薦，擢太常少卿，後爲丞相，因相往來。而善長弟存義子佑，惟庸從女壻也。十三年，惟庸謀反伏誅，坐黨死者甚衆，善長如故。御史臺缺中丞，以善長理臺事，數有所建白。十八年，有人告存義父子實惟庸黨者，詔免死，安置崇明。善長不謝，帝銜之。又五年，善長年已七十有七，耄不檢下。嘗欲營第，從信國公湯和假衞卒三百人，和密以聞。四月，京民坐罪應徙邊者，善長數請免其私親丁斌等。帝怒按斌，斌故給事惟庸家，因言存義等往時交通惟庸狀。命逮存義父子鞫之，詞連善長，云：「惟庸有反謀，使存義陰說善長。善長驚叱曰：『爾言何爲者！審爾，九族皆滅。』已，又使善長故人楊文裕說之云：『事成當以淮西地封爲王。』善長驚不許，然頗心動。惟庸乃自往說善長，猶不許。居久之，惟庸復遣存義進說，善長歎曰：『吾老矣。吾死，汝等自爲之。』」或又告善長云：「將軍藍玉出塞，至捕魚兒海，獲惟庸通沙漠使者封績，善長匿不以聞。」於是御史交章劾善長。而善長奴盧仲謙等，亦告善長與惟庸通賂遺，交私語。獄具，謂善長元勳國戚，知逆謀不發舉，狐疑觀望懷兩端，大逆不道。會有言星變，其占當移大臣。遂幷其妻女弟姪家口七十餘人誅之。而吉安侯陸仲亨、延安侯唐勝宗、平涼侯費聚、南雄侯趙庸、滎陽侯鄭遇春、宜春侯黃彬、河南侯陸聚等，皆同時坐惟庸黨死，而已故營陽侯楊璟、濟寧侯顧時等追坐者又若干人。帝手詔條列其罪，傅著獄辭，爲昭示姦黨三錄，布告天下。善長子祺與主徙江浦，久之卒。祺子芳、茂，以公主恩得不坐。芳爲留守中衞指揮，茂爲旗手衞鎭撫，罷世襲。

善長死之明年，虞部郎中王國用上言：「善長與陛下同心，出萬死以取天下，勳臣第一，生封公，死封王，男尙公主，親戚拜官，人臣之分極矣。藉令欲自圖不軌，尙未可知，而今謂其欲佐胡惟庸者，則大謬不然。人情愛其子，必甚於兄弟之子，安享萬全之富貴者，必不僥倖萬一之富貴。善長與惟庸，猶子之親耳，於陛下則親子女也。使善長佐惟庸成，不過勳臣第一而已矣，太師國公封王而已矣，尙主納妃而已矣，寧復有加於今日？且善長豈不知天下之不可倖取。當元之季，欲爲此者何限，莫不身爲齏粉，覆宗絕祀，能保首領者幾何人哉？善長胡乃身見之，而以衰倦之年身蹈之也。凡爲此者，必有深讐激變，大不得已，父子之間或至相挾以求脫禍。今善長之子祺備陛下骨肉親，無纖芥嫌，何苦而忽爲此。若謂天象告變，大臣當災，殺之以應天象，則尤不可。臣恐天下聞之，謂功如善長且如此，四方因之解體也。今善長已死，言之無益，所願陛下作戒將來耳。」太祖得書，竟亦不罪也。

汪廣洋，字朝宗，高郵人，流寓太平。太祖渡江，召爲元帥府令史，江南行省提控。置正軍都諫司，擢諫官，遷行省都事，累進中書右司郎中。尋知驍騎衞事，參常遇春軍務。下贛州，遂居守，拜江西參政。

洪武元年，山東平，以廣洋廉明持重，命理行省，撫納新附，民甚安之。是年召入爲中書省參政。明年出參政陝西。三年，李善長病，中書無官，召廣洋爲左丞。時右丞楊憲專決事。〔一〕廣洋依違之，猶爲所忌，嗾御史劾廣洋奉母無狀。帝切責，放還鄉。憲再奏，徙海南。憲誅，召還。其冬，封忠勤伯，食祿三百六十石。誥詞稱其剸繁治劇，屢獻忠謀，比之子房、孔明。及善長以病去位，遂以廣洋爲右丞相，參政胡惟庸爲左丞。廣洋無所建白，久之，左遷廣東行省參政，而帝心終善廣洋，復召爲左御史大夫。十年復拜右丞相。廣洋頗耽酒，與惟庸同相，浮沉守位而已。帝數誡諭之。

十二年十二月，中丞涂節言劉基爲惟庸毒死，廣洋宜知狀。帝問之，對曰：「無有。」帝怒，責廣洋朋欺，貶廣南。〔二〕舟次太平，帝追怒其在江西曲庇文正，在中書不發楊憲姦，賜敕誅之。

廣洋少師余闕，淹通經史，善篆隸，工爲歌詩。爲人寬和自守，與姦人同位而不能去，故及於禍。

贊曰：明初設中書省，置左右丞相，筦領樞要，率以勳臣領其事。然徐達、李文忠等數受命征討，未嘗專理省事。其從容丞弼之任者，李善長、汪廣洋、胡惟庸三人而已。惟庸敗後，丞相之官遂廢不設。故終明之世，惟善長、廣洋得稱丞相。獨惜善長以布衣徒步，能擇主於草昧之初，委身勠力，贊成鴻業，遂得剖符開國，列爵上公，乃至富極貴溢，於衰暮之年自取覆滅。廣洋謹厚自守，亦不能發姦遠禍。俱致重譴，不亦大負爰立之初心，而有愧置諸左右之職業也夫。

## 校勘記

〔一〕召廣洋爲左丞時右丞楊憲專決事　左，原作「右」；右，原作「左」。按本書卷一〇九宰輔年表，「召廣洋爲左丞，時楊憲爲右丞」，汪廣洋爲左丞。太祖實錄卷一二八洪武十二年十二月壬辰條，「召廣洋爲左丞，時楊憲以山西參政先被召入爲右丞。廣洋至，憲惡其位軋己，每事多專決不讓。」據改。

〔二〕貶廣南　廣南，本書卷一〇九宰輔年表、明史稿傳一七汪廣洋傳、太祖實錄卷一二八洪武十二年十二月壬辰條均作「海南」。

# 明史卷一百二十八

## 列傳第十六

### 劉基 子璉 璟 宋濂 葉琛 章溢 子存道

劉基，字伯溫，青田人。曾祖濠，仕宋爲翰林掌書。宋亡，邑子林融倡義旅。事敗，元遣使簿錄其黨，多連染。使道宿濠家，濠醉使者而焚其廬，籍悉毀。使者計無所出，乃爲更其籍，連染者皆得免。基幼穎異，其師鄭復初謂其父爚曰：「君祖德厚，此子必大君之門矣。」元至順間，舉進士，除高安丞，有廉直聲。行省辟之，謝去。起爲江浙儒學副提舉，論御史失職，爲臺臣所阻，再投劾歸。基博通經史，於書無不窺，尤精象緯之學。西蜀趙天澤論江左人物，首稱基，以爲諸葛孔明儔也。

方國珍起海上，掠郡縣，有司不能制。行省復辟基爲元帥府都事。基議築慶元諸城以逼賊，國珍氣沮。及左丞帖里帖木兒招諭國珍，基言方氏兄弟首亂，不誅無以懲後。國珍懼，厚賂基。基不受。國珍乃使人浮海至京，賄用事者。遂詔撫國珍，授以官，而責基擅威福，羈管紹興，方氏遂愈橫。亡何，山寇蜂起，行省復辟基勦捕，與行院判石抹宜孫守處州。經略使李國鳳上其功，執政以方氏故抑之，授總管府判，不與兵事。基遂棄官還青田，著郁離子以見志。時避方氏者爭依基，基稍爲部署，寇不敢犯。

及太祖下金華，定括蒼，聞基及宋濂等名，以幣聘。基未應，總制孫炎再致書固邀之，基始出。既至，陳時務十八策。太祖大喜，築禮賢館以處基等，寵禮甚至。初，太祖以韓林兒稱宋後，遙奉之。歲首，中書省設御座行禮，基獨不拜，曰：「牧豎耳，奉之何爲！」因見太祖，陳天命所在。太祖問征取計，基曰：「士誠自守虜，不足慮。友諒劫主脅下，名號不正，地據上流，其心無日忘我，宜先圖之。陳氏滅，張氏勢孤，一舉可定。然後北向中原，王業可成也。」太祖大悅曰：「先生有至計，勿惜盡言。」會陳友諒陷太平，謀東下，勢張甚，諸將或議降，或議奔據鍾山，基張目不言。太祖召入內，基奮曰：「主降及奔者，可斬也。」太祖曰：「先生計安出？」基曰：「賊驕矣，待其深入，伏兵邀取之，易耳。天道後舉者勝，取威制敵以成王業，在此舉矣。」太祖用其策，誘友諒至，大破之，以克敵賞賞基。基辭。友諒兵復陷安慶，太祖欲自將討之，以問基。基力贊，遂出師攻安慶。自旦及暮不下，基請逕趨江州，擣友諒巢穴，遂悉軍西上。友諒出不意，帥妻子奔武昌，江州降。其龍興守將胡美遣子通款，請勿散其部曲。太祖有難色。基從後躡胡牀。太祖悟，許之。美降，江西諸郡皆下。

基喪母，值兵事未敢言，至是請還葬。會苗軍反，殺金、處守將胡大海、耿再成等，浙東搖動。基至衢，爲守將夏毅諭安諸屬邑，復與平章邵榮等謀復處州，亂遂定。國珍素畏基，致書唁。基答書，宣示太祖威德，國珍遂入貢。太祖數以書卽家訪軍國事，基條答悉中機宜。尋赴京，太祖方親援安豐。基曰：「漢、吳伺隙，未可動也。」不聽。友諒聞之，乘間圍洪都。太祖曰：「不聽君言，幾失計。」遂自將救洪都，與友諒大戰鄱陽湖，一日數十接。太祖坐胡牀督戰，基侍側，忽躍起大呼，趣太祖更舟。太祖倉卒徙別舸，坐未定，飛礮擊舊所御舟立碎。友諒乘高見之，大喜。而太祖舟更進，漢軍皆失色。時湖中相持，三日未決，基請移軍湖口扼之，以金木相犯日決勝，友諒走死。其後太祖取士誠，北伐中原，遂成帝業，略如基謀。

吳元年以基爲太史令，上戊申大統曆。熒惑守心，請下詔罪己。大旱，請決滯獄。卽命基平反，雨隨注。因請立法定制，以止濫殺。太祖方欲刑人，基請其故，太祖語之以夢。基曰：「此得土得衆之象，宜停刑以待。」後三日，海寧降。太祖喜，悉以囚付基縱之。尋拜御史中丞兼太史令。

太祖卽皇帝位，基奏立軍衞法。初定處州稅糧，視宋制畝加五合，惟青田命毋加，曰：

「令伯溫鄉里世世爲美談也。」帝幸汴梁，基與左丞相善長居守。基謂宋、元寬縱失天下，今宜肅紀綱。令御史糾劾無所避，宿衞宦侍有過者，皆啓皇太子置之法，人憚其嚴。中書省都事李彬坐貪縱抵罪，善長素暱之，請緩其獄。基不聽，馳奏。報可。方祈雨，卽斬之。由是與善長忤。帝歸，愬基僇人壇壝下，不敬。諸怨基者亦交譖之。會以旱求言，基奏：「士卒物故者，其妻悉處別營，凡數萬人，陰氣鬱結。工匠死，胔骸暴露，吳將吏降者皆編軍戶，足干和氣。」帝納其言，旬日仍不雨，帝怒。會基有妻喪，遂請告歸。時帝方營中都，又銳意滅擴廓。基瀕行，奏曰：「鳳陽雖帝鄉，非建都地。王保保未可輕也。」已而定西失利，擴廓竟走沙漠，迄爲邊患。其冬，帝手詔敍基勳伐，召赴京，賜賚甚厚，追贈基祖、父皆永嘉郡公。累欲進基爵，基固辭不受。

初，太祖以事責丞相李善長，基言：「善長勳舊，能調和諸將。」太祖曰：「是數欲害君，君乃爲之地耶？吾行相君矣。」基頓首曰：「是如易柱，須得大木。若束小木爲之，且立覆。」及善長罷，帝欲相楊憲，憲素善基，基力言不可，曰：「憲有相才無相器。夫宰相者，持心如水，以義理爲權衡，而已無與者也，憲則不然。」帝問汪廣洋，曰：「此褊淺殆甚於憲。」又問胡惟庸，曰：「譬之駕，懼其僨轅也。」帝曰：「吾之相，誠無逾先生。」基曰：「臣疾惡太甚，又不耐繁劇，爲之且孤上恩。天下何患無才，惟明主悉心求之，目前諸人誠未見其可也。」後憲、廣洋、惟庸皆敗。三年授弘文館學士。十一月大封功臣，授基開國翊運守正文臣、資善大夫、上護軍，封誠意伯，祿二百四十石。明年賜歸老於鄉。

帝嘗手書問天象。基條答甚悉而焚其草。大要言霜雪之後，必有陽春，今國威已立，宜少濟以寬大。基佐定天下，料事如神。性剛嫉惡，與物多忤。至是還隱山中，惟飲酒弈棋，口不言功。邑令求見不得，微服爲野人謁基。基方濯足，令從子引入茆舍，炊黍飯令。令告曰：「某青田知縣也。」基驚起稱民，謝去，終不復見。其韜跡如此，然究爲惟庸所中。

初，基言甌、括間有隙地曰談洋，南抵閩界，爲鹽盜藪，方氏所由亂，請設巡檢司守之。奸民弗便也。會茗洋逃軍反，〔一〕吏匿不以聞。基令長子璉奏其事，不先白中書省。胡惟庸方以左丞掌省事，挾前憾，使吏訐基，謂談洋地有王氣，基圖爲墓，民弗與，則請立巡檢逐民。帝雖不罪基，然頗爲所動，遂奪基祿。基懼入謝，乃留京，不敢歸。未幾，惟庸相，基大慼曰：「使吾言不驗，蒼生福也。」憂憤疾作。八年三月，帝親製文賜之，遣使護歸。抵家，疾篤，以天文書授子璉曰：「亟上之，毋令後人習也。」又謂次子璟曰：「夫爲政，寬猛如循環。當今之務在修德省刑，祈天永命。諸形勝要害之地，宜與京師聲勢連絡。我欲爲遺表，惟庸在，無益也。惟庸敗後，上必思我，有所問，以是密奏之。」居一月而卒，年六十五。基在京病時，惟庸以醫來，飲其藥，有物積腹中如拳石。其後中丞涂節首惟庸逆謀，并謂其毒基致死云。

基虬髯，貌修偉，慷慨有大節，論天下安危，義形於色。帝察其至誠，任以心膂。每召基，輒屏人密語移時。基亦自謂不世遇，知無不言。遇急難，勇氣奮發，計畫立定，人莫能測。暇則敷陳王道。帝每恭己以聽，常呼爲老先生而不名，曰：「吾子房也。」又曰：「數以孔子之言導予。」顧帷幄語秘莫能詳，而世所傳爲神奇，多陰陽風角之說，非其至也。所爲文章，氣昌而奇，與宋濂並爲一代之宗。所著有覆瓿集、犁眉公集傳於世。子璉、璟。

璉，字孟藻，有文行。洪武十年授考功監丞，試監察御史，出爲江西參政。太祖常欲大用之，爲惟庸黨所脅，墮井死。璉子廌，字士端，洪武二十四年三月嗣伯，食祿五百石。初，基爵止及身，至是帝追念基功，又憫基父子皆爲惟庸所厄，命增其祿，予世襲。明年坐事貶秩歸里。洪武末，坐事戍甘肅，尋赦還。建文帝及成祖皆欲用之，以奉親守墓力辭。永樂間卒，子法停襲。景泰三年命錄基後，授法曾孫祿世襲五經博士。弘治十三年以給事中吳士偉言，乃命祿孫瑜爲處州衞指揮使。

正德八年加贈基太師，〔三〕謚文成。嘉靖十年，刑部郎中李瑜言，基宜侑享高廟，封世爵，如中山王達。下廷臣議，僉言：「高帝收攬賢豪，一時佐命功臣並軌宣猷。而帷幄奇謀，中原大計，往往屬基，故在軍有子房之稱，剖符發諸葛之喻。基亡之後，孫廌實嗣，太祖召諭再三，鐵券丹書，誓言世祿。廌嗣未幾，旋卽隕世，褫圭裳於末裔，委帶礪於空言。或謂後嗣孤貧，弗克負荷；或謂長陵紹統，遂至猜嫌。雖一辱泥塗，傳聞多謬，而載書盟府，績效具存。昔武王興滅，天下歸心，成季無後，君子所歎。基宜侑享太廟，其九世孫瑜宜嗣伯爵，與世襲。」制曰：「可。」瑜卒，孫世延嗣。嘉靖末，南京振武營兵變，世延掌右軍都督府事，撫定之。數上封事，不報，忿而恣橫。萬曆三十四年，坐罪論死，卒。適孫萊臣年幼，庶兄藎臣借襲。藎臣卒，萊臣當襲，藎臣子孔昭復據之。崇禎時，出督南京操江，福王之立，與馬士英、阮大鋮比，後航海不知所終。

璟，字仲璟，基次子，弱冠通諸經。太祖念基，每歲召璟同章溢子允載、葉琛子永道、胡深子伯機，入見便殿，燕語如家人。洪武二十三年命襲父爵。璟言有長兄子廌在。帝大喜，命廌襲封，以璟爲閤門使，且諭之曰：「考宋制，閤門使卽儀禮司。朕欲汝日夕左右，以宣達爲職，不特禮儀也。」帝臨朝，出侍班，百官奏事有闕遺者，隨時糾正。都御史袁泰奏車牛事失實，帝宥之，泰忘引謝。璟糾之，服罪。帝因諭璟：「凡似此者，卽面糾，朕雖不之罪，要令知朝廷綱紀。」已，復令同法司錄獄囚冤滯。谷王就封，擢爲左長史。

璟論說英偘，喜談兵。初，溫州賊葉丁香叛，延安侯唐勝宗討之，決策於璟。破賊還，稱璟才略。帝喜曰：「璟眞伯溫兒矣。」嘗與成祖弈，成祖曰：「卿不少讓耶？」璟正色曰：「可讓處則讓，不可讓者不敢讓也。」成祖默然。靖難兵起，璟隨谷王歸京師，獻十六策，不聽。令參李景隆軍事。景隆敗，璟夜渡盧溝河，冰裂馬陷，冒雪行三十里。子貊自大同赴難，遇之良鄉，與俱歸。上聞見錄，不省，遂歸里。成祖卽位，召璟，稱疾不至。逮入京，猶稱殿下。且云：「殿下百世後，逃不得一『篡』字。」下獄，自經死。法官希旨，緣坐其家。成祖以基故，不許。宣德二年授貊刑部照磨。

宋濂，字景濂，其先金華之潛溪人，至濂乃遷浦江。幼英敏强記，就學於聞人夢吉，通五經，復往從吳萊學。已，遊柳貫、黃溍之門，兩人皆亟遜濂，自謂弗如。元至正中，薦授翰林編修，以親老辭不行，入龍門山著書。

踰十餘年，太祖取婺州，召見濂。時已改寧越府，命知府王顯宗開郡學，因以濂及葉儀爲五經師。明年三月，以李善長薦，與劉基、章溢、葉琛並徵至應天，除江南儒學提舉，命授太子經，尋改起居注。濂長基一歲，皆起東南，負重名。基雄邁有奇氣，而濂自命儒者。基佐軍中謀議，濂亦首用文學受知，恒侍左右，備顧問。嘗召講春秋左氏傳，濂進曰：「春秋乃孔子褒善貶惡之書，苟能遵行，則賞罰適中，天下可定也。」太祖御端門，口釋黃石公三略。濂曰：「尚書二典、三謨，帝王大經大法畢具，願留意講明之。」已，論賞賚，復曰：「得天下以人心爲本。人心不固，雖金帛充牣，將焉用之。」太祖悉稱善。乙巳三月，乞歸省。太祖與太子並加勞賜。濂上箋謝，幷奉書太子，勉以孝友敬恭、進德修業。太祖覽書大悅，召太子，爲語書意，賜札褒答，幷令太子致書報焉。尋丁父憂。服除，召還。

洪武二年詔修元史，命充總裁官。是年八月史成，除翰林院學士。〔三〕明年二月，儒士歐陽佑等採故元元統以後事蹟還朝，仍命濂等續修，六越月再成，賜金帛。是月，以失朝參，降編修。四年遷國子司業，坐考祀孔子禮不以時奏，謫安遠知縣，旋召爲禮部主事。明年遷贊善大夫。是時，帝留意文治，徵召四方儒士張唯等數十人，擇其年少俊異者，皆擢編修，令入禁中文華堂肄業，命濂爲之師。濂傅太子先後十餘年，凡一言動，皆以禮法諷勸，使歸於道，至有關政教及前代興亡事，必拱手曰：「當如是，不當如彼。」皇太子每斂容嘉納，言必稱師父云。

帝剖符封功臣，召濂議五等封爵。宿大本堂，討論達旦，歷據漢、唐故實，量其中而奏之。甘露屢降，帝問災祥之故。對曰：「受命不於天，於其人，休符不於祥，於其仁。春秋書異不書祥，爲是故也。」皇從子文正得罪，濂曰：「文正固當死，陛下體親親之誼，置諸遠地則善矣。」車駕祀方丘，患心不寧，濂從容言曰：「養心莫善於寡欲，審能行之，則心淸而身泰矣。」帝稱善者良久。嘗問以帝王之學，何書爲要。濂舉大學衍義。乃命大書揭之殿兩廡壁。頃之御西廡，諸大臣皆在，帝指衍義中司馬遷論黃、老事，命濂講析。講畢，因曰：「漢武溺方技謬悠之學，改文、景恭儉之風，民力旣敝，然後嚴刑督之。人主誠以禮義治心，則邪說不入，以學校治民，則禍亂不興，刑罰非所先也。」問三代曆數及封疆廣狹，旣備陳之，復曰：「三代治天下以仁義，故多歷年所。」又問：「三代以上，所讀何書？」對曰：「上古載籍未立，人不專講誦。君人者兼治敎之責，率以躬行，則衆自化。」嘗奉制詠鷹，令七舉足卽成，有「自古戒禽荒」之言。帝忻然曰：「卿可謂善陳矣。」濂之隨事納忠，皆此類也。

六年七月遷侍講學士，知制誥，同修國史，兼贊善大夫。命與詹同、樂韶鳳修日曆，又與吳伯宗等修寶訓。九月定散官資階，給濂中順大夫，欲任以政事。辭曰：「臣無他長，待罪禁近足矣。」帝益重之。八年九月，從太子及秦、晉、楚、靖江四王講武中都。帝得輿圖濠梁古蹟一卷，遣使賜太子，題其外，令濂詢訪，隨處言之。太子以示濂，因歷歷舉陳，隨事進說，甚有規益。

濂性誠謹，官內庭久，未嘗訐人過。所居室，署曰「溫樹」。客問禁中語，卽指示之。嘗與客飮，帝密使人偵視。翼日，問濂昨飮酒否，坐客爲誰，饌何物。濂具以實對。笑曰：「誠然，卿不朕欺。」間召問羣臣臧否，濂惟舉其善者曰：「善者與臣友，臣知之；其不善者，不能知也。」主事茹太素上書萬餘言。帝怒，問廷臣。或指其書曰：「此不敬，此誹謗非法。」問濂，對曰：「彼盡忠於陛下耳。陛下方開言路，惡可深罪。」既而帝覽其書，有足採者。悉召廷臣詰責，因呼濂字曰：「微景濂幾誤罪言者。」於是帝廷譽之曰：「朕聞太上爲聖，其次爲賢，其次爲君子。宋景濂事朕十九年，未嘗有一言之僞，誚一人之短，始終無二，非止君子，抑可謂賢矣。」每燕見，必設坐命茶，每旦必令侍膳，往復咨詢，常夜分乃罷。濂不能飲，帝嘗强之至三觴，行不成步。帝大懽樂。御製楚辭一章，命詞臣賦醉學士詩。又嘗調甘露於湯，手酌以飲濂曰：「此能愈疾延年，願與卿共之。」又詔太子賜濂良馬，復爲製白馬歌一章，亦命侍臣和焉。其寵待如此。九年進學士承旨知制誥，兼贊善如故。其明年致仕，賜御製文集及綺帛，問濂年幾何，曰：「六十有八。」帝乃曰：「藏此綺三十二年，作百歲衣可也。」濂頓首謝。又明年，來朝。十三年，長孫愼坐胡惟庸黨，帝欲置濂死。皇后太子力救，乃安置茂州。

濂狀貌豐偉，美鬚髯，視近而明，一黍上能作數字。自少至老，未嘗一日去書卷，於學無所不通。爲文醇深演迤，與古作者並。在朝，郊社宗廟山川百神之典，朝會宴享律曆衣冠之制，四裔貢賦賞勞之儀，旁及元勳巨卿碑記刻石之辭，咸以委濂，屢推爲開國文臣之首。士大夫造門乞文者，後先相踵。外國貢使亦知其名，數問宋先生起居無恙否。高麗、安南、日本至出兼金購文集。四方學者悉稱爲「太史公」，不以姓氏。雖白首侍從，其勳業爵位不逮基，而一代禮樂制作，濂所裁定者居多。

其明年，卒於夔，年七十二。知事葉以從葬之蓮花山下。蜀獻王慕濂名，復移塋華陽城東。弘治九年，四川巡撫馬俊奏：「濂眞儒翊運，述作可師，黼黻多功，輔導著績。久死遠戍，幽壤沉淪，乞加卹錄。」下禮部議，復其官，春秋祭葬所。正德中，追謚文憲。

仲子璲最知名，字仲珩，〔四〕善詩，尤工書法。洪武九年，以濂故，召爲中書舍人。其兄子愼亦爲儀禮序班。帝數試璲與愼，并教誡之。笑語濂曰：「卿爲朕教太子諸王，朕亦教卿子孫矣。」濂行步艱，帝必命璲、愼扶掖之。祖孫父子，共官內庭，衆以爲榮。愼坐罪，璲亦連坐，並死，家屬悉徙茂州。建文帝卽位，追念濂興宗舊學，召璲子懌官翰林。永樂十年，濂孫坐姦黨鄭公智外親，詔特宥之。

葉琛，字景淵，麗水人。博學有才藻。元末從石抹宜孫守處州，爲畫策，捕誅山寇，授行省元帥。王師下處州，琛避走建寧。以薦徵至應天，授營田司僉事。尋遷洪都知府，佐鄧愈鎮守。祝宗、康泰叛，愈脫走，琛被執，不屈，大罵，死之。追封南陽郡侯，塑像耿再成祠，後祀功臣廟。

章溢，字三益，龍泉人。始生，聲如鐘。弱冠，與胡深同師王毅。毅，字叔剛，許謙門人也，教授鄉里，講解經義，聞者多感悟。溢從之遊，同志聖賢學，天性孝友。嘗遊金華，元憲使禿堅不花禮之，改官秦中，要與俱行。至虎林，心動，辭歸。歸八日而父歿，未葬，火焚其廬。溢搏顙籲天，火至柩所而滅。

蘄、黃寇犯龍泉，溢從子存仁被執，溢挺身告賊曰：「吾兄止一子，寧我代。」賊素聞其名，欲降之，縛於柱，溢不爲屈。至夜紿守者脫歸，集里民爲義兵，擊破賊。俄府官以兵來，欲盡誅詿誤者。溢走說石抹宜孫曰：「貧民迫凍餒，誅之何爲。」宜孫然其言，檄止兵，留溢幕下。從平慶元、浦城盜。授龍泉主簿，不受歸。宜孫守台州，爲賊所圍。溢以鄉兵赴援，卻賊。已而賊陷龍泉，監縣寶忽丁遁去，溢與其師王毅帥壯士擊走賊。寶忽丁還，內慚，殺毅以反。溢時在宜孫幕府，聞之馳歸，偕胡深執戮首惡，因引兵平松陽、麗水諸寇。長槍軍攻婺，聞溢兵至，解去。論功累授浙東都元帥府僉事。溢曰：「吾所將皆鄉里子弟，肝腦塗地，而吾獨取功名，弗忍也。」辭不受。以義兵屬其子存道，退隱匡山。

明兵克處州，避入閩。太祖聘之，與劉基、葉琛、宋濂同至應天。太祖勞基等曰：「我爲天下屈四先生，今天下紛紛，何時定乎？」溢對曰：「天道無常，惟德是輔，惟不嗜殺人者能一之耳。」太祖偉其言，授僉營田司事。巡行江東、兩淮田，分籍定稅，民甚便之。以病久在告，太祖知其念母也，厚賜遣歸省，而留其子存厚於京師。浙東設提刑按察使，命溢爲僉事。胡深出師溫州，令溢守處州，饋餉供億，民不知勞。山賊來寇，敗走之。遷湖廣按察僉事。時荆、襄初平，多廢地，議分兵屯田，且以控制北方。從之。會浙東按察使宋思顏、孔克仁等以職事被逮，〔五〕詞連溢。太祖遣太史令劉基諭之曰：「素知溢守法，毋疑也。」

會胡深入閩陷沒，處州動搖，命溢爲浙東按察副使往鎮之。溢以獲罪蒙宥，不應遷秩，辭副使，仍爲僉事。既至，宣布詔旨，誅首叛者，餘黨悉定。召舊部義兵分布要害。賊寇慶元、龍泉，溢列木柵爲屯，賊不敢犯。浦城戍卒乏食，李文忠欲運處州糧餉之。溢以舟車不通，而軍中所掠糧多，請入官均給之，食遂足。溫州茗洋賊爲患，溢命子存道捕斬之。朱亮祖取溫州，軍中頗掠子女，溢悉籍還其家。吳平，詔存道守處，而召溢入朝。太祖諭羣臣曰：「溢雖儒臣，父子宣力一方，寇盜盡平，功不在諸將後。」復問溢征閩諸將如何。對曰：「湯和由海道，胡美由江西，必勝。然閩中尤服李文忠威信。若令文忠從浦城取建寧，此萬全計也。」太祖立詔文忠出師如溢策。處州糧舊額一萬三千石，軍興加至十倍。溢言之丞相，奏復其舊。浙東造海舶，徵巨材於處。溢曰：「處、婺之交，山巖峻險，縱有木，從何道出？」白行省罷之。

洪武元年與劉基並拜御史中丞兼贊善大夫。時廷臣伺帝意，多嚴苛，溢獨持大體。或以爲言。溢曰：「憲臺百司儀表，當養人廉恥，豈恃搏擊爲能哉。」帝親祀社稷，會大風雨，還坐外朝，怒儀禮不合，致天變。溢委曲明其無罪，乃貰之。文忠之征閩也，存道以所部鄉兵萬五千人從。閩平，詔存道以所部從海道北征。溢持不可，曰：「鄉兵皆農民，許以事平歸農，今復調之，是不信也。」帝不懌。既而奏曰：「兵已入閩者，俾還鄉里。昔嘗叛逆之民，宜籍爲軍，使北上，一舉而恩威著矣。」帝喜曰：「孰謂儒者迂闊哉！然非先生一行，無能辦者。」溢行至處州，遭母喪，乞守制。不許。鄉兵既集，命存道由永嘉浮海而北，再上章乞終制。詔可。溢悲戚過度，營葬親負土石，感疾卒，年五十六。〔六〕帝痛悼，親撰文，即其家祭之。

存道，溢長子。溢應太祖聘，存道帥義兵歸總管孫炎。炎令守上游，屢却陳友定兵。及以功授處州翼元帥副使，戍浦城。總制胡深死，命代領其衆，爲遊擊。溢卽處城坐鎮之。

溢謂父子相統，於律不宜，奏罷存道官。不允。旋分兵征閩，而詔存道守處，復部鄉兵，從李文忠入閩。及還，浮海至京師。帝褒諭之，命從馮勝北征。積功授處州衞指揮副使。洪武三年從徐達西征，留守興元，敗蜀將吳友仁，再守平陽，轉左衞指揮同知。五年從湯和出塞征陽和，遇敵於斷頭山，力戰死焉。

贊曰：太祖既下集慶，所至收攬豪儁，徵聘名賢，一時韜光韞德之士幡然就道。若四先生者，尤爲傑出。基、濂學術醇深，文章古茂，同爲一代宗工。而基則運籌帷幄，濂則從容輔導，於開國之初，敷陳王道，忠誠恪愼，卓哉佐命臣也。至溢之宣力封疆，琛之致命遂志，宏才大節，建豎偉然，洵不負弓旌之德意矣。基以儒者有用之學，輔翊治平，而好事者多以讖緯術數妄爲傅會。其語近誕，非深知基者，故不錄云。

## 校勘記

〔一〕會茗洋逃軍反　會，原作「合」，據明史稿傳一八劉基傳改。

〔二〕正德八年加贈基太師　八，原作「九」，據本書卷一〇五功臣表及武宗實錄卷一〇七正德八年十二月辛亥條改。

〔三〕是年八月史成除翰林院學士　按濂爲翰林院學士，太祖實錄卷四二繫于洪武二年六月戊子，元史修成，則繫于洪武二年八月癸酉。本傳所記不確切。

〔四〕仲子璲最知名字仲珩　仲珩，原作「伯珩」。按璲旣是宋濂仲子，不當字伯珩。據明史稿傳一八宋濂傳改。

〔五〕會浙東按察使宋思顏孔克仁等以職事被逮　按宋思顏官名，本書卷一三五本傳作「河南道按察僉事」，明書卷一一六章溢傳作「河南按察使」，此與孔克仁並稱「浙東按察使」，非是，傳文有脫誤。

〔六〕感疾卒年五十六　五十六，原作「六十五」，據太祖實錄卷四一洪武二年五月辛酉條、國榷卷三頁三九一、國朝獻徵錄卷五四御史中丞章公溢神道碑銘改。

# 明史卷一百二十九

## 列傳第十七

### 馮勝 兄國用　傅友德　廖永忠 趙庸　楊璟　胡美

馮勝，定遠人。初名國勝，又名宗異，最後名勝。生時黑氣滿室，經日不散。及長，雄勇多智略，與兄國用俱喜讀書，通兵法。元末結寨自保。太祖略地至妙山，國用偕勝來歸，甚見親信。太祖嘗從容詢天下大計，國用對曰：「金陵龍蟠虎踞，帝王之都，先拔之以爲根本。然後四出征伐，倡仁義，收人心，勿貪子女玉帛，天下不足定也。」太祖大悅，俾居幕府，從克滁、和，戰三叉河、板門寨、雞籠山，皆有功。從渡江，取太平，遂命國用典親兵，委以心腹。太祖既擒陳埜先，釋之，令招其部曲。國用策其必叛，不如弗遣。尋果叛，爲其下所殺，其從子兆先復擁衆屯方山。蠻子海牙扼采石，國用與諸將攻破海牙水寨，又破擒兆先，盡降其衆三萬餘人。衆疑懼，太祖擇驍勇者五百人爲親軍，宿衞帳中。悉屏舊人，獨留國用侍榻側，五百人者始安。卽命國用將之，以攻集慶，爭效死先登。與諸將下鎭江、丹陽、寧國、泰興、宜興，從征金華，攻紹興，累擢親軍都指揮使。卒於軍，年三十六。太祖哭之慟。洪武三年追封郢國公，肖像功臣廟，位第八。

國用之卒，子誠幼，勝先已積功爲元帥，遂命襲兄職，典親軍。陳友諒逼龍灣。太祖禦之，戰石灰山。勝攻其中堅，大破之，又追破之采石，遂復太平。從征友諒，破安慶水寨，長驅至江州，走友諒。進親軍都護。從解安豐圍，遷同知樞密院事。從戰鄱陽，下武昌，克廬州，移兵取江西諸路。與諸將收淮東，克海安壩，取泰州。徐達圍高郵未下，還師援宜興，以勝督軍。高郵守將詐降，勝令指揮康泰帥數百人先入城，敵閉門盡殺之。太祖怒，召勝決大杖十，令步詣高郵。勝慚憤，攻甚力。達亦自宜興還，益兵攻克之，遂取淮安。安豐破，擒吳將呂珍於舊館。下湖州，克平江，功次平章常遇春，再遷右都督。從大將軍達北征，下山東諸州郡。

洪武元年兼太子右詹事。坐小法貶一官，爲都督同知。引兵遡河，取汴、洛，下陝州，趨潼關。守將宵遁，遂奪關，取華州。還汴，謁帝行在。授征虜右副將軍，留守汴梁。尋從大將軍征山西，由武陟取懷慶，踰太行，克碗子城，取澤、潞，擒元右丞賈成於猗氏。克平陽、絳州，擒元左丞田保保等，獲將士五百餘人。帝悅，詔右副將軍勝居常遇春下，偏將軍湯和居勝下，偏將軍楊璟居和下。

二年渡河趨陝西，克鳳翔。遂渡隴，取鞏昌，進逼臨洮，降李思齊。還從大將軍圍慶陽。擴廓遣將攻原州，爲慶陽聲援。勝扼驛馬關敗其將，遂克慶陽，執張良臣。陝西悉平。九月，帝召大將軍還，命勝駐慶陽，節制諸軍。勝以關陝既定，輒引兵還。帝怒，切責之。念其功大，赦勿治。而賞賚金幣，不能半大將軍。

明年正月復以右副將軍同大將軍出西安，擣定西，破擴廓帖木兒，獲士馬數萬。分兵自徽州南出一百八渡，徇略陽，擒元平章蔡琳，遂入沔州。遣別將自連雲棧取興元，移兵吐番，征哨極於西北。凱旋，論功授開國輔運推誠宣力武臣、特進榮祿大夫、右柱國、同參軍國事，封宋國公，食祿三千石，予世券。誥詞謂勝兄弟親同骨肉，十餘年間，除肘腋之患，建爪牙之功，平定中原，佐成混一。所以稱揚之者甚至。五年，以勝宣力四方，與魏國公達、曹國公文忠各賜彤弓。

擴廓在和林，數擾邊。帝患之，大發兵三道出塞。命勝爲征西將軍，帥副將軍陳德、傅友德等出西道，取甘肅。至蘭州，友德以驍騎前驅，再敗元兵，勝復敗之掃林山。至甘肅，元將上都驢迎降。至亦集乃路，守將卜顏帖木兒亦降。次別篤山，岐王朶兒只班遁去，追獲其平章長加奴等二十七人及馬駝牛羊十餘萬。是役也，大將軍達軍不利，左副將軍文忠殺傷相當，獨勝斬獲甚衆，全師而還。會有言其私匿駝馬者，賞不行。自後數出練兵臨清、北平，出大同征元遺衆，鎮陝西及河南。冊其女爲周王妃。

久之，大將軍達、左副將軍文忠皆卒，而元太尉納哈出擁衆數十萬屯金山，數爲遼東邊害。二十年命勝爲征虜大將軍，潁國公傅友德、永昌侯藍玉爲左右副將軍，帥南雄侯趙庸等以步騎二十萬征之。鄭國公常茂、曹國公李景隆、申國公鄧鎮等皆從。帝復遣故所獲納哈出部將乃剌吾者奉璽書往諭降。勝出松亭關，分築大寧、寬河、會州、富峪四城。駐大寧踰兩月，留兵五萬守之，而以全師壓金山。納哈出見乃剌吾驚曰：「爾尚存乎！」乃剌吾述帝恩德。納哈出喜，遣其左丞、探馬赤等獻馬，且覘勝軍。勝已深入，踰金山，至女直苦屯，降納哈出之將全國公觀童。〔一〕大軍奄至，納哈出度不敵，因乃剌吾請降。勝使藍玉輕騎受之。玉飲納哈出酒，歡甚，解衣衣之。納哈出不肯服，顧左右咄咄語，謀遁去。勝之壻常茂在坐，遽起砍其臂。都督耿忠擁以見勝。納哈出將士妻子十餘萬屯松花河，聞納哈出傷，驚潰。勝遣觀童諭之乃降，得所部二十餘萬人，牛羊馬駝輜重亙百餘里。還至亦迷河，復收其殘卒二萬餘、車馬五萬。而都督濮英殿後，爲敵所殺。師還，以捷聞，並奏常茂激變狀，盡將降衆二十萬人入關。帝大悅，使使者迎勞勝等，械繫茂。會有言勝多匿良馬，使閽者行酒於納哈出之妻求大珠異寶，王子死二日强娶其女，失降附心，又失濮英三千騎，而茂亦許勝過。帝怒，收勝大將軍印，命就第鳳陽，奉朝請，諸將士亦無賞。勝自是不復將大兵矣。二十一年奉詔調東昌番兵征曲靖。番兵中道叛，勝鎮永寧撫安之。二十五年命籍太原、平陽民爲軍，立衞屯田。皇太孫立，加太子太師，偕潁國公友德練軍山西、河南，諸公、侯皆聽節制。

時詔列勳臣望重者八人，勝居第三。太祖春秋高，多猜忌。勝功最多，數以細故失帝意。藍玉誅之月，召還京。踰二年，賜死，諸子皆不得嗣。而國用子誠積戰功雲南，累官至右軍左都督。

納哈出者，元木華黎裔孫，爲太平路萬戶。太祖克太平被執，以名臣後，待之厚。知其不忘元，資遣北歸。元既亡，納哈出聚兵金山，畜牧蕃盛。帝遣使招諭之，終不報。數犯遼東，爲葉旺所敗。勝等大兵臨之，乃降，封海西侯。從傅友德征雲南，道卒。子察罕，改封瀋陽侯，坐藍玉黨死。

傅友德，其先宿州人，後徙碭山。元末從劉福通黨李喜喜入蜀。喜喜敗，從明玉珍，玉珍不能用。走武昌，從陳友諒，無所知名。

太祖攻江州，至小孤山，友德帥所部降。帝與語，奇之，用爲將。從常遇春援安豐，略廬州。還，從戰鄱陽湖，輕舟挫友諒前鋒。被數創，戰益力，復與諸將邀擊於涇江口，友諒敗死。從征武昌，城東南高冠山下瞰城中，漢兵據之，諸將相顧莫前。友德帥數百人，一鼓奪之。流矢中頰洞脅，不爲沮。武昌平，授雄武衞指揮使。從徐達拔廬州，別將克夷陵、衡州、襄陽。攻安陸，被九創，破擒其將任亮。從大軍下淮東，破張士誠援兵於馬騾港，獲戰艘千，復大破元將竹貞於安豐。同陸聚守徐州，擴廓遣將李二來攻，次陵子村。友德度兵寡不敵，遂堅壁不戰。詗其衆方散掠，以二千人泝河至呂梁，登陸擊之，單騎奮槊刺其將韓乙。敵敗去。度且復至，亟還，開城門而陣於野，臥戈以待，約聞鼓卽起。李二果至，鳴鼓，士騰躍搏戰，破擒二。召還，進江淮行省參知政事，撤御前麾蓋，鼓吹送歸第。

明年從大將軍北征，破沂州，下青州。元丞相也速來援，以輕騎誘敵入伏，奮擊敗走之。遂取萊陽、東昌。明年從定汴、洛，收諸山寨。渡河取衞輝、彰德，至臨淸，獲元將爲嚮導，取德州、滄州。旣克元都，偵邏古北隘口，守盧溝橋，略大同，還下保定、眞定，守定州。從攻山西，克太原。擴廓自保安來援，萬騎突至。友德以五十騎衝却之，因夜襲其營。擴廓倉卒遁去，追至土門關，獲其士馬萬計。復敗賀宗哲於石州，敗脫列伯於宣府，遂西會大將軍，圍慶陽，以偏師駐靈州，遏其援兵，遂克慶陽。還，賜白金文綺。

洪武三年從大將軍擣定西，大破擴廓。移兵伐蜀，領前鋒出一百八渡，奪略陽關，遂入沔。分兵自連雲棧合攻漢中，克之。以饋餉不繼，還軍西安。蜀將吳友仁寇漢中。友德以三千騎救之，攻斗山寨，令軍中人燃十炬布山上，蜀兵驚遁。是冬，論功授開國輔運推誠宣力武臣、榮祿大夫、柱國、同知大都督府事，封潁川侯，食祿千五百石，予世券。

明年充征虜前將軍，與征西將軍湯和分道伐蜀。和帥廖永忠等以舟師攻瞿塘，友德帥顧時等以步騎出秦、隴。太祖諭友德曰：「蜀人聞我西伐，必悉精銳東守瞿塘，北阻金牛，以抗我師。若出不意，直擣階、文，門戶既隳，腹心自潰。兵貴神速，患不勇耳。」友德疾馳至陝，集諸軍聲言出金牛，而潛引兵趨陳倉，攀援巖谷，晝夜行。抵階州，敗蜀將丁世珍，〔二〕克其城。蜀人斷白龍江橋。友德修橋以渡，破五里關，遂拔文州。渡白水江，趨綿州。時漢江水漲，不得渡，伐木造戰艦。欲以軍聲通瞿塘，乃削木爲牌數千，書克階、文、綿日月，投漢水，順流下。蜀守者見之，皆解體。

初，蜀人聞大軍西征，丞相戴壽等果悉衆守瞿塘。及聞友德破階、文，擣江油，始分兵援漢州，以保成都。未至，友德已破其守將向大亨於城下，謂將士曰：「援師遠來，聞大亨破，已膽落，無能爲也。」迎擊，大敗之。遂拔漢州，進圍成都。壽等以象戰。友德令強弩火器衝之，身中流矢不退，將士殊死戰。象反走，躪藉死者甚衆。壽等聞其主明昇已降，乃籍府庫倉廩面縛詣軍門。成都平。分兵徇州邑未下者，克保寧，執吳友仁送京師，蜀地悉定。友德之攻漢州也，湯和尙頓軍大溪口。旣於江流得木牌，乃進師。而戴壽等撤其精兵西救漢州，留老弱守瞿塘，故永忠等得乘勝擣重慶，降明昇。於是太祖製平西蜀文，盛稱友德功爲第一，廖永忠次之。師還，受上賞。

五年副征西將軍馮勝征沙漠，敗失剌罕於西涼，至永昌，敗太尉朶兒只巴，獲馬牛羊十餘萬。略甘肅，射殺平章不花，降太尉鎖納兒等。至瓜沙州，獲金銀印及雜畜二萬而還。是時師出三道，獨友德全勝。以主將勝坐小法，賞不行。明年復出雁門，爲前鋒，獲平章鄧孛羅帖木兒。還鎭北平，陳便宜五事。皆從之。召還，從太子講武於荊山，益歲祿千石。九年破擒伯顏帖木兒於延安，降其衆。帝將征雲南，命友德巡行川、蜀、雅、播之境，修城郭，繕關梁，因兵威降金筑、普定諸山寨。

十四年副大將軍達出塞，討乃兒不花，渡北黃河，襲灰山，斬獲甚衆。其年秋充征南將軍，帥左副將軍藍玉、右副將軍沐英，將步騎三十萬征雲南。至湖廣，分遣都督胡海等將兵五萬由永寧趨烏撒，而自帥大軍由辰、沅趨貴州。克普定、普安，降諸苗蠻。進攻曲靖，大戰白石江，擒元平章達里麻。遂擊烏撒，循格孤山而南，以通永寧之兵，遣兩將軍趨雲南。

元梁王走死。友德城烏撒，羣蠻來爭，奮擊破之，得七星關以通畢節。又克可渡河，降東川、烏蒙、芒部諸蠻。烏撒諸蠻復叛，討之，斬首三萬餘級，獲牛馬十餘萬，水西諸部皆降。十七年論功進封潁國公，食祿三千石，予世券。

十九年帥師討平雲南蠻。二十年副大將軍馮勝，征納哈出於金山。二十一年，東川蠻叛，復爲征南將軍，帥師討平之。移兵討越州叛酋阿資，明年破之於普安。二十三年從晉王、燕王征沙漠，擒乃兒不花，還駐開平，復征寧夏。明年爲征虜將軍，備邊北平。復從燕王征哈者舍利，追元遼王。軍甫行，遽令班師。敵不設備，因潛師深入至黑嶺，大破敵衆而還。再出，練兵山、陝，總屯田事。加太子太師，尋遣還鄉。

友德喑啞跳盪，身冒百死。自偏裨至大將，每戰必先士卒。雖被創，戰益力，以故所至立功，帝屢敕獎勞。子忠，尙壽春公主，女爲晉世子濟熺妃。

二十五年，友德請懷遠田千畝。帝不悅曰：「祿賜不薄矣，復侵民利何居？爾不聞公儀休事耶？」尋副宋國公勝分行山西，屯田於大同、東勝，立十六衞。是冬再練軍山西、河南。明年，偕召還。又明年賜死。以公主故，錄其孫彥名爲金吾衞千戶。弘治中，晉王爲友德五世孫瑛援六王例，求襲封。下禮官議，不許。嘉靖元年，雲南巡撫都御史何孟春請立祠祀友德。詔可，名曰「報功」。

廖永忠，巢人，楚國公永安弟也。從永安迎太祖於巢湖，年最少。太祖曰：「汝亦欲富貴乎？」永忠曰：「獲事明主，掃除寇亂，垂名竹帛，是所願耳。」太祖嘉焉。副永安將水軍渡江，拔采石、太平，擒陳埜先，破蠻子海牙及陳兆先，定集慶，克鎮江、常州、池州，討江陰海寇，皆有功。

永安陷於吳，以永忠襲兄職，爲樞密僉院，總其軍。攻趙普勝栅江營，復池州。陳友諒犯龍江，大呼突陣，諸軍從其後，大敗之。從伐友諒，至安慶，破其水寨，遂克安慶。從攻江州，州城臨江，守備甚固。永忠度城高下，造橋於船尾，名曰天橋，以船乘風倒行，橋傅於城，遂克之。進中書省右丞。

從下南昌，援安豐，戰鄱陽湖，決圍殊死戰。敵將張定邊直犯太祖舟，常遇春射走之。永忠乘飛舸追且射，定邊被百餘矢，漢卒多死傷。明日，復與俞通海等以七舟載葦荻，乘風縱火，焚敵樓船數百。又以六舟深入搏戰，復旋繞而出，敵驚爲神。又邀擊之涇江口，友諒死。從征陳理，分兵栅四門，於江中連舟爲長寨，絕其出入，理降。還京，太祖以漆牌書「功超羣將，智邁雄師」八字賜之，懸於門。已，從徐達取淮東，張士誠遣舟師薄海安，太祖令永忠還兵水寨禦之，達遂克淮東諸郡。從伐士誠，取德清，進克平江，拜中書平章政事。

尋充征南副將軍，帥舟師自海道會湯和，討降方國珍，進克福州。洪武元年兼同知詹事院事。略定閩中諸郡，至延平，破執陳友定。尋拜征南將軍，以朱亮祖爲副，由海道取廣東。永忠先發書諭元左丞何眞，曉譬利害。眞卽奉表請降。至東莞，眞帥官屬出迎。至廣州，降盧左丞。擒海寇邵宗愚，數其殘暴斬之。廣人大悅。馳諭九眞、日南、朱厓、儋耳三十餘城，皆納印請吏。進取廣西，至梧州，降元達魯花赤拜住，潯、柳諸路皆下。遣亮祖會楊璟收未下州郡。永忠引兵克南寧，降象州。兩廣悉平。永忠善撫綏，民懷其惠，爲之立祠。明年九月還京師，帝命太子帥百官迎勞於龍江。入見，仍命太子送還第。復出，撫定泉、漳。三年從大將軍徐達北征，克察罕腦兒。還，封德慶侯，食祿一千五百石，予世券。

明年，以征西副將軍從湯和帥舟師伐蜀。和駐大溪口，永忠先發。及舊夔府，破守將鄒興等兵。進至瞿塘關，山峻水急，蜀人設鐵鎖橋，橫據關口，舟不得進。永忠密遣數百人持糗糧水筩，舁小舟踰山渡關，出其上流。蜀山多草木，令將士皆衣青蓑衣，魚貫走崖石間。度已至，帥精銳出墨葉渡，夜五鼓，分兩軍攻其水陸寨。水軍皆以鐵裹船頭，置火器而前。黎明，蜀人始覺，盡銳來拒。永忠已破其陸寨，〔三〕會將士舁舟出江者，一時並發，上下夾攻，大破之，鄒興死。遂焚三橋，斷橫江鐵索，擒同僉蔣達等八十餘人。飛天張、鐵頭張等皆遁去，遂入夔府。明日，和始至，乃與和分道進，期會於重慶。永忠帥舟師直擣重慶，次銅鑼峽。蜀主明昇請降，永忠以和未至辭。俟和至，乃受降，承制撫慰。下令禁侵掠。卒取民七茄，立斬之。慰安戴壽、向大亨等家，令其子弟持書往成都招諭。壽等已爲傅友德所敗，及得書，遂降。蜀地悉平。帝製平蜀文旌其功，有「傅一廖二」之語，褒賚甚厚。明年北征，至和林。六年督舟師出海捕倭，尋還京。

初，韓林兒在滁州，太祖遣永忠迎歸應天，至瓜步覆其舟死，帝以咎永忠。及大封功臣，諭諸將曰：「永忠戰鄱陽時，忘軀拒敵，可謂奇男子。然使所善儒生窺朕意，徼封爵，故止封侯而不公。」及楊憲爲相，永忠與相比。憲誅，永忠以功大得免。八年三月坐僭用龍鳳諸不法事，賜死，年五十三。

子權，十三年嗣侯，從傅友德征雲南，守畢節及瀘州，召還。十七年卒。子鏞不得嗣，以嫡子爲散騎舍人，累官都督。建文時與議兵事，宿衞殿廷。與弟銘皆嘗受學於方孝孺。孝孺死，鏞、銘收其遺骸，葬聚寶門外山上。甫畢，亦見收，論死。弟鉞及從父指揮僉事昇俱戍邊。

初，廖永忠等之歸太祖也，趙庸兄弟亦俱降，後亦有過不得封公，與永忠類。

庸，廬州人，與兄仲中聚衆結水寨，屯巢湖，歸太祖。仲中累功爲行樞密院僉事，守安慶。陳友諒陷安慶，仲中棄城走還龍江，法當誅。常遇春請原之。太祖不許，曰：「法不行，無以懲後。」遂誅仲中，而以其官授庸。從復安慶，徇江西諸路，進參知政事。從戰康郎山，與俞通海、廖永忠等以六舟深入敗敵。平武昌，克廬州，援安豐，皆有功。大軍取淮東，庸與華高帥舟師克海安、泰州，進圍平江。吳平，擢中書左丞。從大將軍取山東。洪武元年命兼太子副詹事。河南平，命庸留守。復分兵渡河，徇下河北州縣，進克河間，守之。尋移守保定，并收未復山寨。又從大軍克太原，下關陝。從常遇春北追元帝。師還，遇春卒，命庸爲副將軍，同李文忠攻慶陽。行至太原，元兵攻大同急，文忠與庸謀，以便宜援大同，再敗元兵於馬邑，擒其將脫列伯。論功，賞賚亞於大將軍。三年復從文忠北伐，出野狐嶺，克應昌。師還，論功最，以在應昌私納奴婢，不得封公，封南雄侯，食祿一千五百石，予世券。已，從伐蜀，中途還。

十四年，閩、粵盜起，命庸討之。踰年悉平諸盜及陽山、歸善叛蠻，戮其魁，散遣餘衆，民得復業。奏籍蜑戶萬人爲水軍。又平廣東盜號鏟平王者，獲賊黨萬七千八百餘人，斬首八千八百餘級，降其民萬三千餘戶。還，賜綵幣、上尊、良馬。其冬出理山西軍務，巡撫北邊。二十年，以左參將從傅友德討納哈出。二十三年，以左副將軍從燕王出古北口，降乃兒不花。還，坐胡惟庸黨死。爵除。

楊璟，合肥人。本儒家子。以管軍萬戶從太祖下集慶，進總管。下常州，進親軍副都指揮使。從下婺州，遷樞密院判官。再從伐漢，以功擢湖廣行省參政，移鎭江陵。進攻湖南蠻寇，駐師三江口。復以招討功遷行省平章政事。帥左丞周德興、參政張彬將武昌諸衞軍，取廣西。

洪武元年春進攻永州。守將鄧祖勝迎戰敗，斂兵固守。璟進圍之。元兵來援，駐東鄉，倚湘水列七營，軍勢甚盛。璟擊敗之，俘獲千餘人。全州守將平章阿思蘭及周文貴再以兵來援，輒遣德興擊敗之。遣千戶王廷取寶慶，德興、彬取全州，略定道州、藍山、桂陽、武岡諸州縣。而永州久不下，令裨將分營諸門，築壘困之，造浮橋西江上，急攻之。祖勝力盡，仰藥死。百戶夏昇約降。璟兵踰城入，參政張子賢巷戰，軍潰被執，遂克永州。而征南將軍廖永忠、參政朱亮祖亦自廣東取梧州，定潯、貴、鬱林。亮祖以兵來會。進攻靖江不下，璟謂諸將曰：「彼所恃西濠水耳。決其隄岸，破之必矣。」乃遣指揮丘廣攻牐口關，殺守隄兵，盡決濠水，築土隄五道，傅於城。城中猶固守。急攻二月，克之，執平章也兒吉尼。先是張彬攻南關，爲守城者所詬，怒欲屠其民。璟甫入，立下令禁止之，民乃安。復移師徇郴州，降兩江土官黃英岑、伯顏等，而永忠亦定南寧、象州。廣西悉平。

還，與偏將軍湯和從徐達取山西，至澤州，及元平章韓扎兒戰於韓店，敗績。還，捕唐州亂卒，留鎭南陽。未幾，詔璟往使於夏。是時夏主昇幼，母彭及諸大臣用事。璟既至，數諭昇以禍福，俾從入覲。昇集其下共議。而諸大臣方專恣，不利昇歸朝，皆持不可，昇亦莫能決。璟還，再以書諭昇，終不聽。踰二年而夏亡。璟遷湖廣行省平章。

慈利土官覃垕搆諸洞蠻爲亂，命帥師往討，連敗之。垕詐降，璟使部卒往報，爲所執。太祖遣使讓璟。璟督戰士力攻，賊乃遁。

三年大封功臣，封璟營陽侯，祿千五百石，予世券。

四年從湯和伐夏，戰於瞿塘，不利。明年充副將軍，從鄧愈討定辰、沅蠻寇。再從大將軍徐達鎭北平，練兵遼東。十五年八月卒，追封芮國公，謚武信。子通嗣，二十年帥降軍戍雲南，多道亡，降普定指揮使。二十三年，詔書坐璟胡惟庸黨，謂以瞿塘之敗被責，有異謀云。

胡美，沔陽人。初名廷瑞，避太祖字，易名美。初仕陳友諒，爲江西行省丞相，守龍興。太祖既下江州，遣使招諭美。美遣使鄭仁傑詣九江請降，且請無散部曲。太祖初難之，劉基蹴所坐胡牀。太祖悟，賜書報曰：「鄭仁傑至，言足下有効順之誠，此足下明達也；又恐分散所部，此足下過慮也。吾起兵十年，奇才英士，得之四方多矣。有能審天時，料事機，不待交兵，挺然委身來者，嘗推赤心以待，隨其才任使之，兵少則益之以兵，位卑則隆之以爵，財乏則厚之以賞，安肯散其部曲，使人自危疑，負來歸之心哉。且以陳氏諸將觀之，如趙普勝驍勇善戰，以疑見戮。猜忌若此，竟何所成。近建康龍灣之役，予所獲長張、梁鉉、彭指揮諸人，用之如故，視吾諸將，恩均義一。長張破安慶水寨，梁鉉等攻江北，並膺厚賞。此數人者，其自視無復生理，尙待之如此，況如足下不勞一卒，以完城來歸者耶？得失之機，間不容髮，足下當早爲計。」美得書，乃遣康泰至九江來降。太祖遂如龍興，至樵舍。美以陳氏所授丞相印及軍民糧儲之數來獻，迎謁於新城門。太祖慰勞之，俾仍舊官。

美之降也，同僉康泰、平章祝宗不欲從，美微言於太祖。太祖命將其兵，從徐達征武昌。二人果叛，攻陷洪都。達等還兵擊定之。祝宗走死，執康泰歸於建康。太祖以泰爲美甥，赦勿誅。美從征武昌，復與達等帥馬步舟師取淮東，進伐張士誠，下湖州，圍平江，別將取無錫，降莫天祐。師還，加榮祿大夫。

其冬，命爲征南將軍，帥師由江西取福建，諭之曰：「汝以陳氏丞相來歸，事吾數年，忠實無過，故命汝總兵取閩。左丞何文輝爲爾副，參政戴德聽調發，二人雖皆吾親近，勿以其故廢軍法。聞汝嘗攻閩中，宜深知其地利險易。今總大軍攻圍城邑，必擇便宜可否爲進退，無失機宜。」美遂渡杉關，下光澤，邵武守將李宗茂以城降。次建陽，守將曹復疇亦降。進圍建寧，守將同僉達里麻、參政陳子琦謀堅守以老我師。美數挑戰，不出，急攻之，乃降。整軍入城，秋毫無所犯。執子琦等送京師，獲將士九千七百餘人，糧糗馬畜稱是。會湯和等亦取福州、延平、興化，美遂遣降將諭降汀、泉諸郡。福建悉平。美留守其地。尋召還，從幸汴梁。

太祖卽位，以美爲中書平章、同知詹事院事。洪武三年命赴河南，招集擴廓故部曲。是年冬論功，封豫章侯，食祿千五百石，予世券，誥詞以竇融歸漢爲比。十三年改封臨川侯，董建潭府於長沙。太祖榜列勳臣，謂持兵兩雄間，可觀望而不觀望來歸者七人。七人者，韓政、曹良臣、楊璟、陸聚、梅思祖、黃彬及美，皆封侯。美與璟有方面勳，帝遇之尤厚。

十七年坐法死。二十三年，李善長敗，帝手詔條列奸黨，言美因長女爲貴妃，偕其子壻入亂宮禁，事覺，子壻刑死，美賜自盡云。

下哉。

贊曰：馮勝、傅友德，百戰驍將也。考當日功臣位次，與太祖褒美之詞，豈在湯和、鄧愈下哉。廖永忠智勇超邁，功亞宋、潁，皆不得以功名終，身死爵除，爲可慨矣。江夏侯周德興之得罪也，太祖宥之，因誡諭公、侯，謂多粗暴無禮，自取敗亡。又謂永忠數犯法，屢宥不悛。然則洪武功臣之不獲保全者，或亦有以自取歟。楊璟、胡美功雖不逮，然嘗別將，各著方面勳，故次列之云。

## 校勘記

〔一〕降納哈出之將全國公觀童　全國公，原作「慶國公」，據本書卷三二七韃靼傳、太祖實錄卷一八二洪武二十年六月癸卯條、國榷卷八頁六七一改。

〔二〕敗蜀將丁世珍　丁世珍，本書卷二太祖紀、卷一二三明玉珍傳均作「丁世貞」。

〔三〕永忠已破其陸寨　陸寨，原作「六寨」。按上文說廖永忠「分兩軍攻其水陸寨」，與陸寨已破相應，陸六音近而誤。國朝獻徵錄卷八德慶侯廖永忠傳正作「陸寨」，據改。